U0517712

本书是贵州省哲学社会科学 2016 年度一般项目"贵州省农村小学全科教师培养研究"（项目编号 :16GZYB16）的终期成果。

刘桂影◎著

How to Cultivate Great Teachers for Primary and
Secondary Schools
——Taking Primary Generalist
Teachers as an Example

卓越教师培养研究

——以小学全科教师为例

中国社会科学出版社

图书在版编目（CIP）数据

卓越教师培养研究——以小学全科教师为例／刘桂影著．
—北京：中国社会科学出版社，2018.8
ISBN 978 – 7 – 5203 – 3293 – 4

Ⅰ.①卓…　Ⅱ.①刘…　Ⅲ.①小学教师 – 师资培养 – 研究
Ⅳ.①G625.1

中国版本图书馆 CIP 数据核字（2018）第 229505 号

出 版 人　赵剑英
责任编辑　徐沐熙
责任校对　李梦海
责任印制　戴　宽

出　　版　中国社会科学出版社
社　　址　北京鼓楼西大街甲 158 号
邮　　编　100720
网　　址　http：//www.csspw.cn
发 行 部　010 – 84083685
门 市 部　010 – 84029450
经　　销　新华书店及其他书店

印刷装订　北京君升印刷有限公司
版　　次　2018 年 8 月第 1 版
印　　次　2018 年 8 月第 1 次印刷

开　　本　710×1000　1/16
印　　张　16
插　　页　2
字　　数　231 千字
定　　价　69.00 元

凡购买中国社会科学出版社图书，如有质量问题请与本社营销中心联系调换
电话：010 – 84083683
版权所有　侵权必究

目　　录

第一章

绪　论

第一节　研究缘起

从 2001 年新课程改革拉开序幕开始，提升基础教育质量、实现教育公平成为我国中小学改革的重中之重，也是新课程改革的重要目的。为了顺利实现新课程改革的目的，教师专业发展、教师成为研究者、以国培计划为主要形式的教师培训、教师教育改革等项目就成了基础教育课程改革的重要举措和重要行动计划的关键组成部分。随着基础教育课程改革的深化和拓展，党和国家领导人以及教育研究者和教育专家们逐渐认识到，若想实现教育公平、提升基础教育教学质量，关键在于提升教师队伍的质量和教师个体素养，尤其是农村教师队伍结构和教师素养。由此，2014 年，教育部启动了"卓越教师培养计划"，提出师范教育以及教师培训的目的是培养提高中小学教育质量所必需的教师，即卓越教师，并提出小学阶段以培养小学全科教师为主的改革思路。

一　更好地实现教育公平

新课程改革开启以来，教育公平成了基础教育改革追求的重要目标。教育公平在基本实现入学公平之后，关注的是过程公平和结果公平。过程公平的最主要标准是教育资源的公平分配，而教师是教育资源的关键，因为教师是教学资源的核心。2014 年，教育部开始实施"卓越教师培养计划"，不仅开启了高质量教师培养的新纪元，更是实现农村教育在师资公平上的新举措。"农村教师支持计划"明确规定对农村教师的培养要有政策倾斜。可见，实现小学全科教师培养是实现基础教育公平的基本体现和重要表征。

这种公平体现在另一个方面，就是教师尤其是农村教师专业能力的提升。目前，尽管实行了农村教师支持计划，但是农村教师还是处于缺编的困境中。这种困境的一个主要原因是农村学校的教育资源和教师福利的不足使得许多农村教师都往上流动进入城镇学校，又很少有教师愿意到农村学校任教，从而致使农村学校的教师处于短缺状态。另外，农村教师在教师的在岗培训中难以像城市学校的教师那样直接获得国培计划实施的教师培训，农村教师获得的培训通常是校级培训和乡镇级培训，这对教师发展有一定的负向影响。因为校级和乡级培训使得他们难以获得与培训专家直接面对面交流和互动的机会。在研究者的调研中发现，很多农村教师都没有获得过省级培训，更不用说国家级培训了。卓越教师的培养可以为农村的教育直接输入优秀的教师，从而进一步提升农村教育师资队伍的质量。

二 顺应国际教师培养的发展趋势

教师培养模式和培养规格随着经济的发展和社会的进步，在不同的历史时期呈现出不同的特点。当今时代，世界上发达国家在教师培养方面，多采用凸显信息时代人口特点的培养方式，小学教师的培养也不例外。人口的减少，以及儿童身心综合发展的特点，使得教师培养呈现出全科发展的趋势。首先，虽然许多发达国家鼓励生育，但是人口依然负增长，儿童数量呈现下降的趋势，农村学校的学生数量同样越来越少，学校教师也在逐渐减少。其次，随着教育学和心理学研究的发展，越来越多的研究发现，儿童的发展是整体的发展，而不是割裂的、原子式的发展，只是存在明显的阶段性。而且儿童的发展与儿童的学习是密切相关的，儿童心理发展的阶段特点决定着儿童学习方式的偏好，而用符合儿童发展阶段特点的学习方法去学习能够促进儿童的发展。儿童身心整体发展的特点，决定在教学中教师呈现给学生的知识应该具有完整性、整体性和系统性。儿童成长所需知识的系统性表明教师需要具有广博而非专深的知识。这两种因素促成了"包班制"教师的出现。可见，包班制不是因为教师的短缺，而是为了减少师资的浪费，以及更好地促进学生的成长和发展。

我国的教师培养经历了从关注专业职业的全科培养到关注学科学术的专科培养的过程，目前的专科培养还是占有主体地位，目的在于提升教师学科学术能力，这种学科能力在很大程度上关注的依然是教师的学术理论能力，而在很大程度上忽视了教师的职业实践能力。这种强调教师学科能力的培养方式和当今小学教师的培养方式有相悖之处。专业培养的预设，强调的是为教师提供专、精、深的知识，关注的是教师个体的专业素质能够达到高、精、尖的境界，这种培养方式符合我国的时代发展对人口高素质的要求。当然，这对教师个人的发展同样具有重要的意义和价值，使得教师能够在高起点发展。但是这种专业培养模式由于过于精深而显得狭窄，忽视了广博，不利于教师从事小学教育教学，因为小学课程为了满足儿童发展需要，其内容呈现的是具有连续性和持续性的整体性知识。另外，当前在我国农村学校，尤其是老少边穷地区的学校，由于农村小学教师队伍的短缺，师资力量的薄弱，难以获取足够的专业教师资源从事小学课程的教学。许多贫困地区的农村教学点在师资上更是苦不堪言。一方面，教学点的学生较少，若按照生师比进行教师配置，一些教学点因为学生数太少连一名教师都不该配置，但是为了能让这些孩子获得受教育的机会，又必须在教学点安排教师。于是，很多教学点只有一两名教师，而这些教师很明显没有能力承担所有科目的教学，但又不得不承担。这与我国目前基础教育关注质量的提升是相悖的。若想要农村小学教学全面开设培养目标中所规定的所有课程，有限的教师就必须承担所有的教学科目，而教师若要能够承担所有的科目或大部分科目的教学，就必须具有教学这些科目的素养和能力。那么为今之计，唯一的方法就是培养全科教师，使得他们能够胜任在教学点的全科教育教学工作。所以，就我国目前的农村小学教育师资现状来看，培养全科教师成为必需。这种被动培养教师的方式，却恰好迎合了当今国际上教师培养的主流模式和规格。

三　满足新课改下的促进学生"全人"发展的要求

21 世纪之初开启的基础教育课程改革，其目的之一就是改变教学中过于强调知识的授受，忽视学生学习策略和方法的传授以及情感的陶冶和价值观的培养等目标维度。目前的新课程改革的目的被称为三维目标，即知识与技能、过程与方法和情感态度价值观。此三维目标背后的主要原因在于心理学对人的发展的认定。心理学的观点认为，人的发展是身心的整体推进，只是在不同的阶段呈现出不同的发展特点。对于初级教育阶段的儿童来说，其身心的发展对未来的成长起到奠基作用，必须全面发展，"完人"成长。全面发展在智力方面首先表现为知识的全面性和系统性。而学科课程的特点具有把整体的知识割裂开来，打破学生对于世界的整体感知和系统认识的特点，不利于学生的整体成长和全面发展。因为，只有当儿童整体感知世界，整体认识世界，他们各方面的发展才会有整体推进的可能。而综合课程的施教需要老师必须具有系统全面的知识，否则难以胜任小学教师这一职务。可见，综合课程培养一方面满足了新课程类型对教师规格的要求，另一方面有利于教师指导和促进学生的成长和发展。

第二节　文献综述

2014 年，教育部启动了"卓越教师培养计划"，并提出小学阶段的卓越教师的培养规格是全科教师的改革思路。卓越教师的培养成为各国提升教育教学质量的重要举措。在西方国家，许多国家的小学教师基本都是全科教师。小学全科教师培养的规定将使我国的教师培养再一次和国际接轨。同时，它也是解决我国农村教育空心化和教师空洞化现象的理想方法，更是满足小学生校园幸福成长需求的必要途径。国外关于卓越教师的培养研究相对成熟，我国的相关研究仅仅处于初期阶段。

一　国外研究现状

（一）卓越教师的培养研究

国外关于卓越教师的培养的研究较为成熟，并且已经付诸实践。美国早在2011年就出台了基于标准的卓越教师选择标准。该标准规定了卓越教师（accomplished teachers）应该具备五个方面的核心素养：致力于学生及学生的学习（Teachers Are Committed to Students and Their Learning）；谙悉所教课程并掌握把该学科知识教给学生的方式方法（Teachers Know the Subjects They Teach and How to Teach Those Subjects to Students）；负责管理和监测学生的学习（Teachers Are Responsible for Managing and Monitoring Student Learning）；反思实践并能够从实践中学习（Teachers Think Systematically About Their Practice and Learn from Experience）；属于学习共同体（Teachers Are Members of Learning Communities）。[1] 英国为打造世界顶级的教师队伍进行许多方面的改革，包括提升教师待遇和地位、增加教师教育和培训投入、选择最优的人员进行卓越培养等。[2] 澳大利亚为了让儿童都获得优质教育，提高教师质量，联邦政府于2010年3月颁布了《澳大利亚国家教师专业标准》（下文简称《标准》）。《标准》把教师分为四个等级，并从专业知识、专业实践、专业发展三个方面提出卓越教师的标准。《标准》同时明确规定教师应具有把握和驾驭自身、学生、学科等的能力，并能促进三者的发展。[3]

（二）小学全科教师培养现状

国外关于全科教师培养的研究文献丰富，也较为成熟，并体现在

---

[1] Five Core Propositions，全美专业教学标准委员会网（http：//www.nbpts.org/five-core-propositions）。

[2] Training our next generation of outstanding teachers，英国政府网（https：//www.gov.uk/government/publica-tions/training-our-next-generation-of-outstanding-teachers-an-improvement-strategy-for-discussion）。

[3] 《澳大利亚全国教师专业标准》，百度文库网（https：//wenku.baidu.com/view/9f1bf75c312b3169a451a4d4.html）。

小学教师培养实践中。

第一，专业标准引领教师教育，兼顾师范性和学术性。国外关于小学教师的任职都制定了相关的标准，包括职前标准、在职标准。从教师的专业水平角度又将标准分为职前教师标准、初任教师标准、成熟教师标准、优秀教师标准和专家教师标准。在这些标准的引领下，对于小学教师的培养更加关注教育性和专业性，要求所有的学生教师在接受教育期间，不仅要学习和教育相关的课程，更要学习和学科相关的专业课程，从而凸显师范性和学术性，为他们从事教育教学实践打下专业基础。

第二，注重综合课程的学习和跨学科知识的掌握。欧美国家对于小学教师，不仅要求对本专业知识掌握得精深，更要求对于知识掌握的综合性和广博性。实际上他们要求教师在掌握本专业知识的同时，要修习至少一门的其他专业。英国规定在小学教育发展过程中实施全科教育，"培养教师跨学科教学的能力"。美国要求"准备从事初等教育者要学习涵盖初等教育学科的所有科目"。实际上，欧美各国希望教师在具体的教学过程中能够胜任小学各科的教学，是因为他们采用的是包班制教学制度。

第三，强化师范生的教育实践体验。在对小学教师培养的过程中，欧美各国关注在学教师对理论知识的学习与教学实践的体验，即理论和实践相结合对小学教师进行培养。英国的师范生在校四年的每一年都有不等时间的小学教学实践体验。美国和澳大利亚的高校要求学生从一年级开始每年都要有一段时间的浸入式教育实习，直到毕业为止。

第四，关注对小学教师特殊教育素养的培养。在教育公平思想指导下的西方国家小学教育采用的是全纳教育的方式，因此在小学中有残疾学生。所以，在小学教师培养过程中，强调对教师进行特殊教育知识和技能的培养，从而使他们获得特殊教育素养的养成。

二 国内研究现状

从 2014 年的"卓越教师培养计划"伊始，我国关于卓越教师培养的理论研究和实践探索开始发力。相关研究尽管还处于初始阶段，但是如雨后春笋般涌现，研究成果开始慢慢丰富起来。

（一）卓越教师培养研究

卓越教师的培养包括职前、入职和在职培养三个方面，而相关研究大多聚焦于职前培养，关于入职培训和在职培训的研究相对较少。通过对文献的梳理发现，我国关于卓越教师的培养主要聚焦在以下几个方面。

1. 卓越教师培养的途径和方法。有研究者认为，卓越教师的培养关键在于厘清培养取向、培养主体、课程体系和评价方式。[①] 有研究者认为，在大数据时代的卓越教师的培养中，通过大数据的使用可以提升卓越教师课程建设的科学性和前瞻性，可以促进职前卓越教师的个性化学习，提高教师在教育培养过程中的教学实践能力，加强对卓越教师培养质量的监控和引导，能够提升教师教育队伍质量。[②] 另有研究者认为，卓越教师的培养途径应从以下三个方面着手：制定合理的教师准入制度和培训制度来保障卓越教师的成长；全面优化师资队伍，为卓越教师培养打下基础；利用国培计划，加快在职卓越教师队伍建设的步伐。[③]

2. 卓越教师培养机制。有研究者认为卓越教师培养需要从高素质创新型教师的培养目标的确定、建构文理交融三维立交的课程体系和全面优化教师教育师资队伍等培养目标、课程体系和教师队伍三方面相结合的培养机制。[④] 另有研究者认为卓越教师培养机制表现在：加强对基础教育课程改革的学习；建立合理的教师教育培养目标；使用先进的教师教育教学方法；创新卓越教师培养的评价方法；加大对卓

---

① 孙泽平、徐辉、漆新贵等：《卓越教师职前培养机制：逻辑与现实的双重变奏》，《中国教育学刊》2016 年第 12 期。

② 赵姝、白浩、张瑞敏：《基于大数据的卓越教师培养路径探析》，《电化教育研究》2017 年第 1 期。

③ 吴晋：《中小学卓越教师培养机制与实践研究》，《高教学刊》2016 年第 21 期。

④ 刘湘溶：《高师院校卓越教师培养模式创新的探索与实践》，《湛江师范学院学报》2012 年第 2 期。

越教师实习管理的力度。①

我国关于卓越教师的培养主要从卓越教师的界定、卓越教师的培养机制和培养路径等方面进行研究，更多关注的是卓越教师培养的技术研究，其基础理论研究相对较少，而且关于卓越教师培养的理论缺乏系统而又全面的研究。

（二）小学全科教师培养研究

我国对小学全科教师的培养还处于初期探索阶段，也有一些地方和高校在进行全科教师培养的实践探索。研究主要集中在以下几个方面。

第一，小学全科教师的内涵与价值。黄俊官②从满足农村小学教育的角度出发，认为农村小学全科教师指的是能胜任小学各门课程教学任务的农村小学教师。这个概念较为笼统地界定了农村小学全科教师的含义，具有抽象性，农村全科教师具有怎样的规格并没有进行分析。另有研究者也从农村教育的角度界定小学全科教师，认为小学全科教师是多专多能的教师，而不是所有学科均衡发展的教师。③田振华④认为小学全科教师是相对于小学分科教师而言的，是指掌握教育教学基本知识和技能、学科知识和能力结构合理、能独立承担国家规定的小学阶段各门课程的教学工作、从事小学教育教学研究与管理的教师。并认为小学全课教师的培养首先是为了满足现实的需求，其次是为了满足小学生健康成长之需求的必经之路。

第二，小学全科教师培养机制和模式。肖其勇⑤提出农村小学全科教师一体化协同培养机制，即重在建构师范院校引领、区县政府主导、教研机构助推以及区县小学积极参与的人才培养的机制。有研究

① 吴丽君、张茜、班秀萍：《应对基础教育课程改革的卓越教师人才培养新机制探索研究》，《河北北方学院学报》2015年第12期。

② 黄俊官：《论农村小学全科教师的培养》，《教育评论》2014年第7期。

③ 张莲：《农村全科型小学教师培养模式探究》，《教学与管理》2014年第2期。

④ 田振华：《小学全科教师的内涵、价值及培养路径》，《教育评论》2015年第4期。

⑤ 肖其勇：《农村小学全科教师协同培养机制探索》，《中国教育学刊》2015年第5期。

者认为，小学全科教师具有明显的职业性，因此对小学全科教师的培养模式应该从以下三个方面入手：以综合课程的方式培养学生的通史知识和专业知识；全方位培养小学全科教师的专业能力和专业技能；全方位实现教育实践包括教育观察、教育见习和教育实习。①

第三，小学全科教师培养路径。黄俊官提出保证优质生源、探索培养模式、健全评估体系等培养路径。田振华提出明确培养定位、科学论证程序、建立高校和基地联合培养机制等方法。王小芳提出从树立教育理念、开展多样化课程、构建大学—小学—政府联合培养模式等培养方式方法。另有研究者认为小学全科教师的培养应从职前和在职两个方面考虑小学全科教师的培养问题。②

纵观国内外研究可以发现：第一，西方国家的卓越教师以及小学全科教师培养已经进入全方位实践。欧美国家关于小学全科教师培养已经处于成熟阶段，不仅有教师入职标准，而且有成功的教学模式。第二，我国对卓越教师的概念还没达成共识，基础理论研究薄弱。关于什么是卓越教师，什么是小学全科教师，卓越教师和小学全科教师各具有什么特点？形成卓越教师和小学全科教师的因素是什么等这一系列问题涉及卓越教师和小学全科教师的本质，相关基本理论问题缺乏深入的探究。第三，我国关于卓越教师和小学全科教师培养的理论研究相对贫乏，实践处于初期摸索阶段，都缺乏深入系统的研究。

第三节　研究意义与价值

在人才战略的今天，许多国家，无论是发达国家还是发展中国家，为了实现教育强国的目标，卓越教师的培养已逐渐成为国际趋势。关于小学卓越教师的规格，现在欧美许多国家基本都是以培养全科教师为标准。2014 年，我国开始以培养小学全科教师作为小学卓越教师培养的规格，这一规定将使我国的教师培养再一次和国际接轨。

---

① 黄正平：《关于小学教师培养模式的思考》，《教师教育研究》2009 年第 4 期。

② 朱纯洁、朱成科：《农村小学全科教师的特质结构及培养路径探析》，《教学与管理》2015 年第 10 期。

同时，它也是解决我国农村教育空心化和教师空洞化现象的理想方法，更是满足小学生在校幸福成长需求的必然途径。何为卓越教师？何为全科教师？如何进行卓越教师的培养？全科教师培养的设计方案和愿景如何？对这些问题的回答有利于拓展教师教育理论和实践研究领域，并为教师培养提供理论和实践依据。

2014年8月18日，教育部发布了《关于卓越教师培养计划的意见》，开始启动了"卓越教师培养计划"，并提出小学阶段以培养全科型小学教师为主的改革思路。而后，2014年12月，教育部开始实施全国首批80个"卓越教师培养计划改革项目"，其中，所包含的20个"卓越小学教师培养改革项目"中，有近一半项目聚焦"全科教师"培养。这一方面意味着小学卓越教师的培养规格为全科教师，另一方面表明小学教育对教师规格的需求主要凸显为全科性。可见，小学全科教师作为小学卓越教师的培养规格，在基础教育课程改革深化的新时期，有其自身的必然意义和价值。这种意义和价值主要从以下几个方面得以彰显。

第一，加深对卓越教师以及全科教师的认识。卓越教师和小学全科教师，这两个术语作为概念，是最近几年才出现在我国的教师教育研究领域中的，对他们的研究不仅必要而且刻不容缓。因为只有明晰这些术语的内涵和属性，才能在对卓越教师以及作为小学卓越教师的全科教师的培养和培训中抓住其实质，明确其特性，有的放矢地进行小学全科教师的培养，从而满足高质量的小学教育对教师的规格需求。关于全科教师的研究，西方国家从概念到特点到培养都具有丰富的研究成果，并且已经成熟地运用到全科教师的培养实践中。而我国关于全科教师的已有研究不仅量少，而且较为零散。本书对全科教师的特点和构成因素所进行的系统探讨，有助于人们形成对小学全科教师的系统认识，并且可以用这个概念去指导小学教师培养的变革过程。

第二，从小学全科教师的角度去研究卓越教师培养和教师教育是一个较少深入研究的领域，亦是一个跨学科综合研究领域。卓越教师以及全科教师在我国是最近几年刚出现的新名词，对于它们的研究还处于起步阶段，所以相关研究相对较少。另外，卓越教师作为对教师培养的相对终极的规格要求，对其以及小学卓越教师即全科教师的培养研究涉及诸如教育学、文化学、社会学等多个学科领域的知识，是一个前沿跨学科研究地带。作为小学卓越教师的全科教师，其自身的教师素养不仅具有科学精神，而且更要闪烁着人文精神。从文化学的角度审视小学全科教师的培养，可以使这种科学性和人文性呈现融合性特点。任何组织和个人在其进行的各种活动中，所展现的最明显的特点就是他们之间各种关系的交错纠合，其本质是社会性，小学全科教师的培养也概莫能外。只有从社会学的角度审思对小学卓越教师的培养，才能使得教师培养具有全面的人性和关系性，而不至于像真空中发生的事情那样不具有现实性和愿景性。本书试图从小学卓越教师即全科教师的视角，以教育学、文化学、社会学和管理学等角度分析并反思我国教师教育所存在的问题，进而提出小学卓越教师即全科教师培养的模式、策略和方法等培养问题，这将对我国基础教育，尤其是农村地区基础教育教学发展有着重要的作用和价值。

第三，教师培养是我国基础教育教学改革和发展的重要内容。基础教育教学改革的具体实施者是教师，教师是实现和深化基础教育课程改革的最关键主体。没有高素质的教师队伍，难以保障基础教育课程改革的顺利实施，课程改革的最终目的，即教育教学质量的提升也会在很大程度上成为空谈。因此，教师专业发展及教师培养对提升基础教育教学质量起到举足轻重的作用，教师培养也就成了基础教育教学改革不可或缺的重要组成部分。从全科教师的角度研究小学卓越教师培养，从卓越教师的视角剖析教师培养过程中存在的问题，对我国基础教育教学改革和发展具有较强的现实针对性。本书可以帮助我们理解和把握教师教育的实质，重新树立教师教育对于教育教学的重要地位。通过从全科教师的概念来审视小学教师教育，从卓越教师的角度来思考教师教育，对于解答如综合课程的实施、导师制、U—S合作、师生合作学习等诸多实践难题有重要价值。

第四，提升教育教学效果和质量，办高质量的义务教育。课堂教学是教育实施的基本途径，课堂教学的有效性和质量决定教育的有效性和质量。众所周知，教育教学质量的决定因素主要在于教师、学生和课程。当课程按照预设的教育目标进行科学合理的设计之后，教师和学生就成了决定教育教学质量的关键性因素。学生这一因素的学习主体性和主动积极性能否发挥出来，与教师的素养有着直接的关系，因为，作为成长中的中小学生，尤其是小学生，他们具有明显的向师性。基础教育课程改革要求小学阶段的教育教学从综合课程的实施入手，全科教师的存在对于教学的开展，不仅保证了综合课程的顺利实施，而且保证了教育教学的有效性和质量。

第四节 主要研究内容

卓越教师的培养这一话题从 2014 年的"卓越教师培养计划"开始，正式成为研究者关注的一个热点。尽管卓越教师是近几年才提出的，但是卓越教师一直是教师培养和各阶段教育所追求的教师规格。只是在日常教育教学理论和实践中我们常常用"优秀老师""骨干教师""先进教师"等称谓来表达对教师卓越性的追求。本书以小学卓越教师即小学全科教师的培养为例进行卓越教师的规格限定以及卓越教师的培养所关涉的诸如教师培养的历史演进、卓越教师培养机制及路径等问题进行探讨。

一是卓越教师的内涵。从我国基础教育改革以来，提升基础教育教学质量成为深化课程改的重要一环。那么对于什么是卓越教师？卓越教师应该具有什么规格？卓越教师的特点有哪些？作为小学卓越教师的具体规格的小学全科教师的概念如何？具有哪些特点？对于这些问题的回答是进行卓越教师和小学全科教师及其培养研究的基础，所以对于这些问题的回答是本书的逻辑起点，也是本书的出发点，同时也是本书的重点内容之一。

二是我国卓越教师培养的现实样态。运用共时研究的方法对我国当前的卓越教师培养的现状进行考察，以小学卓越教师培养为例，分析当前我国卓越教师即全科教师培养的现实状况。当前我国小学全科教师培养的目标定位、课程设置、教学系统、评价方式等方面的真实情况如何？所有这些与培养小学全科教师是否相得益彰还是具有不相适宜的地方？一言以蔽之，当前的小学全科教师培养是否存在问题或阻碍全科教师培养的瓶颈是本书的一个重要内容。本书以贵州省为例，具体采用问卷调查法和访谈法以及比较研究法对我国当前小学卓越教师培养的具体环节进行考察，真实再现其现实图景以及其影响因素。

三是卓越教师培养机制及路径。采用逻辑思维的方式对我国的卓越教师以及小学卓越教师培养体系进行考察，提出具有创新性和可行性的卓越教师培养机制、培养模式以及培养路径等。如何在审视已有的教师培养方式方法的基础之上，通过考量当前卓越教师培养的路径，借鉴已有经验，构建独具特色的可行性卓越教师培养机制是本书的重点。本书以小学卓越教师即小学全科教师的培养为例，借鉴已有教师培养的经验和长处，构建卓越教师培养的机制和路径。

第五节 研究思路和方法

一 研究思路

根据第四节的主要研究内容，本书首先介绍卓越教师以及小学全科教师培养的基础理论；然后对我国卓越教师以及小学卓越培养的历史脉络进行审视，着重分析全科教师的特点对于小学教师培养价值的作用；接着以小学全科教师培养为例，实证调查我国卓越教师培养的现状，并析出现行卓越教师培养存在的问题；接着针对这些问题，深度挖掘影响卓越教师培养的深层因素；最后以小学全科教师为例，提出独具特色的卓越教师培养的机制及实现路径（见图1-1）。

二 研究方法

1. 文献研究法。通过查阅已有关于卓越教师以及小学全科教师培养的历史与现状研究，明晰本课题的研究价值以及我国中小学卓越教师培养的历史发展脉络，深入思考卓越教师以及小学卓越教师培养的

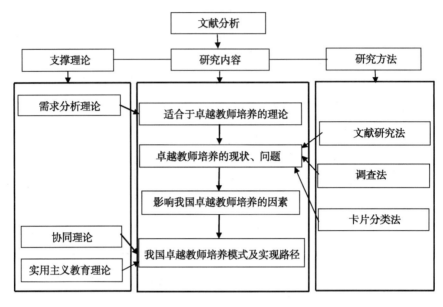

图 1－1　研究思路

历史发展规律。

2. 调查法。为了切实了解贵州农村地区小学全科教师培养现状，拟采用调查法中的问卷调查法和访谈法对具有代表性的师范院校及小学学校的老师和学生进行问卷调查和深度访谈，以明晰贵州农村小学教师队伍存在问题和小学教师培养中出现的问题以及影响因素。拟向贵州师范高农村小学等不同性质的学校发放问卷 500 份，并对这些学校的老师、学生以及领导进行访谈。

3. 卡片分类法。通过卡片法了解师生对小学全科教师及其培养方面问题的认知及观点，为进一步深化以小学全科教师为例的卓越教师培养奠定现实基础。

第二章

卓越教师的内涵追寻

如何培养卓越教师才能有效地达到其效果？对这个问题的回答关键在于明晰何为卓越教师，即卓越教师的规格如何。因为卓越教师的培养路径和方法的选择关键在于要满足这一规格的要求。所以，欲探究如何进行卓越教师的培养，首先必须考量卓越教师的维度及其属性。可见，对卓越教师的内涵把握是卓越教师的培养机制、培养模式和培养方法思考和选择的先决条件。

第一节 卓越教师的界定

自从 2010 年教育部启动卓越人才培养计划，在法律、医学、工程、教育等领域的卓越人才的培养逐渐从背后的预设到现实的前台，对教育行业的卓越人才的培养同时提上日程，尤其是 2014 年的卓越教师培养计划实施以来，卓越教师逐渐取代了"优秀教师"这一表达出现在教师发展和教师培养的相关文献中。可见，卓越教师培养业已成为教师教育中一个重要的研究领域和研究热点。关于卓越教师的概念界定，一方面由于其出现的时间较短，相应的界说较少；另一方面，许多实践者甚至研究者把它当作一个既定的术语使用，而没有考量其含义。总之，纵观相关文献，关于卓越教师的界定较少。可见，关于卓越教师的概念界定有必要进一步厘清。

卓越教师这一术语，更多的是和人们对教育质量以及教师队伍素质的愿景相关。在教育行业，人们通常把符合自己意愿的能够较好胜任教育教学的教师称为"优秀教师""先进教师"，后来也又相继出现"教学名师""骨干教师""专家教师"等。自从 21 世纪的卓越人才培养的一揽子计划出台后，在教育行业这方面，由于人们期待有卓越的育人者和教学者，于是卓越教师才会深入人心，甚至没有人质疑这一术语的含义以及本身是否具有独特的属性。因为这些称号无不寄托人们对卓越教师的憧憬，同时表征人们对我国教育质量提升的期许和要求。在西方国家，卓越教师的英语形式通常以 excellent teachers、great teachers、outstanding teachers 等形式出现，无论是哪种表达方式，都蕴含着教师必须具有的优异或卓越这一属性，只是汉语中优异和卓越似乎在表达优秀的程度上不尽相同，卓越似乎达到了人们渴望的顶级水平。可见，卓越教师的关键是比一般意义上的好教师要更具有优良的属性。

卓越这一词语在词典中的意思是"非常优秀，超出一般"①，可见卓越教师是高于合格教师或优秀教师水平的教师。关于卓越教师的界定，大多以描述性概念为主，即具有哪些特质才能成为一名卓越教师。2014 年教育部正式颁布的《教育部关于实施卓越教师培养计划的意见》（以下简称《意见》）中对中小学卓越教师的培养提出了总体要求：师德高尚、专业基础扎实、教育教学能力和自我发展能力突出的高素质专业化中小学教师。并进一步分别提出中学卓越教师和小学卓越教师的规格要求，即中学卓越教师应具有信念坚定、基础扎实、能力突出，能够适应和引领中学教育教学改革等属性；小学卓越教师必须热爱小学教育事业、知识广博、能力全面，能够胜任小学多学科教育教学的需要。《意见》对卓越教师规格的描述，似乎既定了卓越教师的定义，因此相继而来的关于卓越教师研究中关于卓越教师的定义大多都属于描述式。石洛祥等认为，具有丰富的学科专业知识和教育教学知识、具有从事教育工作的优秀道德品质和知识能力、胜任并关注教书和育人三个方面的特质的教师属于卓越教师。② 李琼等

---

① 中国社会科学院语言研究所词典编辑室：《现代汉语词典》（修订版），商务印书馆 1998 年，第 1660 页。

② 石洛祥、赵彬、王文博：《基于卓越教师培养的教育实习模式构建与实践》，《中国大学教育》2015 年第 5 期。

通过对 815 名北京教师的判别分析中发现，中小学卓越教师具备三个关键的共同特征，即在丰富的教学组织与管理、丰富的学科教学知识、有效的教学反思与研究等方面都表现优秀。[1] 杜瑞军运用访谈法，通过对 50 位教学名师的访谈，发现教学名师具有科学合理的学科知识结构与教学理论、娴熟的课堂教学技巧、良好的职业认同、师生关系以及教研关系。[2]

由以上关于卓越教师的不同界定可以看出，尽管不同学者对它有不同的解说，但是这些解说却有明显的共同点。首先，视角相同。都是从属性特征角度出发，根据事物所具有的特征这一角度进行卓越教师的概念界定。其次，界定方法相同。这些界定都采用了描述式的方法进行卓越教师的界定。他们都从卓越教师应该具有的属性角度对它进行定义，但是这些对卓越教师的界定似乎忽视了卓越教师的"卓越"属性，卓越就像合格教师之中的限定词"合格"以及优秀教师之限定词"优秀"一样，这些词具有表述优劣程度的特点。据此，对卓越教师的界定不仅要具有属性特征的规定，更要具有水平以及程度的限定。当然，在卓越教师这一概念提出的背后，其实并不是要求所有的老师在未入职之前就成为卓越的教师，而是对教师的素质和教师能力的一种期待，期待整个中小学教师队伍都能够具有高水平素质和强大的教学能力，这是一种教师教育的培养理想。希望所有的老师都能成为卓尔不群的老师，当然都卓尔不群是不可能的，其名称承载的是期望，是期望广大教师都能够高水平地完成教育教学任务，能够通过他们的工作和付出，极大地提升基础教育质量，能够完满实现对儿童青少年的成长提供有效助力的目的。

据此，本书认为，卓越教师指的是具有高尚师德和突出学术能力及专业能力的合格教师。卓越教师首先是一名合格教师。合格首先指的是按照中小学教师培养方案的规定，保质保量地完成相应的课程修

① 李琼、吴丹丹、李艳玲：《中小学卓越教师的关键特征：一项判别分析的发现》，《教育学报》2012 年第 4 期。
② 杜瑞军：《从教学学术到教学实践：卓越教师基本特征探析》，《新疆师范大学学报》（哲学社会科学版）2014 年第 2 期。

习；其次指的是在完成培养方案中的课程修习后，取得相应的教师资
格证。这是成为卓越教师必须达到的最基本的要求和标准，也是成为
卓越教师的前提和条件。在达到成为卓越教师基本条件和基本标准
后，合格教师必须具有高尚师德以及突出的学术能力和专业能力。高
尚师德是建立在优秀的社会道德基础上的高尚职业道德。作为卓越教
师首先要具有良好的道德素质。良好的道德素质是教师作为优秀公民
的良好素质；高尚的职业道德是良好的公民素质在职业中的反映。即
使是一般教师也应该具有高尚的师德，所以本书认为卓越教师和一般
教师的区别主要在于学术能力和专业能力两个方面。

学术能力和专业能力分别表征不同的主体，以及不同的主体应该
具有的相应的知识、技术和能力。

学术能力是从学科发展的角度予以论说，其主体是学术教师。作
为学术教师的个体，其学术能力首先表现在学科知识方面，即必须达
到处于本学科和本学段毕业生应该达到的水平。处于某一学段的学习
者在完成该学段应该修习的相应的课程后，必须具有该学段培养方案
所期待的知识水平，这是学术素质对所修习的相应学科知识的规格要
求，从一个方面表明了学术教师应该具有的学术知识。其次表现为学
术技术和能力。作为学术教师的个体，他能够谙悉本学科的学术研究
范式，了解本学科的学术发展轨迹及学术前沿，并能从事本学科的学
术研究，为本学科的学术发展做出一定的成绩。

专业能力是从职业发展的角度对教师主体进行审思和考量，所以
教师主体也可以称为专业主体。这一主体在面对自己的职业时，也同
样必须具有丰富专业知识和过硬的专业技术能力。丰富的专业知识是
专业主体区别于其他职业者的两个关键环节中的一环，而另一环则是
专业技术能力，这两个环节是教师主体区别于其他职业主体的典型表
征。专业知识是专业主体从事某一专业实践的理论依据和理论基础，
它包括教育知识和教学知识；专业技术能力是专业主体把专业知识应
用于专业实践的能力以及从事专业实践所必须掌握的技术的能力。这
两者虽然看上去可以分割开来，但是在实际的教学实践中，无论缺失
哪一方面都会造成专业能力的低下以及专业实践的低效甚至失败。在

界定了专业能力和学科能力之后，需要明晰的是"突出的专业能力和学科能力"中的"突出"。本书认为，"突出"指的是能够顺利从事相应职业并能够在实践中运用已有的专业知识进行专业建构的程度，如果在实践中遇到问题时，能够运用所学的知识和技能进行恰当的处理，并能使得专业实践行为得以顺利延续的程度。可见，"突出"这一词语所表达的程度是顺利或经过努力得以顺利的程度。因此，卓越教师是一种应然的期许和实然的效果相结合的产物，是理想和现实相契合的图景，是学习和实践相耦合的活动结果。可见，卓越教师的达成是一个过程，是一个职前培养和职后培训相结合的发展连续体。

第二节　卓越教师的特征

从上一节的分析和界说中可以看出，卓越教师不同于一般教师的关键是对"卓越"的理解，卓越不仅表现在对知识和技能拥有量的丰富上，同时也表现在实践中对知识和技能的把握和驾驭的娴熟上。这种界定其实是从两个方面对教师进行限定或者说进行身份标签的敷贴。这两个方面分别是学科性和专业性，即卓越教师具有鲜明的学科性和突出的专业性。

首先，卓越教师具有鲜明的学科性。关于学科性，教师教育的实践者和研究者都不会感到陌生，因为我们国家的师范教育自20世纪80年代开始，一直具有明显的学科性，其明显而直接的证据是不同学科的教师培养都是在相应专业的二级专业中进行。比如，在三级教师教育时期，英语教师的培养通常是在英语系下面的英语教育系进行，而随着师范教育从三级教育向二级教育转变后，英语教师通常是在外语学院下的英语教育系中进行。英语教育专业的学生所学的课程除了英语教学法和开设的教育学与心理学之外，所学的课程基本都是和英语知识与英语文化以及英语文学相关的知识，而英语教育教学知识和与教学技能相关的知识教学明显让位于英语知识与文化。直到新一轮基础教育课程改革开始，我国开始把师范教育改为教师教育，开始出现教师教育学院或教师教育系，教师培养才似乎开始被削减了学科性。这主要表现在小学教师培养上，而中学教师培养在许多院校依然属于相应学院，属于相应学院的二级学科，如英语教师的培养在许多师范院校依然隶属于外语学院，是外语学院的一个二级学科，而不是属于教师教育学院或教育学院。在西方国家，尽管教师教育在综合类大学出现，但是却有其独立的培养单位。

教师应该具有显著的学科性这一观点，究其原因，最根本的影响因素首先在于我国对于高等院校所培养人才的学术素质和学术能力的追求。高校人才的培养有其鲜明的目标预设，那就是为本学科培养专业人才，即专业实践人才或者专业研究人才。既然是专业人才，那么就必须具有本专业的专业烙印，即学术性。学术性首先表现为拥有丰富的学科知识，其次表现为具有学科研究能力。学科知识彰显该学科的理论知识图景和研究成果，学科研究能力表征本学科的发展所赖以生存的学术范式。学科知识预示着高校所培养的人才必须修习本学科的专业课程，在培养方案中一般表现为学科共同课或学科基础课和专业主干课或专业核心课，这些课程都是紧紧围绕着学科知识开设的，以便凸显本学科的文化科学知识和研究成果。学术研究能力由学术研究知识和学术研究技术构成，目的在于使得该学科修习者在完成相应的课程学习后，掌握本学科的知识，拥有发展本学科的能力。

学术性是高等院校的学习者区别于初等教育和中等教育的学习者的根本属性，同时映射出经过接受高等教育后，学习者应该具有的最能彰显其自身素质的是学科文化知识和学科技术能力，尤其是学科文化知识。在注重知识和智力发展的时代，尤其是在日常概念中，知识等于智力的年代，学科知识显得更重要，所以在经过几年的高等学校的学习后，能够表征其学术性的就是所学课程以及表征具体化学科知识的成绩。这个成绩即便只能代表该学术性的一个部分，却依然被固执地认为是完全代表其学术性。对于卓越教师来说，其学术性一方面表现为优异的学科知识，即优秀的成绩；另一方面表现为顺利地把这些学科知识应用到学科实践和学科理论研究中去。因为，对于一名教师来说，其作为教师最基本的职责首先是要传授知识给学生，然后是通过知识的传授，对学生的人格、意志、情感等进行直接或间接地指导或熏陶以促进学生在道德品质、智力、情感和意志等方面的发展。

突出的专业性是卓越教师的第二个根本属性。教师的专业性在我国的教师培养和教师职业生涯中，一度被他的学术性所遮蔽。专业性被提出从而得到重视，始于 21 世纪的基础教育课程改革。20 世纪中华人民共和国成立之初，百废待兴，科技落后，人才短缺，国家的建设、社会的进步都急需拥有知识的人才，对知识的渴求成为衡量人才的重要标准。20 世纪 70 年代末的改革开放伊始，对知识的重视达到前所未有的程度，对教师的专业化培养备受重视。于是，在教师的培养过程中，无论是课程的设置，还是教学方式方法，都显示了对教师的学术性的重视高于对教师的专业性的重视，对教师学历的重视也从一个方面表征了对学术性的重视，当然这也同样体现了社会的发展需要人才的学历提升。进入 21 世纪后，我国开启了新一轮基础教育课程改革。这次基础教育课程改革对教师提出了较高的职业要求，要实现这些要求，教师不仅要具有以往所没有的一定课程知识，即课程理论知识和课程研究知识，同时必须具有不同于以往的教学知识和教育知识，所有这些课程知识、教学知识和教育知识背后的支撑是不同于以往的教育教学理念。

新的教育教学理念认为，学习者不仅具有共性，同时具有差异性；教育教学场域是学习者的生活和成长的空间；教学事件具有一般性同时具有偶发性。等等。所有这些观念都需要教师必须熟悉教育教学场域中的教学主体和教学客体，并随时准备处理在这里即时发生的教学事件。然而，不论是教育教学主体，还是教育教学客体，抑或教育教学事件，都有其差异性，这种差异性决定了它们的特殊性和不可复制性。因此，流变性和不确定性是教育教学现场突出的特点。这两个特点表征了教育教学时空的流转以及教育教学事件的偶发性和复杂多变性，尽管也会有其相似的地方。由此，教师若要随时能够解决这些偶发性、随机性和多变性教育教学事件，就必须拥有丰富的专业知识和突出的专业能力。具有随意性、偶发性、多变性和具体性的教育教学实践决定了教师必须具有突出的专业性。

专业性表征的是职业的差异性以及从事不同职业所必须具有的知

识和技能。教师的专业性是教师区别于其他职业的本质属性，体现为教师从事教育教学所必须具备的特殊的知识和技能，这些知识和技能的显著特点是教育性和教学性。由此可见，教师的专业性表现为他的职业性，是教师从事其职业所必须具有的最基本的职业属性，即教育教学性。关于教育性和教学性，德国的哲学家及教育家赫尔巴特曾经给予阐释，他认为教学永远具有教育性。自赫尔巴特以后，教学具有教育性成为一个公理性的存在被教育者使用，尽管偶尔也有对这一论断的质疑声。教学具有教育性说明教学在传播科学知识的同时，教育性和人文性同时伴随着教学的展开而显现，得到学生的接收和编码从而成为学生自身的一个部分，融入他的人格中，蕴含在他的精神世界中，体现在他的行为方式中。但是对于教师这一职业来说，教育性和教学性必须统一存在于教师的身份中，体现于教师自身的职业活动中。

卓越教师的教育性指的是教师具有"化人"的能力。教育性表明教师的职业活动功能之一是对受教育者进行教育，具体来说，是依据学生的年龄特点对学生进行教育。根据教育的英语表达方式 education，教育最基本的意涵是"诱导""引导出"的意思。那么，作为教师，他应该诱导什么？他应该引导出什么呢？厘清这两个问题，实际上就明白了教育性的含义。教育的根本职能是促进学生的社会化，使学生能够更快更好地从"自然人"转变成为"社会人"。"自然人"和"社会人"最明显的区别也许就在于人是否脱离了野蛮归于理性，脱离蒙昧归于文明。文明又有物质文明和精神文明之分。作为学校的教育，其功能表现为对学生进行精神文明的涵化，文化是教师对学生进行精神文明改造的凭借，即以文化之，使学生具有精神文明的表征和内涵。而教师以文化之的方法确实不易得，因为学生是具有自己的独特性、具有自己独立思想的人。若想改变其思想，净化其灵魂，坚实其意志，丰富其情感，教师必须在日常的职业活动中有能力并且能够做到把教育融合在教学中。

卓越教师的教学性体现为丰富的教学知识和娴熟的教学技能。教学知识和教学技能是教师知识的一个部分，是教师从事教学的倚仗。

教学知识关注的是什么是教学，如何进行教学；教学技能关注的如何把教学知识转化为显性的教学行为方式。所以，教学知识是对教学的指导，具有缄默性，而教学技能是对教学的具体实施，具有显在性。丰富的教学知识能够使教师的教学设计更具有科学性和艺术性，娴熟的教学技能能够使教师的教学操作如行云流水般顺利实施。但是，教学设计和教学操作的最终目的是使学生在获得文化知识的同时，得以文化。学生作为具有自己的思想和灵魂的个体，如何能够在教师的诱导下，积极主动地获取知识，主动文化？这是卓越教师必须弄明白的问题。当然，答案是教师所拥有的教育知识。支撑卓越教师进行教学设计和教学操作并使其完美展开的是恰切丰富的教育知识。可见，丰富的教育知识和教学知识以及娴熟的教学技能构成了卓越教师的教学性。

据此，除了所有教师都必须拥有的职业道德外，鲜明的学术性和突出的专业性构成了教师的卓越性。首先，卓越教师必须具有广博的学科知识、恰切的教育知识和丰富的教学知识。其次，卓越教师必须具有较强的学术技能和娴熟的教学技能。这些知识和技能相互融合，共同造就出具有突出教学能力的卓越教师。

第三节　小学全科教师的本质

2014 年 8 月 18 日，教育部发布了《关于卓越教师培养计划的意见》，开始启动了"卓越教师培养计划"，并提出了小学阶段以培养全科型小学教师为主的改革思路。2014 年 12 月，教育部公布的全国首批 80 个"卓越教师培养计划改革项目"所包含的 20 个"卓越小学教师培养改革项目"中，有近一半项目聚焦"全科教师"培养。这一方面意味着小学卓越教师的培养规格为全科教师，另一方面表明小学教育对教师规格的需求主要凸显为全科性。目前，我国有不少省市都在进行小学全科教师的培养实验或实践，但是对于什么是小学全科教师，小学全科教师的独特属性为何，小学全科教师的价值如何等凸显小学全科教师实质的基本理论问题还莫衷一是，缺乏深入、系统的研究；对如何培养小学全科教师等对策性问题还处于探索阶段。本小节尝试从小学全科教师的属性、培养价值等方面对小学全科教师的意涵予以考量和探究。

一　小学全科教师的本质界说

自从卓越教师培养计划的颁布实施以来，全科型小学教师、小学全科教师等词组逐渐进入教育研究者的学术视野，并成为一个学术词语，即成为教师教育研究领域中的一个学术概念。作为一个学术概念，学术界对它的界定是见仁见智，观点不一。许多研究者认为小学全科教师是定向培养农村小学全科教师，是指为了解决当前农村小学教师"下不去、留不住、教不好"和学科失衡等突出问题，由政府落实编制和经费，委托相关高校按照农村小学教育的实际需求制定标准进行培养，与学生签订定向教育服务协议的一种小学教师培养模式。其核心内容是免费培养、定向服务、全科学习、多科工作。[①] 目前有湖南、江西、江苏、福建、重庆、四川、浙江及广西等省区在实行这一培养模式。免费培养是为了吸引广大大学生积极报考师范教育，然而定向培养具有一种功利性的嫌疑，但其实是为了解决当前广大农村小学教师短缺的问题，全科学习和多科工作才是小学全科教师的属性。首先，全科教师若要具有教授小学各科课程的能力和素养，就必须具备小学各课的知识，并且具有教授这些学科的教育学知识和专业技能知识。所以，全科学习是必需的。多科工作是小学全科教师的一个明显的特点，因为小学全科教师就是为了解决农村教师短缺的问题，尤其是为了解决所谓的"小三门"和新增加的科学课程和综合实践课程。而且多学科工作是目前发达国家小学教学所采用的方式，并取得很好的成效。

由此可见，小学全科教师指的是能够独立承担国家规定的小学各

---

① 黄俊官：《论农村小学全科教师的培养》，《教育评论》2014 年第 7 期；谢慧盈，等：《"全科型"优秀小学本科教师培养思考》，《海南师范大学学报》（社会科学版）2012年第 5 期；朱纯洁、朱成科：《农村小学科教师的特质结构及培养路径探析》，《教学与管理》2015 年第 5 期。

类课程的教学，并能从事小学教学管理和研究的教师。这个界定有三层意思。

一是在专业知识方面，小学全科教师具有小学开设的所有课程的专业知识，当然这种专业知识需要一定的广度，但深度不需要太大，因为对于接受小学教育的儿童来说，他们所需要的是认识和体验世界的整体而浅显的知识，而不是精深的专业知识。对于专业知识这一点，有的研究者认为应该达到大专水平或者本科水平，而有的研究者甚至认为达到中专水平即可。从从事小学教育教学所需要的知识水平来说，小学全科教师达到大专水平便可，但若达到本科水平对于所有的职前小学全科教师来说则是一个挑战，首先是时间问题。中等专业水平对于教学小学的学科来说是足够的，回溯我国 20 世纪的八九十年代的师范教育，中等师范的毕业生都是教初中的，当然这种情况也与我们国家当时教育发展的特殊时期的状况有关。所以，根据目前的教师标准要求，小学教师至少要具有大专文化水平。

任何事物的发展都具有时代性和前瞻性。当今社会是人才竞争的社会，人才的专业素质水平越高越有利于我国各行各业的发展，教育事业亦是如此。另外，随着社会的发展，对人口素质的要求也越来越高，随着高等教育大众化的不断深入和扩展，我国对公民素质的要求也同样提高，从这一点来说，教师首先是我国的公民，然后才是教师。据此，从时代发展的角度来看，小学全科教师在培养的过程中，应该是接受本科教育。当然在教师培养过程中，师范院校可以灵活机动，结合学校自身的师资状况，通过论证明确成为小学全科教师到底需要什么知识，需要的知识水平为何，学习不同深度的、不同种类的知识需要的时间长度如何，来确定小学全科教师接受的教育层次，这样就可以解决这个棘手的问题。但是本书认为，小学全科教师应该接受本科教育，毕业时至少拥有本科学历。

二是小学全科教师要具有从事小学开设的各门课程的教学知识与技能。既然小学全科教师所教的课程可能是小学各科课程，那么各科的教育教学知识就都应该具备。当然，小学各门课程具有一定的共性，尤其是教育知识更是如此，但是教学知识在具有共性的基础上，差异性更明显，这样就需要小学全科教师同时具有不同学科的课程与教学知识。其实，随着综合课程的开发和使用，小学全科教师不需要修习太多学科的教学知识，因为学科课程正逐渐转变为综合课程，比如语文、数学、科学、英语、社会、艺术、综合实践等大的门类。当然这样综合性很强的课程首先需要课程专家们精心建设和编制综合性课程，高等师范院校的教师也应该积极参与此类课程的建设，最关键的是要上承幼儿园课程，下接初中课程，保证基础教育的一贯和衔接，保证不会出现知识真空或者知识的重复。目前，就笔者所知，贵州师范大学的小学教师教育所开设的课程具有这一特点，不仅开设了小学课程与教学论，同时又开设了小学语文、数学、英语、综合实践课程等不同学科的课程知识和教学论技能课程。

三是小学全科教师要具有从事小学教学管理和研究的能力。小学教学管理是教师从事教学的最起码的条件，毋庸赘述，这儿主要探讨研究能力这一特点。自 21 世纪初开启的新课程改革开始，教师作为研究者使得研究能力成为所有教师发展所必修的能力，更是判断教师专业能力的一个重要维度和杠杆。随着教师作为研究者的推进，目前我国许多地方都把教师的研究能力作为衡量教师教学能力的重要指标。先不说这种做法是否必要，但这一作为至少表明教师作为研究者这一点是毋庸置疑的，并且研究能力是表明教师专业能力的一种重要维度。但是作为小学教师，教学是他们的主要职责，但要想顺利地、高质量地、高效率地从事教学，教师必须具有解决自己教学中存在的学术问题的能力。因此，具有研究能力是作为小学全科教师的重要一环，但只需具有的是研究自己课堂和教学的微研究的能力即可。这种微研究定位在课堂，是在课堂中进行的、为了课堂教学进行的、通过课堂教学实现的研究，[①] 目的是提升教学的有效性和课堂教学的有序性，最终提升教学的质量。

二　小学全科教师的培养价值

从小学全科教师的特点分析中可以看出，他们具有不同于现如今

---

① 刘桂影：《中小学教师微研究实现路径探析》，《新教师》2016 年第 9 期。

小学教师的风格和特点。这种独特的属性和特质使得他们具有更大的培养价值。小学全科教师具有应对农村小学教师短缺的问题，顺应国际小学教师发展趋势，满足新课改下的小学综合课程对教师规格的需求，有利于促进学生完整人格的培养等价值。

（一）实现小学教育的公平

自从新的千年开启的新课程改革以来，教育公平成了基础教育改革追求的重要目标。教育公平在基本实现入学公平之后，关注的是过程公平和结果公平。过程公平的最主要标准是教育资源的公平分配，而教师是教育资源的关键，因为教师是教学资源的核心。2014年，教育部开始实施的"卓越教师培养计划"不仅开启了高质量教师培养的新纪元，更是实现农村教育在师资公平上的新举措。农村教师支持计划中明确规定了对农村教师培养的政策倾斜。可见，实现农村小学全科教师培养是实现基础教育公平的体现。

这种公平体现在另一个方面，就是农村教师专业能力的提升。目前，尽管实行了农村教师支持计划，但是农村教师还是处于缺编的困境中，其中最重要的一个原因就是教学点对师资的占有，这是一个悖论性质的现实问题。首先，为了让所有的低龄儿童都能上学，教学点的保留就成为必然。但是许多教学点的学生太少，本课题组成员在贵州进行调研时发现，有一个县共有16个乡镇，只有一个乡镇没有教学点，全县共有67个教学点，教学点的年级差不多都是两个年级，只有一个教学点有三个年级，还有个别教学点只有一个年级。这个县的教学点在校学生数共有898名，平均每个教学点的学生数是13，其中最少的一个教学点只有8名学生。在另外一个县进行调研时发现同样的问题，有些教学点从一年级到三年级总共只有七名学生，大部分三个年级的学生加起来也依然只有十几名学生。如果按照我国中小学师生比进行教师配置的话，这样的教学点实际上都不能分到一名教师，但是为了支持教学点的教学，教学点的教师从一位到三位不等，大部分是一名或两名教师。要实现教学点各门课程的正常教学，教师远远不够，但若按照我国中小学的师生比，教学点的教师数量实际已经超编。可是如果这些教师没有学过音乐、美术、体育、英语、科学等科目的话，就难以胜任这些正常开设科目的教学。在调研中发现的情况也确实如此，尽管按照课程表上，教学点所有的课都开设了，但是实际上在对学生的调研中发现，其实平时他们只进行语文和数学两门课程的教学。这种情况严重背离了当初设立教学点的初衷，因为这些教学点的儿童难以像其他小学的儿童那样享受高质量起码是符合小学教学的全科教学。只有教师拥有全课教学知识和能力才能解决当前这种农村教师缺编的情况，实现教育公平。这样，乍一看老师不够，但实际上已经超编。从另外一个方面讲，如果这些教师没有学过音乐、美术、体育、英语等这些科目的话，就难以胜任这些开设的科目。据此，教学点的教育教学的拮据现状表明，小学全科教师的培养刻不容缓。只有教师拥有全课教学知识和能力才能解决当前这种农村教师缺编的特殊情况，实现教育公平。

（二）符合国际上对小学教师培养的规格

教师培养模式和培养规格随着经济的发展和社会的进步，在不同的历史时期呈现出不同的特点，当历史进入当今时代，世界上发达国家在教师培养方面，呈现出凸显信息时代人口特点的培养方式，小学教师的培养也不例外。人口的减少，儿童身心综合发展的特点，使得国际上小学教师培养呈现出全科教育的趋势。目前欧美一些国家的小学教育教学出现了教师的"包班制"，即一两名教师负责一个班级的学生的教育和教学。包班制不是因为教师的短缺，而是为了更好地促进学生的成长和发展。包班制的出现是小学全科教师培养的表征。

我国当前的小学教师的培养采用的是全科培养的方式，目的是提升教师专业能力。但是这种培养方式和当今对小学教育所需要的全科教师的规格相矛盾。另外，当前由于农村小学教师队伍的短缺，师资力量的薄弱，导致小学教育若想实现公平，全面开设培养目标中所规定的所有课程，教师就必须具有教学全部科目的素养和能力。所以培养全科教师成为小学教育的时代发展的必然趋势和我国小学教育发展所必需的要求。当然我国这种被动培养小学全科教师的方式，却恰好迎合了当今国际上小学教师培养的主流模式和规格。

（三）为儿童的全面发展奠定基础

心理学的观点认为，儿童的发展是身心的整体推进，只是在不同的阶段呈现出不同的发展特点。对于初级教育阶段的儿童来说，其身心的发展对未来的成长起到奠基作用，必须全面发展，完人成长。对处于启蒙时期的小学生来说，其发展体现在他们对于世界的懵懂认知中。他们对于这个世界的感知不具有专业性，而是具有全息性，在接受小学教育的过程中，他们对世界的全方位的认知需要教师的指导和教育。如果教师不具有对于这个世界的系统性、全面性的知识和认知，那么就难以为这些处于小学教育阶段的儿童进行正确全面的指导和启蒙。儿童对于世界的全面而懵懂的认知是他们今后发展的基础，所以小学教师的一个重要且直接的任务就是对儿童进行全面的启蒙，为他们今后的发展打下良好坚实的基础。自从新课程改革以来，倡导小学教育课程采用综合课程的形式，目的也是让学生能够获得关于世界的系统整体的认知。只有当儿童整体感知世界，整体认识世界，那么他们各方面的发展才会有整体推进的可能。小学课程的特点要求从事小学教育教学的教师也必须同样具有综合性知识。综合课程的施教需要老师必须具有系统全面的知识，否则难以胜任。可见，小学全科教师的培养一方面是为了响应新课程改革对于小学教育的要求，另一方面是为了满足为学生今后的全面发展打下坚实基础的需要。

第三章

卓越教师培养的机制

卓越教师的培养问题先要解决的是培养机制问题，没有机制的运作，卓越教师的培养计划难以实现，因此，若想实现卓越教师培养计划，首先必须确定卓越教师培养机制。

第一节　卓越教师培养机制的内涵解读

教育部在关于卓越教师培养计划实施的意见中明确提出，"针对教师培养的薄弱环节和深层次问题，深化教师培养模式改革，建立高校与地方政府、中小学（幼儿园、中等职业学校、特殊教育学校，下同）协同培养新机制"[①]。那么何为机制？何为培养机制？这两个概念首先需要予以厘清。

一　卓越教师培养机制的概述

卓越教师培养机制是卓越教师培养实施的机理，它的确定预示着卓越教师培养具有自身的逻辑理路，这一逻辑理路使得卓越教师培养有理可循、有据可依。若要考量卓越教师培养机制，首先要明晰机制的含义。根据《现代汉语词典》（修订版）的释义，关于机制有四种不同的界定：（1）机器的构造和工作原理；（2）有机体的构造、功能和相互关系；（3）指某些自然现象的物理、化学规律；（4）泛指

---

① 中华人民共和国教育部网站：《教育部关于实施卓越教师培养计划的意见》，中华人民共和国教育部网站（http://www.moe.edu.cn/publicfiles/business/ htmlfiles/moe/moe_309/200412/4672.html）。

一个工作系统的组织或部分之间相互作用的过程和方式。① 从以上四个解释中可以看出，关于机制有四个关键词是难以规避的：其一是构造，即事物或机器的结构；其二是原理，即事物得以存在或机器得以运转的原理；其三是规律，即事物或机器得以存在或工作的规律；其四是关系，即事物或机器各构成部分或要素部件之间的关系。本书认为机制指的是构成事物的各要素之间的关系及其相互作用的过程与方式。

从系统论的角度来说，卓越教师培养是一个系统，是一个由不同要素构成的系统；从事物的构成角度来说，卓越教师培养是一个物体，一个由不同部分组成的物理整体；从运动的角度来说，卓越教师培养是一个活动，是一个由不同构成要素之间相互作用而成的过程，这个过程不仅展示各要素之间的关系，同时表现各要素之间相互作用的理论依据和方式方法。卓越教师培养是一个行为过程，一个持续的行为过程，不是一个静止不动的实物，也不是一个一蹴而就的行为动作。在教师培养这一过程中，教师培养的各构成因素之间依据一定的条件和规律相互作用，共同契合而成为适合教师培养的最优化的工作原理和工作方式。可见，卓越教师培养机制指的是构成卓越教师培养的内外部因素以适宜的方式相互影响、相互作用，共同耦合成为卓越教师培养的行为过程理路及其方式。这一概念包含教师培养活动的内外部构成因素及其各因素之间的相互作用关系以及其关系所代表的运作原理。从卓越教师培养机制的构成种类来看，卓越教师培养机制包括卓越教师培养的运行机制、监督机制和保障机制；从卓越教师培养的空间来看，卓越教师培养机制分为校内培养机制、国际合作交流机制和地方实践机制；从卓越教师培养的构成因素角度来说，卓越教师培养的系统因素包括教师因素、学生因素、课程因素、条件因素和环境因素以及它们之间相互的关系等。下面具体分析卓越教师培养机制的独特特征。

---

① 中国社会科学院语言研究所词典编辑室：《现代汉语词典》（修订版），商务印书馆2001年版，第582页。

（一）构成卓越教师培养的构成因素

构成卓越教师培养的构成因素有内外两种类型构成：其一是国内因素，国内因素又包括校内培养因素、校外联合培养因素和地方实践因素；其二是国际因素，即国际合作交流因素（见图3-1）。无论是国内因素还是国际因素都是由人和物两类因素构成。构成校内培养因素的主要有卓越教师培养所需要的培养方案、教师队伍、课程，教学活动所需要的教学方法、教学环境和教学媒体以及保障卓越教师培养所需要的规章制度等因素。其中，教师、课程和学生是最基本的培养因素，因为这三种因素可以通过相互作用，开展基本的教育教学活动。具有保障作用的规章制度和校园文化一样属于精神环境，所以可以归为教学环境因素之列。教学方法和教学媒体属于条件因素之列。这些校内因素是卓越教师培养所必需的最重要的条件和因素，因为这些因素是实施卓越教师培养的必备要素，有了它们，卓越教师培养才可以顺利开展和实施。校内培养因素之间以培养目标为鹄的，围绕着课程，相互作用、相互影响，共同构成校内教育教学活动。

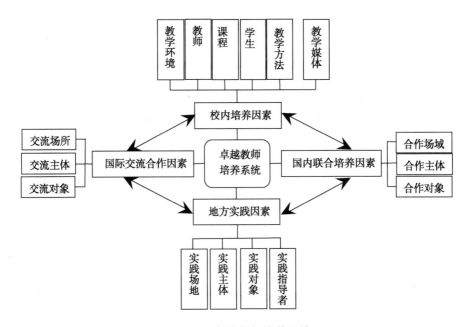

图3-1　卓越教师培养系统

配合校内培养因素的是校外实践基地和校外联合培养机构。校外实践基地最基本的构成因素是实践主体、实践场所、实践对象和实践指导教师。实践主体在实践场所依据实践对象的特点在实践指导教师的指导下进行实践活动，把自己所习得的专业知识运用到实践中去，从而获得教育教学实践知识，提升自己从事教育教学的实践能力。校外联合培养机构包括校外学习交流互动学校和校外学术交流互动机构。校外互动交流学习活动的最基本构成因素是交流互动对象和互动指导主体以及交流互动场域。交流互动主体在一定的联合培养场所围绕着交流互动对象进行相互交流和相互学习，促进校内卓越教师培养的教育教学，提升职前卓越教师的专业知识水平和专业学习能力。校外学术交流研究机构通常指的是相关研究机构及其研究人员。研究机构的成员以一定的研究对象或教育教学问题为交流教学对象对职前卓越教师进行科学研究方面的教学和培训，使得职前卓越教师获得相应的学术知识、学术技术和学术能力，并能以学术思维反思自己的专业学习和专业实践。

国际因素指的是师范院校的国际交流学校的因素。目前随着高等教育的国际化，高师院校纷纷与国外的同质学校建立合作与交流的关系，为本校的教师和学生的学习和发展开拓国际视野与国际思维。国际交流因素包括国际交流学校所提供的交流互动场所和交流互动主体以及交流互动对象。准确地说，国际交流互动学校也属于校外联合培养机构。国际交流合作活动作为卓越教师培养活动的一个重要组成部分，应该得到高师院校的重视，因为国际交流与合作能够促使卓越教师培养主体站在他人的视角看待卓越教师培养过程，对卓越教师培养起到反思、补充和提升的作用。这些作用具体表现在，通过合作交流，卓越教师培养单位和教师能够从国际交流学校的角度来观察和思考本单位的卓越教师培养结构和培养行为，从而发现其优势和可能存在的不足，并通过对方国际学校的教师教育理念和方式方法的观察、学习和审思，从中汲取其长处以弥补自身教育教学过程可能存在的不足，通过这种反思与学习，能够在国际交流合作中不断完善卓越教师培养方案的实施，提升卓越教师培养的质量。比如，在小学全科教师培养过程中，我们在全课教学中课程设置和课程实施方面存在很大的不足，通过与国外的合作交流学校的交流学习，能够考察对方学校在课程设置和课程实施方面是如何开展小学全科教师培养的。通过学习，可以借鉴他们在小学全科教师培养中所需要的课程的设计、设置和实施等方面的合理科学的做法，然后批判性地运用到小学全科教师的培养活动中，从而进一步促进小学全科教师的培养实施。

（二）构成卓越教师培养的活动原理及其方式

探析卓越教师培养活动原理及其方式，需要首先确认构成卓越教师培养的活动。因为只有确认了相关的活动，才能从活动过程中剥离抽取出其活动原理及其活动方式。构成卓越教师培养系统的各子系统的构成因素之间不是相互孤立、相互分离的，而是以一定的方式相互作用、相互联系，共同构成不同的卓越教师培养活动的重要分活动。各子系统活动之间以一定的互动关系相互影响、相互补充，共同构成卓越教学培养机制（见图3-2）。

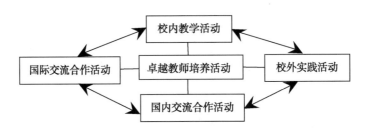

图3-2　卓越教师培养活动体系

构成卓越教师培养的活动有三个基本的活动方式，即校内教学活动，基地的实践活动和外部的交流互动活动。这三种活动相互作用、相互补充、相互照应，形成一定的互动关系和活动规律，从而共同构成卓越教师培养活动机制。教学活动是由教师和学生以一定的课程实施方案为依据，采用一定的教学方法，选择一定的教学媒体，在创造性的教学环境中进行互动、解读和对话的过程。在教学活动中，教师和学生的互动是中心，其他所有的要素都是为教师与学生的对话、交流服务。在教师和学生的互动交流中，职前卓越教师最基本的收获是获得文化知识，受到情感意志的拨动，不仅为职前教师的个人发展和职业发展提供发展凭借，同时体现了职前卓越教师培养活动的运行和发展，也为职前卓越教师从事实践学习打下知识和心理的基础和前提。

实践活动是职前卓越教师尝试把在教学活动中所习得的知识用于实践的活动，也是联系职前卓越教师的学习和教学实践的中间环节，这一环节能够保证教师有准备地从学习走向教学一线的实践，也是职前教师检验其所学的知识与技能的重要环节。在这一活动中，职前卓越教师运用自己所学的知识和技能在真实的教学语境中进行实际教学。在这一实践教学活动中，职前卓越教师通过自己的实践，观察教学现场、直接感知教学、感受教学实践、感悟教学实践中的人和物之间存在的不可割裂的关系，并在实践指导教师的指导下，运用自己的专业知识和专业心理，亲自解决教育教学中出现的问题，从而丰富自己的教学实践知识，提升自己对教育教学的实践执行力。

例如，在小学全科教师培养的实践活动中，职前小学全科教师根据学校的安排，进入作为教学实践基地的小学，在实习指导教师的带领和指导下，运用自己所学的小学教育专业知识进行教案的编制、教学的实施、班级的管理、教学效果的评价、与实践基地的小学生进行面对面的对话和交流等。通过这些活动，职前小学全科教师亲身感知、体验小学教学现场的教学活动，结合自身的感受，在教师的指导下，有意识地观察教学活动、发现其中可能存在的教学问题，运用自身所学的教育教学知识，尝试解决问题，并反思自身的教学行为等。通过这一系列的行为，他们会逐渐学会反思自己的教学实践，思考小学教学中的人和事，从而形成自己独特的专业实践知识，丰富自己的教育教学认知和心理，并为将来的职业打下实践基础。可见，实践活动是校内教学活动的延续，是针对理论学习可能带来的实践操作的不足而实施的，其目的是促进学生的理论知识实践化，从而为学生的职业生涯打下坚实的实践操作基础。

国内和国际合作交流活动是卓越教师培养活动不可或缺的一部分，通过师生与交流学校的教师与学生的交流、互动，彼此相互学习，了解和反思对方学校的教师培养方式方法以及学生的学习方式方法，并在互动过程中通过心理感知对方学校的精神文化和学习心理氛围，可能受到一定的启发和触动，从而提升学生的学习心理和文化心理。这些都有助于职前卓越教师的个人成长和专业发展。国内和国际的合作交流活动的一个重要价值就是，卓越教师培养单位不仅可以借鉴对方学校在教师培养方面的可取之处，更重要的是，通过邀请对方学校的优秀教师进行讲学，让职前卓越教师感受不同的教学风格和教学经验，从而丰富职前卓越教师的专业体验，拓展职前卓越教师的专业视界。

学术交流活动同样是卓越教师培养中不可或缺的部分。在与教育研究机构的交流合作中，职前卓越教师能够进一步了解教育教学实践中的真实问题，明晰如何发现和解决教育现场中可能存在的问题。同时通过这种交流学习，同学们可以更加清晰地感知教育现场的复杂性和教学研究的严肃性和科学性，培养他们对学术的敬畏精神和正确的学术态度，从而促进他们学术精神的提升和学术心理的发展。通过与教育研究机构的交流互动，能够开阔职前卓越教师的学术视野和专业视界，同时能够使得职前卓越教师开拓专业创新意识和专业创新学习思维能力。

在卓越教师的培养系统中，职前卓越教师在不同的情景中与不同的因素互动，会产生不同的活动。其中教学活动是基本活动，实践活动是教学活动的重要组成部分，交流互动是对教学活动的补充，但是二者同样不可或缺。教学活动使学生获得促进其成长和发展的文化知识，实践活动丰富学生的实践知识，交流互动丰富学生的学习经历和学习心理，拓展学生的学习视野，开拓学生的专业视界，培养学生的专业精神境界。据此，教学活动、实践活动和交流互动活动共同构成卓越教师培养活动，三种活动经过学生的感知、体验、感受，构成相互联系、相互作用的整体培养活动，在卓越教师培养活动中相互照应、相互影响，构成完整的卓越教师培养活动机制。

二　卓越教师培养机制的价值和意义

卓越教师培养机制作为卓越教师培养的活动原理及其活动方式，

对卓越教师培养具有蓝图实施和计划执行的规划作用，对卓越教师培养的实施具有行为引领作用。

首先，卓越教师培养机制决定着卓越教师培养方案的实施效果。卓越教师培养方案是卓越教师培养的整体规划，它主要包含卓越教师培养目标、实施计划和课程体系。而卓越教师培养机制决定着如何实现培养目标，如何展开课程实施等活动蓝图。可见，卓越教师培养机制对卓越教师培养具有实施规划的作用，对卓越教师培养具有方法论的作用，是卓越教师培养方案实施的逻辑理路和活动方针与行动指南。卓越教师培养方案如何实施，如何实现培养方案中所规定的培养目标，培养目标实现效果如何，卓越教师培养的规格达成度如何，几乎都依赖卓越教师培养机制。所以，设计卓越教师培养方案时，就应该同时思考卓越教师培养机制，以便为卓越教师培养目标的实现提供行为纲领和活动动力。

其次，卓越教师培养机制影响卓越教师培养系统的因素配置。卓越教师培养既是一个动态的过程又是一个静态的系统。从动态的角度来说，卓越教师培养是通过一系列教育教学活动实现的，这一系列活动按照一定的原则各安其事、协同作业，共同实现卓越教师的培养计划。从静态的角度来说，卓越教师培养是一个完整的教育教学系统，存在于这一系统中的各因素，处于自己的位置，各司其职、各安其事，并按照一定的规则相互作用、相互影响，形成各种不同的关系。这些关系以一种平衡的态势，相互关联，共同形成卓越教师教育教学系统。例如，在小学卓越教师培养系统中，若是采用校地协同培养的机制，那么教师队伍和教学场地就会处于流动状态。教师队伍不仅包含高校教师队伍，同时包括小学教师队伍；教学场地不仅包括高校的教室内外的场地，同时包括小学教学场地。这些教师队伍和教学场地相互之间发生着主体和场域不断变换的际遇关系。如果采用的是校校协同培养机制，那么就存在着教师队伍、教学场地、课程资源、教学环境和教学设施等方面的不断变换和交织的关系，形成不同的教学场景和不同的教学事件，从而产生不同的教学效果。可见，不同的培养机制影响着培养系统的因素配置和作用的发挥。

卓越教师培养机制是卓越教师培养方案具体实施的指导蓝图，也是卓越教师培养计划展开的必然诉求。采取何种培养机制，关涉卓越教师培养所造就的人才的质量和素质，也是教师教育的要素是否得到优化配置的体现。

第二节　我国卓越教师培养机制的现状考察

我国关于卓越教师的培养时间不长，但是，由于各地纷纷积极探索卓越教师培养的方法和机制，所以，尽管时间短，却出现了形式不同、丰富多样的卓越教师培养机制。

一　卓越教师培养机制研究概况

我国的卓越教师培养机制研究，虽然经历的时间不长，但是相对于卓越教师培养的相关研究来说，还是比较丰富。关于卓越教师培养机制研究主要体现在学段卓越教师培养机制研究、学科卓越教师培养机制研究等。

关于卓越教师培养机制的研究主要集中在学段卓越教师培养机制研究，如幼儿园卓越教师培养机制研究、小学卓越教师培养机制研究、中学卓越教师培养机制研究等，学科卓越教师培养机制研究，如中学英语卓越教师培养机制研究、中学地理卓越教师培养机制研究等，以及卓越教师培养的过程机制研究，如卓越教师培养的评价机制研究、卓越教师培养的质量保障机制研究等。卓越教师职前培养机制的核心要素是取向、主体、课程和评估四个方面。[①] 这四个核心要素中的"取向"回答培养什么的问题，"主体"回答谁来培养的问题，"课程"回答如何培养的问题，"评估"回答如何改进的问题。对这四个问题的不同答案，形成不同的职前卓越教师培养机制。根据这四个培养机制的核心要素的理论逻辑理路，孙泽平等人认为，卓越教师

---

① 孙泽平、徐辉、漆新贵：《卓越教师职前培养机制：逻辑与现实的双重变奏》，《中国教育学刊》2016 年第 12 期。

职前培养应该是精英取向下的主体协调、课程立体，评估分类动态实施的培养机制。

二 卓越教师培养机制的具体现状

卓越教师培养机制的现状分为理论研究现状和实践探索现状两个方面。我国自从实施中小学教师卓越培养计划以来，在理论研究层面和实践探索层面都在进行不断的探索，理论研究为实践的探索提供了理论依据，实践探索又为理论研究提供了现实土壤。

（一）理论研究现状

关于卓越教师培养机制的研究，研究者大多从协同培养机制角度切入。有研究者认为通过学校间合作，提升教研交流，利用国培计划加快教师向卓越教师转变是在职教师卓越化发展的培养机制。[①] 实践是卓越教师培养的关键，有研究者从实践机制的角度探究卓越教师培养机制，认为创新实践育人模式，注重实践育人环节，引导开展自主研究性学习，探索院校深度合作，完善质量保障机制是实践培养机制的关键和基本环节。另有研究者认为，卓越教师培养机制中的校地教育协同机制需要从六个维度实施运行。这六个维度分别是：一是高师院校与当地的优质中小学进行协作；二是四类师资力量进行协作对职前教师进行高层引领、传经送宝、"传帮带"和协同培养；三是师范院校的相关专业的本科教育与研究生教育相互协作；四是职前卓越教师之间作为学习主体的合作共享；五是师范院校与国内一流院校和教育科研机构的交流协作；六是师范院校与当地的教育行政部门以及优秀中小学的协作。[②]

针对当下的卓越教师培养机制，有研究者认为，目前的卓越教师培养机制处于理论研究和观念讨论阶段，需要制定卓越教师培养的实践机制，如可以从建构卓越教师人才特区、建立双重课堂的学习机制

---

① 葛操、田峥：《中小学卓越教师的培养机制及实践探索》，《河南科技学院学报》2014 年第 8 期。

② 刘中黎：《卓越教师培养与 US 教育协同机制的建构》，《重庆师范大学学报》（哲学社会科学版）2014 年第 5 期。

和确立定岗实习的检验机制等三个方面进行实践机制的确立。① 有研究者认为，现行的卓越教师培养机制存在问题，所以应该从制度保障、高校教师队伍建设和充分利用国培计划等三个方面进行卓越教师培养。② 另有研究者认为，针对当下的卓越教师培养机制问题，首先应该加强对基础教育课程改革思想的学习，然后要制定合理的培养目标，其次要采用科学的教学方法，再者是加强对实习的管理和采用创新的方法进行卓越教师教育的评价方法等方面着手，就可以培养出适应基础教育课程改革所要求的卓越教师。③

（二）实践探索现状

自从 2014 年的教育部关于卓越教师培养项目的实施开始，我国的部分高校开始卓越教师培养的实践探索，于是也出现了以协同培养为核心的各具特色的卓越教师培养机制。其中，从 25 个中学卓越教师培养项目和 20 个小学卓越教师培养项目中可以看出，协同培养和实践取向成为各卓越教师培养的核心关键词。协同培养机制中大多以 US 协同培养，如东北师范大学的"基于协同、追求融合的卓越中学教师培养"、UGS 协同培养，陕西师范大学的"基于三位一体的卓越教师培养体系建设"和浙江师范大学的"基于三位一体教育共同体的卓越中学教师培养"、UGIS 协同培养，西南大学的"三段五级"UGIS 卓越中学教师培养模式创新与改革实践等不同的形式出现。

除了许多高校在进行卓越教师培养的协同机制和模式探索外，许多省市也在进行卓越教师培养机制的探索。其实，湖南和重庆等省市的卓越教师培养机制的探索早在高校探索之前就开始了。重庆小学全科教师培养采用"3 + 1"的培养模式，即高师院校培养 3 年，让学生进行理论学习，然后利用一年时间让学生深入小学教学一线，采用定岗实习的方式进行为期 1 年的实践教学。由此可见，重庆小学全科教

① 李胜清：《"卓越教师"创新培养的现实路径与实践机制》，《蚌埠学院学报》2014年第 4 期。

② 吴晋：《中小学卓越教师培养机制与实践研究》，《高教学刊》2016 年第 12 期。

③ 吴丽君、张茜、班秀萍：《应对基础教育课程改革的卓越教师人才培养新机制探索研究》，《河北北方学院学报》（社会科学版）2015 年第 6 期。

师培养采用的培养机制是高师院校理论学习和地方小学实践学习相结合的协同培养机制。海南师范大学的小学教育系的"实践取向小学教师职前培养研究"项目基于实践取向的培养价值观，提出理论学习、实践训练、交流反思的小学卓越教师培养机制。集美大学教师教育学院的施若谷教授主持的"厦门市小学专家型教师培养的研究与实践项目"，以厦门市小学的省、市学科带头人中的中青年专家为培养对象，采取了自主研修、导师指导、项目研究、实践探索为主的卓越教师培养机制，目的是培养具有教学能力和科研能力并举的卓越教师。广西在小学全科教师培养方面采用全面协作机制，采取经费保障、政策保障和组织保障的三位一体措施实现全面协作。

三　我国卓越教师培养机制探索思考

从以上的卓越教师培养的机制探索中可以看出，小学卓越教师培养的探索时间上要早于中学卓越教师的培养。这主要是由我国的农村小学教师队伍状况难以适应当今小学教育对教师的数量和质量的要求这一矛盾所引起的。当然，无论是小学卓越教师培养机制还是中学卓越教师培养机制的探索虽然在各地进行得轰轰烈烈，但是毕竟还处于初期阶段，所取得的成果都有待于进一步实验和探索以及评价。但是，不管怎么说都是我国教师教育中的进步和发展，至少大家开始对新时期卓越教师的培养该如何进行这一最关键的问题进行拷问和慎思。有了思考和探索，我国教师教育的实践及其质量就不愁不发展了。

（一）我国卓越教师培养机制的探索实践丰富

尽管我国提出的卓越教师培养计划时间较短，实施卓越教师培养的实践起步较晚，但是无论是理论研究领域还是实践探索领域都在积极进行培养机制的探索，这是一种喜人的局面。在理论研究方面，有研究者从卓越教师培养的不同侧面研究协作机制、保障机制、自主学习机制等；另有研究者从校地协同培养的角度研究校地协同的方法和策略；还有研究者从校校协作的角度从事卓越教师培养机制的研究工作。在实践方面，从事卓越教师培养的高校都在积极探索培养机制。无论是校地协作还是高校—研究机构—中小学的三位一体的培养机制，高师院校都在实践中认真探索其可行性方略和实现路径。

（二）卓越教师培养机制的实践探索相对困难

随着我国卓越教师培养计划的实施，卓越教师的协同培养机制成为各高师院校探索培养机制的依据。但是在从事协同培养机制的实践中存在着种种困难和问题，如缺乏实践基地等。在研究者的调研中发现，有一些从事卓越教师培养的高师院校缺乏实践基地，导致实践环节的教育教学工作难以有效地实施，致使校地协同培养流于形式。有的高校在校内教育教学中缺乏完备优秀的教师团队，致使卓越教师培养的课程安排难以落到实处，使得职前卓越教师的知识系统出现短缺。有的高师院校在实施过程中，缺乏对协同培养机制的正确认识，导致培养过程缺失某些环节，使得协同培养难以完美、顺利地实施。

（三）小学卓越教师培养机制难以落实

在卓越教师的培养院校中，小学卓越教师的培养机制相对于中学卓越教师培养机制，落实得更加困难，表现在以下几个方面：首先，小学全科教师的课程实施缺乏足够的师资。在研究者的调查中发现，有些地方院校的小学教育专业因为没有足够的师资进行全课教学导致有些课程难以实施。如在调研中发现，许多小学教育专业难以实施的课程有教育哲学、综合实践课程、艺术课程等课程，其原因在于缺乏相应的师资队伍。其次，小学教育课程难以满足全课教学的需要。为了满足对小学教育的需要，对小学全科教师培养所需要的全课教学课程应该以综合课程的形式存在，但是高师院校的小学教育专业的课程基本都是以学科课程的形式存在，所以课程设计有待进一步创新。再次，缺乏实践基地。我国的小学教育专业从最初的三级教育到目前的二级教育，难以像中学教师培养那样具有自己的实践基地。在研究者的调研中发现，具有小学教育专业的高师院校没有自己的实践学校，实践学校都是临时安排，难以保障实践学习的效果。最后，缺乏对小学全科教师的学术培养。尽管教师作为研究者这一要求从新一轮基础教育课程开始就得到确认，但是许多教师仍然对这一观点持否定态度。在对小学全科教师进行教育教学培养时，尽管进行学术知识的教学，但是缺少对他们进行学术研究技能和学术研究方法的实践教学，导致职前小学全科教师学而未得，致使这门课程的教学流于形式。

由以上分析可见，卓越教师的培养虽然是一种理想的教师教育计划，但是若想全面实施卓越教师培养机制，还需要高师院校强化教师队伍建设、大力倡导卓越教师培养的课程设计创新以及创设条件进行校地的完美协作。

第三节　"三位一体"的卓越教师培养创新机制

通过上一节关于我国卓越教师培养机制的现实探讨可以看出，卓越教师培养已经在各省市和各高师院校基本形成一种价值取向，这是值得称道的事情。但是，卓越教师的培养在我国属于才露尖尖角的小荷，还需要不断实践和探索。本节尝试以小学全科教师培养机制为例进行卓越教师培养机制的探讨。

一　卓越教师培养机制的制约因素分析

在当今这个"地球村"时代，任何事情的发生都会受到社会大环境和周围小环境的影响，同时事情的发生又会对周围的人和物所构成的环境具有反拨作用。卓越教师的培养亦是如此。卓越教师的培养不是在一个封闭的空间中进行的，它同样受到社会大环境和周围小环境的影响，尽管教师培养似乎是应该发生在学校这个象牙塔之中，不应受到外界事物的影响。当今时代所凸显出来的交通发达、信息高速通畅的特点，使得处于信息网格中的任何实物都不可能闭于桃花源中独善其身，一切的发展都会受到周围各种事物的影响并反过来影响其他似乎不相关的事物。所以在审思卓越教师培养机制的时候，可能的因素都必须予以考量。

（一）国际环境是一个不容忽视的制约因素

当今世界正处于一个多极化发展的时代，又是一个相互影响的时代，任何一个方面的发展都不得不考虑和思量其国际发展的状况和趋势。因为"地球村"的到来，使得任何国家某一方面的发展都和其他国家的相应物具有千丝万缕的联系。另外，世界的和平与发展离不开世界各国的发展以及和谐社会的建立。我国作为一个发展中国家，其发展不仅要借鉴发达国家相应的经验，而且要为整个国际社会的发展献出自己的一分力量。当今时代又是一个人才竞争的时代，各国的发展就是人才的发展，各国的繁荣依赖的是人才的大量培养。作为竞争世界的人才如何才能在竞争日益激烈的当今社会获得胜利并且为世界的发展贡献自己的一分力量，其根本在于所培养的人才必须具有容纳世界的胸怀和关照世界的人文情怀。这就要求作为培养人才的教师自己必须具有关照世界的视域和心胸。因此，在培养从事人才培育职业的教师时，必须思考国际环境所能给予的一切可能的条件和机会，只有这样，才能使得自己所培养的教师具有世界视域和国际情怀，从而在他们培养学生的时候，能够以国际视野和自己的学生进行学习、交流和互动，从而使得自己所教育的学生同样能够具有国际视野和世界情怀。

在国际竞争日益激烈的今天，若想使得我们所培养的人才能够立于不败之地，必须使得他们能够匹敌甚至超越其他国家培养的人才。这就要求作为人才培养的教师具有了解其他国家人才培养的模式和方法以及人才素质结构。如何才能了解到其他国家人才培养的模式、方法、人才素质结构？只有通过国际文化的交流与合作，同时以自己独有的民族文化进行同化，使之具有本土化的特质，才能在人才培养方面，既具有国际化趋势，又具有民族特色，从而培养出立足本国又能走出国门立于世界的人才。在小学卓越教师培养的过程中，高师院校不仅要了解立足本国的小学教育的需求以及国家对人才培养规格的要求，同时要了解其他国家尤其是发达国家对小学教师培养的课程体系、培养模式、培养方法以及人才素质结构的规定。由此可见，卓越教师的培养必须考虑国际因素。

（二）国内社会发展是教师培养所不能回避的因素

教育作为社会的基本机构之一，其功能在于促进人的发展和社会的发展，而其社会功能基建于其个人功能之上，是其个体功能的衍生和扩展。但是，教育对社会的发展功能可能是正向的也可能是负向的，关键在于教育所培养的人才在社会发展过程中，为社会的发展起到的是正向的推动作用还是反向的阻碍作用。当然，作为教育的实施者，其初衷肯定是希望教育所培养的人才在进入社会后，作为社会劳动力，能够对社会的发展起到促进和推动作用。同样，社会对教育同样具有两种作用，当社会为教育的发展提供的人和物符合教育的发展需求，就能够促进教育的发展，反之，会阻碍教育的发展。由此可见，师范院校在进行教师培养时，必须考虑社会的发展需求，同时又要考量社会为学校培养教师所能够提供的一切可能条件和便利，同时要考虑社会可能出现的不利于教育发展的因素和问题。

作为培养小学卓越教师的高师院校，在培养小学教师之前、过程中、之后都要时刻考虑社会这一重要因素。首先，在小学卓越教师培养之前，需要考虑社会对小学教师的规格需求，需要考虑小学卓越教师具有什么规格的文化知识、知识技能以及具有什么样的社会素质和职业素质，如小学教师应该具有哪些文化知识和素质才能满足社会文明和社会发展对教师的要求，再如小学教师应该具有哪些知识和技能才能满足社会对小学生应具有的各方面发展的基础做准备。同时还要考虑社会对培养小学卓越教师可能提供的有利条件有哪些，如何使这些有利条件在培养小学教师的过程中发挥最大效用。例如，科学技术的发展不仅能够为小学卓越教师培养提供更高级的教学手段和教学媒体，同时信息技术的发展也会为小学卓越教师培养提供更加丰富的课程形式和教学方式方法，高校在培养小学卓越教师时，需要考虑如何充分发挥它们的作用和功效。在小学卓越教师培养结束时，需要考虑如何利用社会各方面的条件为所培养的小学卓越教师进行工作的安排，促进他们融入社会生活等。所有这一切都需要考虑社会因素对小学卓越教师培养的影响并加以利用或规避。

（三）中小学教育教学现场的需求是教师培养所必须直面的因素

高师院校所培养的人才的直接接收者是中小学，准确地说，高师院校主要是为中小学培养优秀的劳动力，这些劳动力具有区别于其他领域的独特属性和独特的知识技能。所以，从供给侧角度来说，在实施其人才培养的过程中，高师院校首先要考虑的因素就是中小学教育教学的需求，即中小学教育教学可能需要什么规格的劳动者，劳动者应该具有的知识和能力如何等，这些都是高师院校在培养中小学卓越教师所必须考量的最重要因素。

高师院校在培养卓越教师的时候，考虑中小学的需求具有明显的必要性。首先，高师院校培养的职前教师主要是为中小学服务的。高师院校培养什么样规格的中小学教师，不是由高师院校自主决定的，它必须满足国家对中小学教师所规定的素质、知识和能力等方面的总体要求，因为任何一个领域的劳动者都具有从事这一领域工作所必需的共同的知识和技能，这是工作的一般性质决定的。但是，任何行业在具有所具有的共性知识和技能的同时，也同样都具有差异性，这种差异性是由同一行业所处的不同环境、不同地域和不同人员的独特性决定的。同一行业的差异性决定了高师院校在培养中小学卓越教师的时候，必须考虑到本省或本地区中小学教育教学对教师规格的要求。

可见，各高师院校在进行中小卓越教师培养的时候，考虑各中小学的具体要求是必然的。例如，在高师院校培养小学卓越教师的时候，首先要考虑教育部对卓越小学教师的规格要求，即"热爱小学教育事业、知识广博、能力全面，能够胜任小学多学科教育教学需要"。同时考量本地区的小学教育教学对卓越小学教师的要求，例如，"胜任小学多学科教育教学的需要"这一教育部的共性要求在不同地区就要因不同地区的小学教育教学的具体状况进行必要的变通。这一要求在我国的偏远和落后地区，如贵州等省市的偏远地区的小学学校以及各教学点，就要变为能够从事所有小学学科的教育教学工作。再如"能力全面"这一共性要求，一般情况下是要求各高师院校所培养的小学全科教师具有教学能力、班级管理能力和教学科研能力等三个方面的能力，但是在偏远地区的教学点，就要求教师不仅要具有以上三个方面的能力，同时还必须具有教育管理能力、学生生活管理能力，甚至要具有财务管理能力。因为在这些教学点，大多数具有1—2名教师，这些教师不仅要从事教育教学工作，同时要进行教学点的一切日常事务的管理，包括购买学生伙食所需要的一切东西，记录购买生活用品所产生的开支等事务。这些都要求在对小学卓越教师进行培养时，需要考虑全学科教学、教育管理等课程的开设，在进行教育教学实践教学的时候，需要考虑为学生提供这些方面的实践练习和锻炼机会。

（四）职前教师的个人成长是一个直接的影响因素

高师院校对中小学卓越教师的培养，其目的是培养能够胜任中小学教育教学的教师，但是作为教师这种职业的承担者的个体，在中小学卓越教师培养中，具有双重身份，其一是职前教师，其二是作为人的独立个体。教育的两大功能告诉我们，教育的本体功能在于通过教育教学促进人的发展，也即人的社会化。个体的职业发展是在个人作为独立个体的发展过程得以实现的，因此，作为培养卓越教师的高师院校，在教育教学过程中，必须能够使个体主动发展，才能最大化地促进其职业发展。人的发展受到外因和内因的共同作用，外因对个体的发展只起到外力的助推作用，内因对个体的发展起到主动力的内驱力的直接作用。对于学习者来说，外因属于外部世界，内因属于内部世界。人的内部世界对个体的发展起到直接的、根本的作用，只有唤醒个体的内部世界，才能使得个体主动发展，即唤醒个体的主体性。人的外部世界可能唤醒个体发展的动力属于助动力，若要变助动力为主动力，就需要外部因素能够激活个体的内部世界。

个体的职业发展有赖于个体自身的发展，个体自身发展的质量和速度取决于个体的内在自主性和积极性的发挥。据此，高师院校若想促进中小学卓越教师的培养，必须思考学生作为个体的成长和发展，以及影响个体成长和发展的内部因素和外部因素，然后思考个体作为职前教师的职业成长和职业发展。

（五）教师队伍是影响职前卓越教师培养的又一关键因素

高师院校从事卓越教师培养所必需的条件一是人，二是物。人指的是在高师院校从事卓越教师培养的教师队伍，物的因素最主要的是课程资源和施教场所。在卓越教师培养中，这两种因素缺一不可。但是人的因素在培养中起着主导作用。首先，卓越教师培养的实施者是教师。教师对于卓越教师的培养，起着课程规划者和课程实施设计者的作用，对于如何施教起着主导作用。在卓越教师的培养过程中，教师主导着职前卓越教师的教育教学，是卓越教师培养实施的主要评价者。教师不仅是课程实施的主体，同时是实践的指导者和领导者。在卓越教师培养中，采用何种课程、使用何种教学形式、如何和学生进行互动、如何评价学生的学习和成长等都是由教师决定的。可见，教师队伍对卓越教师培养的过程和结果都具有主体作用，是影响卓越教师培养质量的关键因素。

教师队伍对卓越教师的培养起重要作用是毋庸置疑的。例如，在小学全科教师培养中，教师如何解读培养方案，决定了他会采取何种措施和方案进行小学全科教师培养。对小学全科教师知识量的理解决定了他选取何种知识深度和广度的课程教材。在培养方案的解读中教师认为，小学全科教师需要拥有广博而丰富的知识，那么，他就会选择课程内容系统而且学理性严谨的课程，从而在课程实施中，会增加和扩充教学内容以便学生获取更加丰富而深广的知识。如果教师在对小学全科教师培养方案进行解读后认为，小学全科教师的教育教学知识和技能远比他获得学术知识和技能重要，那么他在选取课程和教材时会选用内容浅显的课程教学材料进行教学，而且会以对学术技能进行知识的讲解代替对学术技能的训练。

另外，教师自身的专业素养也决定了教师对小学全科教师培养所采用的课程教材以及课程实施的过程和方法。若教师自身专业素质不高的话，那么他对小学全科教师的理解可能浮于表面，或者哪怕对小学全科教师的理解足够深刻，也会在对小学全科教师的培养过程中出现课程选择和课程实施失当的现象，或者在培养过程中出现教育教学不到位的现象。如当一位学术素养不高的教师从事小学全科教师培养的时候，他可能会认为小学全科教师不需要获取系统而全面的学术知识和技能，抑或即使他认为小学全科教师需要拥有全面的学术知识和娴熟的学术技能，但是，由于自身的学术素质不高，在教学过程中，可能会出现照本宣科的现象，以至于在学术知识和技能方面，难以带领学生通过教学获取系统而严密的学术知识和学术技能，导致在工作过程中难以利用自身所获得的学术知识从事教育教学中的学术研究。可见，教师队伍对卓越教师的培养是一个至关重要的因素。

二　卓越教师培养机制的形成分析

卓越教师培养机制的存在，是为了实现卓越教师的培养。以逆向思维的方式思考卓越教师培养目的的达成因素的合作方式，可以明确卓越教师培养机制的形成。卓越教师作为当代对优秀教师的定位，除了拥有职业道德外，不仅要拥有从事中小学教育教学的知识和技能，同时要有放眼世界的胸怀和能力，还要拥有解决教育教学问题的能力。

（一）国际视界和国际胸怀的拥有

国际视界和国际胸怀的获得是生活在当下的各行各业的工作者应该具有的，因为，随着我国 20 世纪中后期改革开放的实施，放眼世界成为开放的一个必然环节。当今世界的"地球村"发展，使得各国各行各业的发展不可能处于闭塞封闭的环境中，而应该处于开放的环境中。这两个方面的政策和发展局势，使得卓越教师的培养必须处于一种开放的、国际发展的轨道上，以培养出具有国际视野的从事中小学教育教学的卓越教师。具有国际视野的卓越教师的培养需要在具有国际氛围的环境下，由具有国际视野的教师有计划、有目的地施教，才有可能实现。

（二）最优教育教学知识和技能的掌握

最优教育教学知识和技能的掌握，是卓越教师必须从事的活动。教育教学知识的最优化首先指的是职前卓越教师所获取的知识具有鲜明的系统性、整体性和整合性，同时要具有一般性和特殊性；所获取的教育教学技能知识具有转变为教育教学实践的特性；所获取的学术研究知识具有逻辑性和实践指导性。其次指的是职前卓越教师所获取的专业知识具有鲜明的民族性和显在的国际性。民族性指的是职前卓越教师所获取的知识具有对中华民族优秀传统文化的继承，同时又具有创新性，使得民族文化在继承中呈现创新性，在科学中呈现人文性。国际性指的是职前卓越教师所获取的知识具有解释世界的能力，具有国际中小学教育教学所凸显的内容和方式方法以及领先国际中小学教育教学的内容和方法，从而在国际性中凸显民族性和科学性。

中小学卓越教师能获取最优化的知识和技能的一个先决条件就是，在培养过程中不仅所获取的知识具有前沿性和经典性、创新性和反思性，同时所处的教育教学环境也应具有民族性和国际性、科学性和人文性。那么如何使得培养过程和培养结果具有这些特点呢？关键在于卓越教师培养机制要具有最优化的特点。

（三）最适宜解决教育教学问题的能力获得

教育教学问题的解决能力是顺利实施教育教学的保障。教育教学问题解决的方式方法可能是恰当的、合适的，也可能是简单的、粗暴的。如何恰当地解决教育教学问题是高师院校在进行卓越教师培养的过程中必须思考的问题，即如何让学生获取足够的、能够顺利解决教育教学问题的知识。完美解决教育教学问题不仅需要卓越教师拥有教育机智，而且需要他们能够在日常的教育教学中洞察教育教学问题，并利用自己所学习的知识进行合理的解决。可见，合理解决教育教学问题需要学生获取系统的、理性的专业学术知识和教育教学实践经验。无论是知识还是经验，在卓越教师培养过程中，都必须让学生以科学的方式、得体的方法获取，否则难以在从事中小学教育教学中恰当地解决教育教学问题。那么，如何让卓越教师在接受培养的教育过程中获取这些知识和经验呢？这恐怕是高师院校所必须思考和解决的问题，即高师院校采取何种课程，利用何种培养方式达到让学生获取解决教育教学问题的知识和经验这一目的。因为只有恰当地解决了教育教学中出现的问题，才能保障教育教学的顺利实施，从而提升教育教学的有效性和质量。

三　"三位一体"的协同培养创新机制

"卓越教师培养计划"中明确规定，"坚持需求导向、分类指导、协同创新、深度融合的基本原则……建立高校与地方政府、中小学（幼儿园、中等职业学校、特殊教育学校，下同）协同培养新机制"[1]。这种协同培养机制之所以被称为新机制，原因在于这种培养机制和我国以前的中小学教师培养所采用的校地"二位一体"的协同培养机制不同。以前的中小学教师培养同样采用的是协同培养机制，但

---

① 中华人民共和国教育部：《教育部关于实施卓越教师培养计划的意见》，中华人民共和国教育部网站（http://www.moe.gov.cn/srcsite/A10/s7011/201408/t20140819_ 174307. html）。

是这种协同培养是高师院校和中小学的协同培养，一直沿用到现在，而且现在许多中小学培养单位还是采用这种"二位一体"的培养机制。当前教育部所倡导的协同培养机制采用的是高师院校和地方政府以及中小学三者之间的协同培养。所以，相对于以前的传统的培养机制，现在教育部所倡导的"三位一体"的协同培养机制已经成为协同培养新机制。

当前教育部所倡导的高校—地方政府—地方中小学三方联合培养机制，从一方面来说，高师院校培养中小学教师，不单单是培养单位和用人单位的事情，同时也是政府的事情和国家的事情。地方政府在中小学卓越教师培养过程中，不应该是不相关的，而应该是重要的培养主体之一。这说明卓越教师培养是所有利益相关者的事情，在教师培养过程中，需要明确各利益相关者的责权。从另一方面来说，"三位一体"的卓越教师培养机制说明，卓越教师培养需要多方合作，作为培养单位的高师院校需要认同协同培养的观点，并同时明确如何和各相关者进行协调卓越教师培养的工作及行为，以便优化协同培养机制。从教育部卓越教师培养机制中获得的启发成就了本书所主张的具有创新性质的新的"三位一体"协同培养机制。

本书所主张的"三位一体"指的是国际、国内高校和教育研究机构与中小学所构成的"三位一体"，这三方培养主体在整个卓越教师培养过程中，分别承担不同的培养主体任务，从事不同性质的培养活动，即国内高校和教育研究机构协同承担培养的工作，国际合作学校承担合作交流的任务，地方政府和中小学承担教育教学实践的工作。尽管各方所承担的任务不同，但是目的都是为卓越教师培养服务，为培养合格的卓越教师服务。

（一）国内协同培养

国内协同培养指的是卓越教师培养单位、国内其他高校和相关教育研究机构共同承担卓越教师培养的主要任务。其中卓越教师培养单位是主要的培养责任承担者，培养方案的制定、培养目标的确定、培养课程体系的建立、培养师资队伍的确立、培养方式方法的选择等都是培养单位所要承做的事情。国内其他高校指的是和培养单位具有合作交流的其他高校。其他高校在卓越教师培养过程中，在某些方面或许多方面具有该卓越教师培养单位所不具有的优势。比如，可能在师资队伍方面比卓越教师培养单位出色，可能在卓越教师培养所需的课程体系方面比培养单位健全，可能在培养方式或培养模式方面拥有培养单位所应该借鉴学习的地方，也可能是在校地协同培养方面的经验比培养单位丰富等。所有这些都值得培养单位向交流合作学校进行学习，甚至可以商定联合培养合约或协议。

协同培养首先指的是卓越教师培养院校与合作交流院校之间的协同培养。这种协同培养首先表现为：在卓越教师培养单位制定培养方案时，协同培养单位予以一定的指导和帮助，以帮助培养单位制订更加完善的培养方案和实施计划。其次表现在协同培养单位对培养单位的卓越教师培养过程中的帮扶培养方式。协同培养的方式可以是学分互信、师资互通。学分互信指的是培养单位的学生可以通过在线课程学习合作交流学校的某门课程或某些课程，而培养单位在这些课程的教学中恰恰缺少师资，学生可以通过完成对这些课程的学习和考核获得相应的学分。师资互通指的是卓越教师培养学校与合作交流学校的教师可以以交流互助的方式进行教学，即这两所学校的教师可以以客座教师的方式进入对方学校进行某门课程的教学，以解决该校师资薄弱的不足之处。目前高校实施的帮扶机制可以得到充分的利用，不仅被帮扶学校的教师可以进入帮扶学校进行"影子式学习"，帮扶学校的教师也可以进入被帮扶学校进行施教，既解决了被帮扶学校某门课程的薄弱问题，同时又能使被帮扶学校的更多老师有机会到对口支援单位进行"影子式学习"。

协同培养的另一参与者是相关教育研究机构。相关研究机构在卓越教师培养中所担当的职责是根据培养单位的要求，对职前中小学卓越教师进行学术研究方面的指导。这种指导可以是以讲座的方式，也可以是针对某些教育教学实践中常见的问题进行学术启迪和学术研究的仿作。教育研究机构的作用在职前中小学卓越教师培养中具有举足轻重的作用。在当前的教师专业发展中，教师能够进行自我发展的一个重要指标就是教师能够运用自己所修习的学术知识进行教研活动。

因为教研活动不仅是教师顺利完成教育教学活动的保障，同时也是解决学生学校学习生活中存在问题的方式。教育研究机构对卓越教师培养单位的另一种协同培养方式在于帮助卓越教师培养单位解决在卓越教师培养过程中所出现的实践问题。教育研究机构的主要任务就是通过对培养过程和中小学教育教学中出现的问题进行研究，从理论上找准问题的症结所在，然后给出解决的建议和对策，从而提高卓越教师培养效率和培养质量。

（二）地方配合实践

地方配合实践指的是，在卓越教师培养过程中，地方中小学提供优秀指导老师和实践场地。在卓越教师培养过程中，尽管教学过程既有理论知识的学习，同时又有实践学习，但是，学生在校的实践学习是一种假想的实践，是一种伪实践，是一种仿作形态。因为，卓越教师的实践学习一方面是对教育教学技能知识的学习，另一方面是对教育教学现场情景的模仿实践。

技能知识的学习是一种对技能的掌握方式，这种掌握方式是以对技能的理论学习为宗旨的，通常不和具体的教学环境和教学场景相联系。所以严格说来，算不上是真正的教学实践。模仿实践通常是以理想状态下的教学为实践场域，而教学是一个随时生成的过程，尽管存在着对教学场景的预设和对教学过程的预先设计，但是，真正的教学实践是预设中存在很大生成性的行为过程，单纯的理想中的教学实践和真实的教学实践相去甚远。模仿实践中缺乏真正身份的学生主体，缺乏真实的教学环境，同时缺乏真实的课程教学设计，所以，模仿实践难以处理真实教育教学语境中的教育教学问题，即使与学生的交流也难以做到真实处理。因为，无论是教育教学对象还是教育教学环境，都存在着虚假性和理想性。真实的教育教学场景是由一个个真实的教育教学事件构成，而每一个教育教学事件都存在一定的生成性，难以完全实现设定和掌控。所以，即使学生进行了模仿实践，但是一旦到了真实的教育教学场域中，才会发现面对真实的教学活动，会表现出难以驾驭的迷茫和不安，从而打击到他们为学为教的自信心和自尊心而使得他们具有一种挫败感，这并不是卓越教师培养的初衷。

据此，地方配合实践是卓越教师培养过程中不可或缺的环节，也是卓越教师培养过程中不可缺少的培养机制的重要组成部分。

地方配合实践通常存在两种方式。第一种方式是地方中小学推选优秀的有经验的教师作为指导老师进入高师院校对卓越教师的学习进行指导，使他们能够近距离地接触教学实践现场。这时的中小学教师可以给学生的理论学习提供具有现实性的实践思考，思考如何把所学习的理论知识运用到真实的教学场景中的教学实践中。针对不同的教育教学知识，为学生提供相对应的教学实践场景，以便学生的学习具有现实针对性。

比如，在小学全科教师的培养过程中，可以从实践基地的小学中选取既具有理论知识又具有丰富的教育教学实践经验的教师进入高师院校的小学教育专业，成为小学卓越教师培养的教师团队成员之一，他们的职责是为小学全科教师的学习提供教学实践场域知识以及教育教学实践行为知识。比如，具体小学教学活动中所需要的课程知识和专业知识的深度和广度，具体教育教学场域中的学生以及教学设施和教学条件，教学过程中的学生以及学生学习的特点和教学评价方式和方法，等等。具体教学实践中的教师的教学方式方法与教育教学理论知识所具有的共性和差异性的存在及其各自的存在内容与形式，所有这些方面的知识属于实践知识，需要来自小学实践一线的优秀教师予以指导和点拨，才能使小学全科教师更好地学习所应学习的理论知识，并使自己的理论知识具有初步的实践性。

地方配合实践的第二种方式是为职前卓越教师的教育教学实习提供场教学现场及教学指导。根据前面的论述，职前卓越教师的培养，包括理论学习和实践学习，是理论学习和实践学习的综合，只有当学生进入真实的教育教学实践中进行学习，才能真正学会如何把自己所学的理论知识运用到实践中去，如何运用自己所学的知识进行教育教学实践。职前卓越教师的教学实践是学生在教学中学会教学，学会运用所学的知识，学会如何当一名卓越教师的机会和方式。如在小学全科教师的培养过程中，职前小学全科教师进入教学实践第一线，可能会发现所学的理论知识无用武之地，因为，可能教学一线的教学条件难以适应自己的教学知识，也可能会发现面对的学生没有那么听话，可能发现教学现场难以实现师生积极主动的互动，也可能发现每次所教学的知识学生难以达到自己所设定的教学目标，等等，所有这些都是他们在学习理论知识的时候所没有碰到的，也是他们一时难以解决的。通过教学实践，在实践指导教师的指导和帮助下，通过一段时间的教学实践以后，他们会发现，教学不仅要考虑小学生的年龄特点，而且小学生的差异性也是教学中必须顾及的；教学的成功与否不仅在于教师的教学设计制定得多么完美，更在于学生对课堂参与的深度和广度；教学目标的制定最重要的依据是小学生的现实学习状况和小学生当下的发展状况，而不是根据教学内容假想出来的一些不符合小学生发展状况的教学目标，等等。

另外，地方政府在学生的地方实践中同样具有不可推卸的责任，因为地方政府也是卓越教师培养的受益者，所以应该履行对卓越教师培养的义务。地方政府在学生的教学实习和实践中所起的作用表现在两个方面：首先表现在为职前卓越教师的培养以政策制度的方式为职前卓越教师的教学实践提供保障。地方政府制定政策，为高校的学生教学实践联系地方中小学，为学生的实践提供各方面的优惠政策，为他们的见习、实习和教育调查提供政策方面的支持。其次表现在为教学实践的学生提供交通食宿等方面的便利。职前卓越教师进入中小学进行实践，会有交通和食宿等方面的诸多不方便，对于地方学校来说，也是一种负担。所以，政府应该为职前卓越教学解决这些生活方面的问题，以便他们能够无后顾之忧地进行教学实践。

（三）国际交流合作

国际交流与合作是近些年来我国各类学校办学所追逐的一个特色。这是由我国的国际化发展趋势所决定的。随着我国的发展和强大，教育事业也处于改革开放的深化阶段，这是我国教育事业走向国际化，并和国际接轨相适应的结果。另外，处于地球村时代的当代中国的教育，在保留民族性发展的同时，需要向其他教育事业发达的国家学习，以便更好地发展我国的教育事业。中小学卓越教师的培养作为我国教育事业的一个重要组成部分，其国际化势在必行。

中小学卓越教师培养的国际交流合作表现在两个方面：第一个方面是师资力量的国际交流合作。第二方面是学生之间的国际交流合作。

1. 师资力量的国际交流合作

师资力量的国际交流合作指的是中小学卓越教师培养单位与国外的合作交流学校进行教师教育和教学等方面的合作和交流。国际学校间的合作交流方面的内容包括很多方面，诸如在学校管理、制度建立、专业设置、课程建设、师资培养、教育教学等方面。但是对于中小学卓越教师培养单位的师资力量的合作交流，最重要的内容表现为两校在教师教育方面的经验交流、教师专业发展等方面的制度制定，以及促进教师发展的保障机制和约束机制。不同国家和地区的高校教师教育存在着制度制定、培养方案、课程建设和实施、师资配置、培养评价等方面的具体差异，这些差异除却其民族差异性和传统差异性之外，其他方面的差异性可以成为两校师资交流合作中交流和学习的焦点。通过师资之间的交流和合作，我国中小学卓越教师培养的专业教师不仅能够重新思考本校的卓越教师培养过程中的特点、优势和不足，同时可以从对方学校卓越教师培养中的做法进行审思，并通过批判性思维和对比性考量，汲取其卓越教师培养过程中的优势做法，进行本土化的同化和吸收，作为以后的卓越教师培养知识的重要组成部分，以便更好地指导自己的卓越教师培养过程中的教育教学实践。同时，通过师资队伍的合作与交流，可以为本专业的发展和教育教学积累经验和方法，以提升本专业的质量，促进本专业的"一流化"建设。

教师队伍专业发展方面的合作交流首先表现为，交流合作学校双方就教师引进中的教师资质和教师发展等方面存在的相同点和差异性进行交流。其中最重要的是教师发展方面的制度学习和发展做法的学习和交流。关于教师发展的做法，其学习和交流主要表现为其制度制定的依据以及其制度的实施，还表现为在这些制度下，教师是如何进行发展和自我发展的，其做法如何，教师自我发展的行为表现在哪些方面，其效果如何，等等。通过这些方面的交流可以提升卓越教师培养单位的教师的发展和教师的自我发展的积极性和主动性，以及在自我发展过程中的自我反思和自我反省，以更加明确自我发展的过程与方法。

教师专业发展方面的合作交流的另一方面表现为，通过互派教师进行考察学习，进行融入其中的"影子式学习"和交流合作。这种融入式学习和交流可以零距离感受合作学校教师在日常的教育教学工作中，如何在具体的教育场域实施教育教学活动，如何在教育教学过程中，对教育教学事件进行科学化和人性化的处置，如何与学生以知识传授为凭借进行互动，如何在教育教学过程中进行及时评价，同时通过对两种教育教学过程中的一切行为进行比较和考量，并对自己的教育教学行为进行反思。通过学习、交流、对照、反思等一系列行为，教师自身的教学知识得以丰富，专业得以发展。

卓越教师培养在国际交流合作方面，其目的在于拓宽教师的专业视野，提升教师的教育教学能力，促进教师的专业发展，增进卓越教师培养过程的有效性，提升卓越教师培养质量。以小学教育专业的国际合作交流为例。小学教育专业的教师通过互派，进入对方学校的小学教育专业进行交流与学习。通过交流与学习，可以了解到对方专业在培养小学卓越教师的整个过程，了解到对方专业中小学卓越教师培养中的培养规格、培养方案、培养师资的配置、培养课程的设置、教育教学过程的要素结构及其关系等。通过了解对方学校对小学卓越教师培养规格的确定，明晰他们对小学卓越教师的知识、素质和能力等方面的要求，然后通过对两方小学教育专业对小学卓越教师的规格要求的对比，找出其共同点和差异性，思考各自对小学卓越教师的规格要求背后的依据和原因，同时思考各自的理据及其可行性和必要性，以便在小学卓越教师培养过程中，通过教育教学对合理的规格因素进行吸收，从而提升小学卓越教师培养规格的丰富性及其合理性。另外，通过对对方小学卓越教师培养过程中的教育教学实施现场的观察和亲身感受，了解他们教育教学环境的营造、与学生的互动方式、对待学生的态度以及对教育教学评价方式，明晰其教育教学的特点和独特性，找准其中可以学习借鉴的地方，同时发现其小学卓越教师培养方面可能存在的不足，在以后的教育教学中尽可能地避免。由此，小学卓越教师培养会在原来教育教学的基础上，通过借鉴其长处，反思小学卓越教师培养中可能出现的短处，从而可能更加顺利地实现培养，同时提升其培养质量。

2. 学生之间的国际交流学习

学生之间的国际交流学习主要表现为进行国际交流的合作单位把本单位的职前卓越教师以交换生的方式送入对方学校，进行一段时间的学习和生活。通过这段时间的学习和生活，接受对方学校的教育教学活动。在接收对方学校的教育教学活动的过程中，通过自身参与教育教学过程，感受对方学校的教育教学方式方法，学习对方学校的教育教学内容，参与教学过程中教师与学生的互动，并在自身参与学习的过程中，观察和感受对方学校学生的学习氛围、学习态度、学习方法以及对自身专业的认同感，等等。通过自身的观察、参与、感受和自省等心理活动，不仅感受到异域学校的不同风情和不同教育文化，而且通过自身的参与学习，学到异域国家和专业相关的知识，学到关于教育教学的不同知识。例如，小学卓越教师通过合作交流过程中的学习，学到不同于本校甚至本国小学教育专业的某些专业知识和专业技能，以及通过观察彼校小学教育专业学生的学习习惯、学习特点以及学习方法，反思自己的学习，这些都有助于交流学生的专业学习和个人成长。可见，通过对彼校各方面的学习和考察，所有这些都会在职前卓越教师的认知结构和情感中留下某些痕迹，从而对他们的专业学习和专业态度起到促进个人思考和个人成长的作用，同时促进职前卓越教师培养的过程实施，提升其培养质量。

国内联合培养高校和教育研究机构、地方中小学和国际合作交流学校三者各司其职、共同配合，在中小学卓越教师培养过程中相互联系、共同作用，实现卓越教师培养。国内协同培养、地方配合实践、国际合作交流三方行为主体及其行为的关系表现为以国内协同培养为中心，地方配合实践为延续，国际合作交流为补充，三者以学生主体的行为及其发展为目的共同构成卓越教师培养机制。

第四节　小学全科教师培养机制

小学全科教师作为小学卓越教师，其培养过程既具有卓越教师培养机制的共同特点，同时又具有其自身的特性。本节主要阐释"三位一体"的卓越教师培养机制在小学全科教师培养中的具体运作样态。

一　小学全科教师培养活动机制

小学全科教师培养是一个庞大的工程，这一工程不仅包括各种教育教学因素，同时包含各种影响因素。各种教育教学因素和影响因素之间相互作用和相互影响，构成小学全科教师培养的活动过程，并在一定的推力作用下形成小学全科教师培养的运行机制。

（一）校内教育教学是小学全科教师培养的主要活动

对人的教育和培养具有不同的教育类型，可以是家庭教育、社会教育或者学校教育。但是，相对于家庭教育和社会教育，学校教育因为有专业的教育者、专门的教育场地和精选的教育教学内容而拥有其他教育方式所不具有的优势，并由此成为专门的人才培养场地。学校对人才的培养主要通过教学来实施，对教师的培养也不例外。但由于教师从业需要独特的专业理论素养和专业实践技能，教师培养不仅需要理论知识的学习，同时需要实践技能的操练，所以教师培养就需要学生从事知识学习和技能实践。另外，随着高校教育教学改革的深入，学校教育者和领导者越来越意识到"走出去"和"迎进来"的重要性，合作与交流在学校人才培养中逐渐显现其不可替代的作用。据此，知识学习、技能实践和交流合作成为教师培养活动中三个不可或缺的重要组成部分。

在构成小学全科教师培养的活动中，知识学习是整个培养活动的主要活动，因为知识是技能的基础，也是交流合作的基础。技能实践活动是培养活动的次活动，它不仅能检验对学生所学的理论性知识的实际价值，而且是学生获取教育教学实践经验的不二选择。交流合作能开阔学生的学术视野、增加其专业知识、加强其专业认同感，所以合作交流是小学全科教师培养活动的辅助活动，有助于学校实施小学全科教师培养。

1. 知识学习是获取技能与从事实践的基础和前提

小学全科教师的培养和其他大部分人才培养一样，主要通过文化知识的传授和学习实施学校教育教学。在小学全科教师的整个培养过程中，文化知识的传承和创新不仅是教育教学的主要目的，同时也是学生获得发展的依据和基础。学生的发展是一个不以人的意志为转移的行为，学校在学生发展中的作用主要表现为促进学生的发展，加速学生的成长和社会化，并保证学生的发展处于正确的轨道。而学校对学生的促进和保障作用在于，通过在师生间进行文化知识的传授和学习中达到思维同步、情感共鸣、意识默契、思想共振、心灵相通而加速学生的成长与发展。

从知识的分类可知，知识可以分为陈述性知识和程序性知识，非严格意义上来说，也就是常说的理论性知识和实践性知识。小学全科教师培养所传授和学习的知识也同样包括理论性知识和实践性知识。理论性知识丰富职前小学全科教师各方面和各领域的理论素养，同时又是他们从事教育教学实践的指导性知识。实践性知识不仅丰富他们的理论性知识，同时也是他们从事教育教学实践的先导性知识。

2. 知识学习是学生从事教育教学实践创新的基础

在当今这个人才竞争的时代，人才的结构不再是知识所能够涵盖的了。高等教育大众化的今天，当大家所接受的教育基本持平和一致的时候，创新创造成为人才的重要标准。创新指的是对旧有事物的改造或者创造，以使旧有事物的机能得以改造或提升，或者生产出以前所不存在的东西。创新不仅要求创造者具有批判性思维和创造性思维，更重要的是要具有广阔的知识视野和坚实的知识基础。没有丰厚的相关知识，创新思维就成了空中楼阁，因为思考具有对象性和问题性，是对已有知识所难以解决的问题以或已有知识难以涵盖的事物存有疑惑才产生的。创新实践是创新思维对象性的现实实现，是建立在创新思维基础上的对创新思维的对象予以行为的关注和行动的证明。可见，知识学习是小学全科教师从事教育教学实践创新的基础和前提。

3. 知识学习是合作交流的目的，同时促进合作交流

在当今这个竞争与合作都同样重要的时代，作为培养人的高校，无论是培养理念还是培养模式抑或培养方法都或多或少存在着不同，每个学校都有自己不同于他者的特色。这种差异和特色正是不同院校彰显自我优势的保证，同时给予不同院校之间交流合作的空间。在当今合作办学的强力推动下，高校之间的合作交流成为一种必然的趋势。

合作交流的目的是借鉴对方的特色，学习对方的长处，以便更好地促进和提升小学全科教师培养的过程和结果，促进职前小学全科教师的学习和发展。可见，交流合作是高师院校培养小学全科教师的必要一环。通过合作交流，教师可以从对方学校的办学模式和办学理念来思考自己学校的人才培养的长处与不足，以便在以后的教育教学中扬长避短，从而促进对职前小学全科教师的教育教学。职前小学全科教师通过与交流学校教师和学生的交流，可以全方位感受对方学校的教师和学生在教育教学中的师生关系、教学关系、教学方式、学习态度等，并能感受到对方学生学习的氛围以及教育文化，这些都会对职前小学全科教师有所触动，令他们对自己的学习有所思考，从而促进他们的专业思考和专业学习。

由此可见，学校教育教学是小学全科教师培养活动的主活动，没有教育教学活动，小学全教师的培养只能是一种空谈，没有学校的教育教学活动，即使具有地方实践和校际合作交流，难以顺利实施小学全科教师培养。

（二）地方小学实践是小学全科教师培养的次要活动

地方小学实践是小学全科教师培养的次活动，意指小学实践是学校教育教学活动的延续和继续。也就是说，没有地方实践，学校教育教学也可以单独实现小学全科教师的培养，只是这种单纯的学校教育教学培养出来的学生会拥有丰富的知识，但是可能缺乏动手实践能力，从而导致培养出来的学生只会纸上谈兵，难以应对教育教学现场，难以处理教学实践场域中的教育教学事件。地方实践是职前小学

全科教师获得教学实践技能和真实教学经验的最主要方式，也是他们走向教学一线的前奏，为他们的职业实践提供应有的准备性经历和经验。

地方小学实践是职前小学全科教师专业实习的主要形式。从学生的专业学习角度来说，地方小学实践是职前小学全科教师知识学习的重要组成部分，同时也是他们锻炼专业技能不可缺失的部分。通过进入小学教学现场的实践，他们能够获得教育教学技能，同时也能获取教育教学实践知识，而实践知识和实践技能是教师从事教育教学所必需的知识和技能。可见，地方实践是职前小学全科教师培养活动的一个重要组成部分，是不能缺失的、仅次于校内教育教学活动的活动。

地方小学实践是高师院校和地方小学合作进行小学全科教师培养的重要一环。其中，地方小学为职前小学全科教师的地方实践提供实践场地和实践指导教师，以便职前小学全科教师能够在实践教师的指导下，进入小学现场进行小学各科教学的实践学习，即进入所谓的实习环节。其目的是让职前小学全科教师亲自担当小学教师的角色，进入教学现场，从事小学各科的真实教学实践活动。在教学实践中，通过与指导教师、小学生、教学内容以及自我等互动所产生的备课、上课、评课、反思等教学活动，他们亲身体会小学教育教学活动的整个过程，深入体验教师角色的职责和使命，全方位感受教师职业的神圣与付出，以便他们在体验角色，履行职责的过程中，深化对教师职业的认知，加强对教师职业的信念，端正对教师职业的情感态度，提升自己的教育教学理论知识的实用性和实践性，促进知识与技能的实践转化，更好地为以后正式进入小学教师职业奠定更加牢固的职业心理基础和职业行为基础。

可见，地方小学实践是当下小学卓越教师培养活动的重要组成部分，也是职前小学全科教师职业成长的必备环节，是仅次于校内教育教学活动的重要培养活动构成。

（三）国内外交流合作是小学全科教师培养的辅助活动

国内外交流合作是时代发展的产物，是高师院校在办学和培养人才方面顺应时代的产物。交流合作是不同学校在各自特色的基础上互通有无，互助发展的一种方式，目的在于相互学习、互通有无、取长补短，从而促进彼此在教师培养方面的质量提升和专业发展。

在当今关注国际交往与合作办学的社会背景下，国内外交流合作是高师院校教育教学中必不可少的一环，也是高师院校促进自身发展的一个必要手段。在与国内的高校及教育研究机构的合作交流中，职前小学全科教师能够在教育教学知识和技能、教学科研知识和技能、人文素养知识等方面得以扩充和丰富，从而彰显出丰盈饱满的职前小学全科教师的职业素养和人文精神。在与国外高校的合作交流中，职前小学全科教师不仅能够获得国际同学友情，了解不同国家的民族文化和风土民情，而且能够了解不同国家的小学教师培养模式、方法、特点，了解不同文化中职前小学教师的学习风格、特点及习惯，了解异域国家的高师院校的教师的教学模式、方法、风格以及师生交往的过程与特点。一言以蔽之，国内外合作与交流有利于开阔职前小学全科教师的知识与学术视野，提升他们的国际意识和跨文化交流的觉悟和能力，能够促进师生的发展，推动小学全科教师的培养活动。所以，合作交流尽管不是小学全科教师培养活动中必然的一环，但却是有益的，是小学全科教师培养的辅助活动。随着时代的发展，我们有理由相信，在未来的教师培养中，合作交流会从教师培养活动中的可选活动变成必选活动。

二　小学全科教师培养机制的动力解读

小学全科教师培养作为一项人才培养活动，其实施是一个持续性过程。这个持续性过程和其他教育过程一样，不仅需要启动、指向所需要的动力，更需要维持和加强所必需的动力。小学全科教师培养作为一项人对人施加影响的活动，其动力有别于人所从事的其他施加在无思想、无情感的物身上的活动所需要的动力。人对人的培养是人－人关系的活动，而不是人－物关系的事情，所以它的实施动力主要来自于人，来自于实施者的人，同时又来自于受施者的人，是实施者和受施者之间的特殊的互动作用。这种相互作用的过程和结果为小学全科教师培养提供动力。同时，实践基地的全面配合为小学全科教师培养提供次动力，合作交流单位所提供的交流合作为小学全科教师培养提供辅动力。这里从作为培养受施者的学生的角度阐述发起、推动和维持小学全科教师培养活动的动力及其动力源泉。

（一）师生之间的积极互动为小学全科教师培养提供主动力

小学全科教师培养活动开展的形式是教育教学，和人类的一切其他教育教学活动一样，展开的基本条件是人和物。人的因素表现为教师和学生，物的条件主要表现为课程、场地和其他教育教学条件和设施。随着互联网在教育教学领域的广泛引用，网络课程和线上教学使课程和教学场地逐渐具有虚拟性，但是从事教学的教师、学生、课程以及实施教学的空间是教学展开的最基本条件。小学卓越教师培养作为高校的一种专业性教育教学活动，即具有高校教育教学的一般特点，同时具有教师培养的共同特点以及小学卓越教师培养活动自身所具有的个性特点。

无论是一般特点还是个性特点，小学全科教师培养过程的本质特点是职前小学全科教师与教师之间以课程内容为凭借所进行的"以对话、交流、合作为主要形式的特殊交往过程"①。这种特殊交往活动的直接目的是文化的传承和创新，根本目的是培养合格的小学全科教师。对于职前小学全科教师来说，这个过程可能是积极的，也可能是消极性，也可能兼具积极和消极两个方面。是否具有积极性依学生在交往过程中的专业学习过程及结果而定。如果学生在这个过程中能够获得心理和精神的成长，即为积极交往过程。在积极交往过程中，他们不仅获得丰富的知识与技能，而且获得积极的职业情感和坚定地的职业信念。所有这些都会让学生产生强烈的职业获得感和成就感，从而生发出自我效能感，而自我效能感会转化为他们学习与发展的内在动力。除了内在动力之外，推动小学全科教师培养活动顺利实施的动力还有来自于教师的外在推动力，准确地说，这种动力来自于教师对他们的认同和鼓励，因为教师的认同和鼓励能够化作动力推动职前小学全科教师主动参与教学活动，促进他们的专业成长和个性发展。可

---

① 李森：《现代教学论》，人民教育出版社 2011 年版，第 61 页。

见，能够促进学生有所收获，或者心理上得到帮助和成长的师生交往过程属于积极交往过程，这过程不仅能够为教师培养提供内在动力，同时提供外在动力。内在动力和外在动力共同构成推动和维持小学全科教师培养活动的主动力。

（二）地方实践小学的全面配合为小学全科教师培养提供次动力

地方小学所提供的实践基地是职前小学全科教师进行专业学习的又一空间。这一学习空间提供给他们的是不同的学习方式、学习环境以及不同的学习互动者。在这一空间中，职前小学全科教师的主体角色开始发生转化，即由单一的学生角色转化为学生加教师的角色，尽管是实习教师。他们单一的学习行为也由此转变为学习加教学的复合行为，并且其学习由以理论学习为主的学习转变为以实践为主的学习，即以教学为主的学习。这时的学习是一种特殊的学习方式，是一种通过亲身的教学实践而进行的实践知识和实践技能的学习，同时又是运用和检验他们先前所学的知识和技能的学习。在这个过程中，学生首先担当的是一名教师的职责，用自己所学的专业知识和技能认真地从事教育教学活动。在这个活动中亲身经历作为教师的职责和任务，亲身感受作为教师的情绪情感和品行意志，亲自处理教育教学中的教学事件和教学问题。在指导教师得当的指导下，他们不仅能够很好地感受教育教学实践活动、获得丰富的实践性知识，而且会因为自己顺利的教学产生自我满足感、教学成就感和职业认同感，自我满足感和教学成就感会同时提升他们的职业认同感和职业信念。职业认同感和职业信念能够为学生的专业学习提供内在动力。这种动力是促进学生进行职业发展的动力构成，有时甚至会成为他们享用一生的不懈动力和动力源泉之一。另外，实践学校对他们的专业实习的认同也是推动学生认真从事专业理论学习和专业实践学习的动力之一，这种动力属于外在动力，但可能会转化成内在动力。

据此，在小学全科教师的培养过程中，高师院校要关注专业见习、实习和毕业实习，而不能忽视或者轻视学生的这一专业学习过程，因为这种实践性学习能够让学生因为提前体验教师的职责和行为，提升他们对教师职业的认同和尊重，从而为他们更好地进行专业学习提供动力来源。

（三）合作交流单位提供的优质高效的交流合作为小学全科教师培养提供辅动力

合作交流是小学全科教师培养活动的一个组成部分。随着改革开放逐步深化，国际交往日益频繁，合作办学和国际交流越来越受到高师院校的青睐。当高师院校与国内外的科研机构和师范高校交流与合作时，往往是学习对方的优势，以弥补自身的不足，同时考察和感受对方的办学特色，亲身体验对方的教育文化。

在小学教育专业的国内外交流与合作中，职前小学全科教师能够在与对方的学生和教师共同学习、共同生活中，直接进行面对面的交流，亲身感受和深度体验对方的专业教育文化、教育教学特色和学生的学习生活，深度感知不同文化之间的教育教学差异性与共性，并在感知中反思自身所在学校的教育教学文化、环境文化以及师生间的交往特点，加深理解教育教学的跨文化性、民族性以及地方性特点，从而提升自我的专业认知和专业理性，促进自己的专业学习和专业成长。

当然，合作交流能够带给学生的专业学习动力的前提是优质高效的合作与交流。因此，高师院校在进行合作交流机构的选择时，首先要关注对方机构的办学理念、办学实力、办学特色和办学环境，只有这些方面都具有可供学习、借鉴和交流的资质才对学生的专业学习和专业发展具有促进的作用。

小学全科教师培养是一个持续的、连续的过程，就其职前培养而言，培养活动的发起、维持和加强都需要来自内部和外部的动力及其动力源泉。培养过程中的培养主体的专业认同感、专业情怀以及专业信念是其动力，其动力源泉在于小学全科教师培养活动的不同构成部分能够带给他们的专业学习成就感和自我效能感。

第四章

卓越教师培养的模式

　　培养模式也叫人才培养模式，属于高等教育领域的一个基本问题。探讨高等教育人才培养，难以规避人才培养模式，卓越教师培养亦然。所以若考量卓越教师的培养模式，必须首先研究人才培养模式，以明晰卓越教师培养模式的内涵、特点和价值。

第一节　卓越教师培养模式的意涵

　　探讨什么是培养模式，首先要明晰模式的概念。关于模式这一概念，在英文中的表达方式有 model、mode、pattern 等表达方式，常和教育模式、培养模式等连用，有时甚至被翻译成范式。在我国，"模"指的是标准、法式或规范,[①] "模式"一词的解释是"某种事物的标准形式或使人可以照着做的标准样式"[②]。可见，模式已作为一种供大家效仿的标准式样。培养模式从字面可以看出，是高校进行人才培养时，可以参照的标准。对培养模式的学术研究可以从相关资料的查阅中看出，始于 20 世纪 80 年代初期文育林发表在《高等教育研究》上的文章《改革人才培养模式，按学科设置专业》，但是没有对培养模式进行界定。由此可见，尽管人才培养模式是高等教育的一个关键领域，却从新中国成立后一直到 80 年代初都没有得到研究者的重视，从 20 世纪 80 年代初一直到 90 年代末，都处于不温不火的研究状态，

---

　　① 中国社会科学院语文研究所词典编辑室：《现代汉语词典》（修订版），商务印书馆 1998 年版。

　　② 同上。

但是却从一个方面表明，至少有研究者开始关注这一研究主题。自从20世纪末开始，由于对人才培养的观念开始转变和革新，对人才培养模式的研究开始呈现空前的高涨态势。从2010年开始，这一研究更是成为一种热潮，尤其是关于人才培养模式的变革研究，对人才培养模式这一术语的解释也随之增多。

人才培养模式这一概念在出现10年后的1993年被首次给出界定。首次给出这一概念界定的人是刘明浚，他在其作品《大学教育环境论要》中明确指出，人才培养模式指的是"在一定办学条件下，为实现一定的教育目标而选择或构思的教育教学样式"①。这一概念告诉我们，培养模式是教育教学的人员所要遵从的样式。在1998年教育部下发的文件《关于深化教学改革，培养适应世纪需要的高质量人才的意见》（以下简称《意见》）中指出："人才培养模式是学校为学生构建的知识、能力、素质结构，以及实现这种结构的方式，它从根本上规定了人才特征并集中地体现了教育思想和教育观念"。这一界定明确表明培养模式是蕴含着教育思想和教育观念的人才规格及其实现方式。后有研究者认为人才培养模式从广义的角度来说，包括人才培养目标和规格、专业设置和建设、课程体系和教学内容、教学方法和教学手段、教学评价和质量监控等内容，涵盖了包括培养目标、培养内容、培养方式和培养条件在内的人才培养诸要素。② 这一定义采用描述法，通过对人才培养模式的构成要素予以列举并进行界定，实际上呈现了人才培养模式的静态图景，它对《意见》中所给出的培养模式这一概念的实施方式予以解释和补充。另有研究者认为人才培养模式指的是"教育思想、教育观念、课程体系、教学方式、教学手段、教学资源、教学管理体制、教学环境等方面按一定规律有机结合的一种整体教学活动，是根据一定的教育理论、教育思想形成的教育本质

---

① 刘明浚：《大学教育环境论要》，航空工业出版社1993年版。
② 钟秉林：《人才培养模式改革是高等学校内涵建设的核心》，《高等教育研究》2013年第11期。

的反映"①。这一概念将人才培养模式这个概念落脚到教学活动，似乎窄化了培养模式的内涵，因为培养模式涵盖的不仅仅是教学活动，更是教育活动。从以上对人才培养模式的界定中可以看出，不同的界定既具有共同点又具有差异性。相同点在于所有的界定都认为人才培养模式蕴含着教育思想和教育观念，都是以一定教育思想和教育理念为依据的。差异性在于有的认为人才培养模式是一种图景式的培养标准式样，具有静态性，有的认为人才培养模式是培养的过程样态，具有动态性。

其实人才培养模式的界定具有层次性，站在不同的层次对人才培养模式的界定有不同的视角和具体独特的内容，所以其内涵和外延具有差异性。宏观人才培养模式是不同高校所应遵循的，具有方向性的特点。比如，素质人才培养模式属于我国的高校所应遵循的培养模式，属于宏观层面；各高校在素质教育模式的指导下制定和贯彻各自的培养模式，这属于中观层。中观层次的人才培养模式是不同高校单独制定的独具特色的培养模式，往往体现在其培养目标中。比如，贵州某大学的人才培养模式是儒魂商才培养模式，各学院和各专业再根据这一中观培养模式制定本专业的具体培养模式。所以，各专业的人才培养模式属于微观层次，具有可操作性。总体来看，人才培养模式既具有抽象性又具有具体性，既具有静态性又具有动态性，既具有理论性又具有实践性，既具有指导性又具有可操作性，是理论和实践的结合点，关键在于它的层次。

本书认为人才培养模式是为达成人才规格而设计的一系列行为的标准式样及其运行结构。这一界定是从培养模式的微观层面展开的。培养模式既是培养人才的活动设计蓝图，又是对这一蓝图的具体实施，其静态蓝图的具体呈现方式是专业教育实施方案，其动态结构是人才培养的教育教学活动，无论是静态的方案还是动态的活动，都离不开培养目标及其设定、课程体系及其设置、教学方案及其实施、评

---

① 刘献君、吴洪富：《人才培养模式改革的内涵、制约与出路》，《中国高等教育》2009 年第 12 期。

价机制及其展开等环节。所以人才培养模式展示的是人才培养的具体实施图景，不单单是蓝图的设计。据此，卓越教师培养模式是为达成卓越教师培养规格而设计的一系列活动的标准式样及其运行机制的展开。卓越教师培养模式的理论依据是有关卓越教师的观念以及教育思想，它的逻辑起点是卓越教师规格，逻辑理路是培养目标、课程设置、教育教学、评价实施等，其逻辑终点落脚于卓越教师的孵化。

第二节   卓越教师培养模式的要素

从上一节关于卓越教师培养模式的定义可以看出，卓越教师培养模式具有结构性，是构成模式的不同要素以教育思想和培养观念为基础的融合，这种结构具有系统性同时又具有动态性，是不同要素之间围绕着卓越教师规格的实现所进行的结合及联动。本节主要分析考察构成卓越教师培养模式的关键要素。

一   卓越教师培养目标

培养目标是教育教学的出发点和归宿，是对人才培养结果的预期，具有层次性和类别性。

（一）卓越教师培养目标的界说

培养目标是教育目标的下位概念，它的制定以教育目标为依据，是对教育目标的具体化。就高等院校而言，学校培养目标相对于不同的专业培养目标，又具有显著的抽象性，是不同专业培养目标制定的依据，可以说，专业培养目标是学校培养目标的具体化。可见，培养目标不单单是一个界定即可明白的概念，因为它具有明显的系统性、层次性。按照教育等级来说，培养目标可分为初等教育培养目标、中等教育培养目标、高等教育培养目标。就高等教育而言，培养目标表现为不同类型的大学对培养人才规格类型的规定，即不同类型的大学具有不同类型的培养目标。例如，作为师范院校的培养目标和财经类院校的培养目标是不一样的，高师院校的培养目标是培养合格的从事教育工作的教育者，可能是教育理论工作者抑或教育实践工作者。这类培养目标属于宏观培养目标，中观目标表现为不同院校自己设定的培养目标，而微观目标表现为不同专业设定的培养目标，如财经类院校设定的培养目标是中观目标，而其院校中的会计学专业、经济学专业等根据本校的培养目标而设定的本专业的培养目标为微观培养目标。

卓越教师培养目标是对应培养什么样的教师的规定，是对卓越教师规格的选择和确定。卓越教师培养目标作为师范类院校的人才培养目标同样具有宏观、中观和微观三个层次。如我国教育部所出台的《教育部关于实施卓越教师培养计划的意见》（以下简称"卓越教师培养计划"）中规定的"师德高尚、专业基础扎实、教育教学能力和自我发展能力突出的高素质专业化中小学教师"为指导全国各师范类院校培养教师的宏观培养目标，各师范院校根据该培养目标而制定的培养目标为中观目标，而各师范院校根据学校制定的培养目标设定的学前教育培养目标、小学教育培养目标及其他各专业教育制定的培养目标属于微观目标。各类教师培养目标作为微观目标，其制定和实施必须依据学校培养目标，同时应该以"卓越教师培养计划"中的各类卓越教师培养目标的规定为依据。如学前教育培养目标不仅要依据本学校的总培养目标，同时要依据"卓越教师培养计划"中所规定的幼儿园卓越教师培养目标"热爱学前教育事业、综合素质全面、保教能力突出"；小学教育专业的培养目标既要根据本学校的培养目标，同时又要根据"卓越教师培养计划"中所规定的"热爱小学教育事业、知识广博、能力全面，能够胜任小学多学科教育教学"。

（二）卓越教师培养目标的确定

卓越教师的培养目标制定分为宏观、中观和微观三个层次，每个层次的培养目标制定都有其自身的特点，但是其制定方法、目标来源以及目标维度基本一致。在教育发展史上，关于培养目标的制定方法通常有课程论专家博比特（F. Bobbit）的活动分析法和查特斯（W. Charters）的工作分析法以及源自"现代课程论之父"泰勒（R. Tyler）的经典目标制定法的需求分析。培养目标的来源通常有三个，即社会需求、学习者需求和学科需求。培养目标的旨趣在于促进社会的发展、学习者个体的发展以及学科的发展。根据需求理论，卓越教师的培养目标来源主要是各类学校教学发展需要、学习者个体的发展需求以及本学科发展的需求。例如，小学卓越教师培养目标的来源首先是小学教育所需要的教师规格，即小学教育需要教师具有哪些知识、技能、能力等素质。这是小学卓越教师培养目标的最重要来源。其次是学习者自身发展需求。学习者的发展关涉到社会的发展，因为学习者不仅是未来的教师，同时更是一名公民，公民素质和专业素质是学习者经过几年的高等教育必须拥有的，因此，学习者自身的发展需求同样是培养目标的重要来源。最后是小学教育专业发展的需求。小学教育专业的发展不仅表现在专业队伍的壮大，同时表现为专业知识的丰富。专业队伍的壮大不仅在于专业者数量的增加，同时表现为专业者素质的提升，专业素质的提升在于专业知识的习得和专业技能的获取，这和专业知识的丰富都必须作为培养目标的重要内容。因此，卓越教师培养目标的确定在于对学习者需求、社会需求和专业发展需求的具体分析和确定。

二　卓越教师培养的课程体系及课程设置

卓越教师的培养目标确定之后，紧接着是课程的确定，因为课程是培养目标的具体化，所以，从一定程度上说，课程和培养目标是目的和手段的关系，是过程与结果的关系。课程的确定包括课程体系的确定和课程设置。

课程体系是指为实现培养目标而设置的不同课程按照一定的标准结合而成的课程系统。高等院校实现培养目标的课程体系通常由三类课程构成，即通识课程、专业课程和综合实践课程。现在随着"大类招生、分流培养"的改革，有些大学的课程体系改为通识课、大类平台课和专业课。原有的综合实践课程按照其内容特点分别合并到其他三类课程中，如贵州省某大学的课程体系原来包括公共基础课、文理基础课、学科共同课、专业课和综合实践课，其中公共基础课和文理基础课共同构成通识课程。在实行大类培养之后，其课程体系由通识教育课程、大类平台课程和专业教育课程三类构成。在这个课程体系中，不同的课程类别由不同的课程构成，比如通识课程，在同一类别的大学，其构成课程基本一样，在同一省份的高校，它们的基础课程也有相同的地方，比如在贵州省，所有的高校都开设《贵州省情》这门课程，因为这门课程属于地方课程，体现了课程改革后的课程体制创新。专业课程通常包括专业基础课和专业核心课，这两类课程具有专业性，也具有学校特色性。而专业课程的特色性体现为该专业的师资构成和师资水平。

通过对几所师范院校的课程研究发现，对于师范类院校，其课程体系通常包括通识教育课程、专业教育课程和综合实践教育课程三大类课程。其中通识课程为教育专业的所有学生都必须修习或选修的课程，主要有政治类课程、信息技术课程、大学英语、大学体育、大学生心理健康、职业生涯规划与创业就业指导、应用文写作等，是几乎所有教师培养专业的课程，另外还设置一些选修课以培养学生的人文与科学素养；专业课程用以培养学生的专业能力，大多包括专业基础课、专业主干课、专业方向课和集中实践课四个方面的课程体系。专业基础课是该专业所有的学生必须修习的课程，属于必修课，例如，贵州的一所师范院校的小学教育专业的基础课是汉语基础、数学基础和艺术概论；专业主干课具有明显的专业性和独特性。而其独特性取决于不同学校的学校特色和师资队伍的现状。如全科培养教师和专业培养教师所设置的主干课有非常大的差别。全科培养教师的专业主干课具有明显的多学科性，而专业培养教师的小学教育专业的主干课程具有明显的学科性。如某小学教育专业学生所要修习的主干课程是各科课程与教学论以及音乐、美术和绘画教育，而另一所师范院校的小学教育专业的专业主干课主要是汉语言文学的各种课程以及语文课程与教学论，后者凸显了明显的学科性。可见，教师培养方式在很大程度上影响到课程的设置，但整体的宏观课程体系基本一致。

从以上分析可以看出，师范院校的课程体系从宏观的角度来看基本一致，比较符合教师教育课程标准，但是这种大一统的现象是否会影响到师范院校教师培养的创新性以及课程创新和课程特色？另一点就是，不同学校在专业课程设置方面，具体开设课程因为受到不同教师教育和教师培养理念的影响而呈现出明显的差异性，这在体现专业的学校特色外，其开设课程是否科学？课程开设的合理性是否得到保证？所有这些问题有待进一步研究。

三　教育教学过程

教育教学过程是课程得以展开以实现培养目标的手段。构成教育教学过程的关键因素是教学主体、教材和教学环境，是教学主体围绕着教材在一定的教学环境中展开的交往互动的过程。教学过程若想展开，作为教学主体的教师和学生需要围绕着一定的学习内容，采用适宜的手段和方法，建构自己的知识、丰富自己的体验、增加自己解决问题和感知世界的能力。因此，教学主体的关系是否融洽、教学内容是否具有探索性以及教学环境的创设是否具有适应性关涉到教学过程展开的质量。

当然，教学的类型也决定着教育教学的质量。因为教师职业既然是一种专业，不仅需要从业者具有专业知识，同时还要具有专业技能以及从事该职业所必备的职业道德。教学的类型通常有理论教授课和实践体验课。理论教授课的首要实施目的是让职前教师获取丰富的专业知识和广博的人文与自然科学知识，这是职前教师从业的重要基础之一。实践体验课是职前教师以教师的身份进行专业技能学习的方式，同时也给他们以实践的方式证明或践行所学知识和技能提供机会。通过实践课程，他们不仅能检验自己所学知识，同时获得专业体验和实践知识，而且还能够通过自己的观察和体验发现正式教学情境中的教学实践和教学问题，对职前教师深入思考自己和自己的职业具有重要的价值。

四　教育教学评价

教育教学评价是对职前卓越教师的学习和发展的一种价值判断。职前教师通过四年的学习和训练，在知识、技能和能力素养等方面的水平和等级如何，经过四年的教育教学的开展，培养目标是否实现，这些都需要进行评价。另外，在日常的教育教学过程中，每过一段时间，阶段性教育教学目标是否实现，也需要进行评判。因此，教育教学评价对于卓越教师培养来说十分重要，是卓越教师培养过程的重要一环，是卓越教师培养模式的关键要素之一。

在传统的教学中，教育教学评价往往被窄化为教学评价，即以考试作为评价学生的唯一方法，学生考试的分数被作为评价学生的唯一方式和维度。对学生的教育以及其他方面的评价被教学评价所遮蔽。学生的分数代表着学生的一切，分数高的学生被视为优秀学生。随着高等教育的改革和发展，教育教学评价的相关研究也日趋丰富和成熟，评价的类型和评价的价值多元性逐渐被广大教育教学工作者所认同和接受，关键是大家越来越明白，高等教育教学作为通往社会生活的最后一段路途，职前教师应该完善其社会性、学术性和职业性，所有这些都不是一个分数所能代表和解决的。因此，关注职前教师在学习过程中的表现和素质提升成为教育教学评价的一个重要方面。

由此可见，卓越教师培养评价也应该包括关注职前教师日常行为及其行为方式以及素质养成的过程性评价和关注职前教师的阶段性学习成果及最终发展样态的终结性评价。对于职前卓越教师的评价不仅包括评价他们对知识的掌握，还包括技能的展示、素质素养的展现。因此，除了考试之外，评价还应该包括在日常的教育教学过程中对其职业素质的测评以及学术能力的测量和对其作为一个除职业身份之外的人的文明素质的检测。另外，教师职业既然具有专业性，就要在日常的教育教学中，凸显对学生专业能力的检测，从而督促他们能够通过日常的学习和相关活动，达到卓越的水平。

第三节　卓越教师培养模式的思考

以上各个小节探讨了卓越教师培养模式和卓越教师培养模式的要素构成。本节主要探讨目前所具有的卓越教师培养模式的类型，以便进一步思考什么样的卓越教师培养模式更适合自己学校使用，以及影响卓越教师培养模式的因素，从而更好地进行卓越教师培养。教育部出台的"卓越教师培养计划"中明确规定，要革新教师培养模式，探索卓越教师培养新模式。

目前，我国教育界最关注的话题之一就是核心素养问题，即学生的核心素养是什么？应该如何培养学生的核心素养？如何评价对学生核心素养的培养？对这些问题的探讨和研究实际上是对我国自20世纪后期所提出的素质教育问题的具体化和深化。经过二十多年的探索，我国关于学生的核心素养的培养有了新的突破和质的飞跃。若要继续提升我国的教育质量，实现我国的教育优质化，还需要加强教师核心素养的培养，因为教学质量在课堂，课堂的质量在教师，教师是教学质量得以保证的最重要因素。因此，若要进行卓越教师培养，首先要明晰的一个关键问题就是何为卓越教师，这也恰恰是卓越教师培养模式所必须回答的问题。

若要鉴别和找准卓越教师培养模式，首先必须澄清卓越教师的核心素养为何。我们不妨从卓越教师的身份进行探讨和推演。卓越教师是由"卓越"和"教师"构成的，而从社会学的角度来看，教师首先是人，然后才是教师，是"社会人"和"职业人"的双重融合。作为"社会人"，他必须具有社会人应该具有的素质。"社会人"是相对于"自然人"来说的，更准确地说，是相对于"自然人"和动物来说的。人来到世上，就要参与社会事务和社会生活，因此，必须具有社会性，而这个社会性在当今创建文明社会时期，最重要的特性就是文明。所以，卓越教师作为社会人首先要拥有的就是文明素质。文明素质随着社会的不断发展和进步，其内涵也在不断扩充和变化。我们知道，文字是文明产生的标志，在社会欠发达时期，识字似乎就是文明人的代表，在文化和科技高度发达的今天，拥有当今的主流价值观、人生观和世界观应该是文明人的重要标志。

从教师的角色身份来看，教师是从事教师职业的，那么教师就必须拥有作为教师所必须具有的素质。教师不仅肩负着教育下一代的任务，同时肩负着发展和繁荣本专业的任务，因此教师必须具有双重素质，即职业素质和专业素质。职业素质是教师从事职业所必须遵从的职业操守和支撑职业从业的知识和技能。这些职业操守与从业知识和技能，在日常的教育教学中，如何让学生能够顺利获取，扎实掌握？

这又是培养模式所必须解决的问题。要丰富专业知识和促进专业发展，卓越教师还必须拥有丰富的专业知识和扎实的专业技能。如何让卓越教师拥有丰富的专业知识和扎实的专业技能，同样是培养模式所要解决的问题。在思考教师的身份素质之后，还必须思考卓越二字，毕竟我们要培养的不是一般的合格教师和优秀教师，而是卓越教师。怎么样的培养模式才能培养出卓越教师，这是制定培养模式时必须思考的问题，同时又是培养模式实施中所必须思考和考量的问题。

在思考卓越教师培养模式的式样、制定和实施时，可以发散思维，但是这一思考离不开素质教育所框定的框架，所以必须在素质教育的框架内思考这一问题。因为素质教育所关注的学生的素养和能力，是为了规避知识教育所带来的高分低能的问题，同时又是为了培养学生的创新能力和实践能力。因此，卓越教师的培养模式必须思考如何兼顾理论和实践、知识和能力、素养与创新的问题。只有解决好这几个方面的问题，才能够真正实现卓越教师的培养。

第四节　小学全科教师的培养模式研究

从以上的阐释中，可以看出，卓越教师培养模式的确定和实施是一项复杂的工程，它需要对社会发展、学习者个体的成长以及学科的发展进行需求分析，同时需要对卓越教师的素质及特性进行分析和确定，然后才能依据一定的原则进行卓越教师培养模式的制定和实施。当然，一旦卓越教师培养模式的实施开始，就进入卓越教师培养的过程。本节以小学全科教师培养模式为例来研究卓越教师的培养模式。

一　小学卓越教师培养模式的现状考察

关于小学全科教师培养模式，有的研究者认为，它本身就是一种培养模式，是小学卓越教师培养模式，若是从卓越教师培养的角度来思考的话，小学全科教师似乎是小学卓越教师的培养模式，但是却弄错了它的逻辑。小学全科教师是小学卓越教师的培养规格，而不是培养模式，培养模式是对这一规格的培养式样。有的研究者认为，小学全科教师的培养模式为协同培养，如有的认为采用高校—地方政府—小学的协同培养模式，有的认为采用高校—科研院所—小学的协同培养模式。这种协同培养形式也不属于小学全科教师培养模式，按照卓越教师培养计划中的规定，这种"三位一体"的协同培养方式属于培养机制。有的研究者在论及小学全科教师培养模式的时候，通常论证的是小学全科教师的培养规格，没有论及如何实现这些规格，而培养模式这一关键点恰恰被忽视了。

由此可见，关于小学全科教师培养模式，从历史的角度来看，许多研究误解了培养模式的内涵，有些窄化了培养模式的内容，有的将培养规格当作培养模式，有的将培养机制当作培养模式。因此，有必要首先明晰小学全科教师的培养模式的内涵和特点。

二　小学全科教师培养模式的内涵

若想明晰小学全科教师培养模式的内涵，必须首先确证小学全科教师的规格和内涵。

（一）小学全科教师的规格研判

从上面对于卓越教师培养模式的界定中可以看出，首先必须澄清模式的含义。模式指的是人们从事某一操作或从事某一行为时所要照着做的标准式样。从宽泛的意义上来说，模式是一种参考式样，是一种参照；从狭义的角度来说，模式是一种操作规范和标准，必须严格执行的行为标准。作为教师培养模式，因为其培养对象是人，是具有自己的思想和特点的人，因此教师培养模式不应该是严格的一套操作规范，应该是一套仅供参考的标准和式样。在教师培养的过程中，只需要在一定规范的框架下思考问题和作为，而不是严格按照规范行事。这是对培养模式的一种规定性的定义。

小学全科教师培养模式的前提是明晰小学全科教师的规格。根据"卓越教师培养计划"中的规定，小学全科教师的属性首先是能够从事多学科的教学，其次是知识广博、能力全面。在本书看来，小学全科教师的全科性首先应该视地域和学校的实际情况而定。首先，对于只是缺少个别学科的教师或者是不缺少学科教学教师的学校和地区而言，小学全科教师可以是一专多能教师；对于许多学科缺少教师或者是存在农村教学点的地区，小学全科教师的规格必须是多学科教师或全科教师。其次，应该从国际小学教师培养的趋势来定夺。从教师教育的国际发展趋势来看，小学全科教师的出现是小学教师标准国际化和优质化的趋势，它是教育发展和追求优质教育的结果。但是在我国，全科教师的出现则是由于小学教师队伍的参差不齐和小学教师的缺乏导致的。因此，就目前来说，小学全科教师的规格应该是"多科全能"而不是"一专多能"。但是，随着我国教育事业的发展和教师队伍的建设，小学教师队伍会呈现高素质、质量优、队伍精良的景象。因此，小学教师的规格就应该是"一专多能"。这里的"多科全能"中的"多科"指的是小学全科教师的培养不是采用一种专业培养的方式，而是采用多学科或全学科培养的方式。"全能"指的是小学全科教师在接受培养时，小学所有开设的学科都必须修习，以掌握各学科最基本的知识和技能，熟悉各学科最基本的教育教学范式。"一专多能"指的是小学全科教师有一门学科属于专业培养，小学开设的其他各科也同时开设，以便全科教师能够掌握这些学科的知识和技能以及教育教学技能和方法。所以，无论是"多科全能"还是"一专多能"，都指的是全科培养、多科（包括全科）从教，抑或全科培养、单科从教。

（二）小学全科教师培养模式的要素分析

小学全科教师培养模式是按照一定的小学全科教师培养规格制定的教育教学行为框架式样及其实施过程。

小学全科教师培养模式从静态的角度来说，它是一幅静态的培养行为的预设方案，该方案确定了围绕着全科教师规格的实现，所必需的人力、物力甚至财力的配置，以及人力的劳动力规格和劳动力分工、物力的种类及其规格。财力是用来购置人力和物力的，通常情况下，在高等师范院校，财力是无须培养者考虑的问题，它属于顶层设计者所必需思考的问题。进一步来说，人力指的是从事小学全科教师培养所需的师资力量及其师资力量的分工；物力包括小学全科教师培养的课程体系、教育教学环境和教育教学评价体系等。

从动态的角度来说，小学全科教师的培养模式的运行是培养的实施过程，它以实现小学全科教师的规格为中心和旨趣，将人力、物力和财力进行统筹，采用合理的方式分工，然后使之进入运行轨道，沿着设计蓝图，执行具体的教育教学活动。

从培养系统的角度来说，小学全科教师培养模式包括培养目标的确定、培养课程的建设、教育教学的实施以及培养评价的开展这四个环节。这四个环节围绕着小学全科教师规格运行，并为实现这一规格服务。而这四个环节又有各自的行为目的和行为标准。正如地球在公转的同时在自转一样，小学全科教师培养模式的四个环节在围绕着小学全科教师培养规格的实现运行（称为公运行）的同时，都在各自的轨道上进行着本环节内部的自运行过程（称为自运行）。另外，这四个环节在公运行和自运行的过程中，保持着和其他环节的相互作用，由此构成一个高度循环的过程。但是，这个高度循环的培养过程不是一个封闭的系统，而是和外界时刻保持着信息交换，同时这个系统的运行需要外界的人力和物力的随时补充和扩展。信息的交换是为了培养目的的恰切性和实用性，更是为了培养行为的顺利实施；人力和物力的随时补充和扩展也是为了使得培养行为活动即教育教学活动得以顺利展开，而不至于因为其运行的封闭性导致整个培养过程失败。

三 小学全科教师培养模式建构——全科任务型培养模式

小学全科教师的培养模式目前还处于研究探索阶段，在实施小学全科教师培养项目的高等院校都在尝试探索和试验独具特色的培养模式，目前都处于探索期，相信不久之后我国的小学全科教师培养模式会呈现百花齐放的多模式欣喜景观。但是，培养模式的建立不是一件易事，不仅需要时间，更需要不断地、反复地实验和研究。

（一）全科任务型培养模式的产生

从上面的分析中可以看出，小学全科教师培养模式既是一个静态的设计蓝图，又是一个动态的培养运行过程。无论是动态的运行图景还是静态的设计方案，都是围绕着小学全科教师培养规格的实现，因此培养规格的设定起着关键的引领作用。本书认为，综合国际小学教师培养规格和我国自身的现实需要以及未来的发展需要，小学全科教师的规格应该是"多专全能性"逐渐向"一专全能性"转变，但是小学全科教师的培养还是采用全科培养。

另外，从我国多年的教师培养方式以及从事小学教育教学的教师的素质来看，我国小学教师培养方面出现诸多问题，其中最凸显的问题是理论知识的教学占据课堂，而忽略了对学生动手实践能力的培养，致使初任教师踏入工作岗位时，难以胜任。其主要原因在于初任教师不熟悉小学教育教学场域，不知如何处理教学中的问题，对教育教学难以上手，更难以适应，以致退出教师队伍。这也是造成我国教师队伍数量不够的原因之一。因此，在小学全科教师培养中，首先要明晰培养主体和培养方式。综合以上分析，本书认为，小学全科教师的培养模式应该是全科任务型模式。

（二）全科任务型培养模式的意涵

全科任务型模式，正如上文所论述的那样，只是一个培养的模式构架，而不是需要严格照搬的模式，因为小学全科教师培养，不像是工厂生产，加工出来的是无思想、无生命的物品，教师教育所培养的是有自己的思想、自己的意识和自己独特行为的人。所以，培养模式在实施的过程中，要根据学生的具体情况和学校的现实条件以及教学的需要，进行符合时宜的调整或改变。这里的全科任务型指的是采用任务型教学方式，以全科的规格培养小学教师。也就是说，对于小学全科教师的培养采用全科培养，培养方式采用任务型教学方式。

1. 全科培养

全科培养是从两个方面考虑的。首先，从所培养的小学教师的身份角度来分析的。如前分析，小学全科教师具有双重身份，即职业身份和社会身份。双重身份决定了他们在校学习的过程不仅要培养职业素养，同时要培养社会素养（又称为文明素养）。其职业素养要求小学全科教师必须拥有从事小学各科教育教学的知识和技能；其社会身份需要他们必须拥有作为公民的文化知识和文明素养。其次，从小学教育专业的课程设置角度进行分析，小学全科教师所需要的多学科知识使得小学教育专业必须设置相应的课程，才能满足他们获取相应知识的需要。而职前卓越教师在校的修习时间毕竟有限，有限的时间和多学科的性质需要设置的课程以综合课程的方式呈现。据此，全科培养所呈现的知识应该具有系统性、综合性和完整性，才能满足小学全科教师的需要。

2. 任务型教学

任务型指的是教育教学采用任务型方式。任务型教学方式是由美国的语言学家钮南（Nunan，D.）针对外语教学中单纯的教师进行理论知识的教学和传授的弊端提出的。他认为若想让学生习得第二语言或外语，学生必须具有语言输出，而学生语言输出的机会在于用语言做事情。其实，不单是语言学科，无论什么学科的学习，只有学习者参与其中，主动建构，积极进行相关信息的输入和输出才能有利于知识的掌握，信息的输出同时表明了对知识的掌握。对于技能的掌握更是如此。从知识的类型来说，技能性的知识属于程序性知识，程序性知识的学习，只有在做中学，在实践中学习，进行实践性学习和体验，学生才能够掌握。这种做中学的理论依据是现在被广泛运用的以杜威为代表的实用主义学习理论，也是我国新课程改革的理论依据之一。

全科任务型培养模式中的任务型方式有两个方面的含义。其一是学生在学习中充分发挥主体性。其二是学生通过做中学修习所要学习的课程知识。

第一，关注学生在教学中主体性的发挥。主体性指的是在教学中学生的自主性、能动性和创造性的凸显。自主性指的是职前小学全科教师在教学中能够积极主动地对教学内容进行理解、诠释、建构，形成自己的知识经验；能动性指的是小学全科教师在教学中，能够主动参与教学活动，积极思考课程内容；创造性指的是职前小学全科教师在教学过程中，通过对课程内容的学习，形成具有独特个性的知识经验，并能运用已学的知识经验，创建性地解决学习中出现的问题。在教学中，关注学生的主体性，是培养学生的主体意识和主体精神的关键。主体性不仅能够使得学生积极主动地获取作为小学全科教师所必需的知识，而且能够培养他们对主体性的重视和关注，从而在以后的工作岗位中，加强对自己所培养学生的主体性培养的重视。

第二，采用做中学的方式促进学生的实践学习。教师职业的特点决定教师知识具有实践性，因为教师所获取的专业性是通过其专业行为展现的。实践性知识难以通过理论知识的讲授法等教授方式获得，需要在实践中进行修习。因此，在教育教学中，教师的职责在于通过对学生的指导，激发学生参与课堂的兴趣，促使学生积极主动参与到教学实践中去，通过自己动手设计、操作，进行教学实践的学习，在实践中感受知识的意蕴、明晰实践的操作方法和程序、感悟实践的力量和魅力、增长实践的素质和能力，从而获取教育教学实践知识，提升实践智慧和实践心理。

3. 全科任务型培养模式的关注重点

全科任务型培养模式强调的重点在于两点。

首先是所获知识的系统性。心理学的研究发现，儿童的心理发展是整体推进的，并且是建立在对世界的整体认识的基础之上的。学生对世界的认识具有整体性，属于整体认识。这种认识关注的是认识对象的整体性，而非片面性和深刻性。因为儿童的认识具有启蒙性和基础性，是儿童以后认识发展和心理发展的基础。小学教师作为小学生的启蒙老师，其功能主要在于通过为学生传递知识，为促进学生未来的发展打下基础。所以，小学教师教给学生的知识必须具有整体性和启蒙性，使得学生在接受知识的过程中得以脱离对知识的懵懂感觉，慢慢开发自己的智慧，发展自己的心智，获得心理发展。据此，小学教师在进入职业生涯之前，就应该拥有满足学生的启蒙和心智发展所必需的整体知识，这种整体知识的获取通过单一的学科教学是难以实现的。因为高等教育的目的在于为社会输送专业人才，专业人才的一个特点就是强调专业知识的深度，而不论知识的广度。所以，小学全科教师只有采用全科学习的方法才能获取系统、整体的知识。当然，这里就出现问题了，那就是，如何进行博而约的知识教学？也就是说，选取哪些知识才能满足全科教师对博约知识的学习？它的选取依据就是小学开设的课程以及从事小学教学所必备的技能知识。

其次是所获知识的实践性。从对教师知识的系统性特点的分析中可以看出，小学全科教师所拥有的知识是整体性知识，那么这种整体性知识是如何获得的呢？是通过反复的机械学习获得还是通过有意义的学习获得？是通过理论学习获得还是通过实践，在实践中获得呢？本书认为，教师知识不仅要具有理论性同时也要具有实践性，是通过理论学习和实践操作所获取的。一般而言，实践行为只有在理论知识的指导下，才会操作顺利；实践活动不仅能够丰富理论知识而且能够检验理论知识的正确性。因此，在全科教师培养的过程中，不仅要采用理论知识的讲授法，同时要采用实践教学法，使学生在动手实践的过程中获取经验性知识和技能性知识。

总之，小学全科教师的培养模式还处于探索阶段，任何具有科学性和可行性的模式都可以进行实践和实验，只有这样才能使小学全科教师的培养模式更加丰富多样，从而促进小学全科教师培养模式内容的丰富性。

第五章

卓越教师培养的课程

教师培养是通过对课程的实施实现的，卓越教师的培养亦是如此。但是在课程实施之前首先需要对实施什么样的课程进行检视，这种检视就是对课程的选择和设置。对课程的选择和设置构成课程体系和课程结构。此外，需要考量如何实施课程以及如何对课程进行建设以促进卓越教师培养的质量。本章的主要内容是对培养卓越教师所需的课程进行探讨和分析。

第一节　课程的内涵

一　课程的词源定义

课程是开展教学的关键，从某种意义来说，教学的实质就是课程实施。因此，若想展开对卓越教师的培养，必须对课程进行考察。明晰课程的性质和类型。从词源学的角度来看，课程在我国最早出现在唐朝孔颖达的注疏里。自从朱熹在他的《朱子全书·论学》中使用了课程之后，我国的"课程"一词在漫长的历史中一直保持着其原意，即"功课及其进程"。在西方国家，课程一词最早出现在英国著名的哲学家、教育学家斯宾塞（H. Spencer）所发表的那篇闻名遐迩的文章《什么知识最有价值》（*What Knowledge is of Most Worth*）里。课程源于拉丁文，意思为"跑"，在英语 curriculum 中，其原意是"跑道"。所以，根据其词源，课程一次引申为"学习的进程"，即"学程"。

二　课程的历史界说

自从出现"课程"这一词语以后，在课程发展史上，关于课程的界定就有许多不同的观点，有的是从教学的角度予以分析，有的是从学习的角度予以考察，有的从教师的角度进行界定，有的从学生的角度进行度量。不同的角度有不同的界定，根据靳玉乐等人的观点，在课程论的发展史上，共有八种课程定义，即课程是学科或教材；课程是经验；课程是教学计划；课程是预期的学习结果或目标；课程是文化在生产；课程是教学内容及其进程；课程是学习活动总体计划；课程是一个有多个要素构成的综合体。①根据张华教授的观点，其中最有影响力的定义有三种：课程即学科；课程即目标或计划；课程即学习者的经验。②这三种定义同时也是现在的课程研究者所持有的一般观点。

课程即学科是许多教育实践者所持有的观点，它是一种传统的课程观念，而且较为贴近日常概念。课程是教学科目的观点是自古代就有的观点。如我国的古代的"六艺"以及古希腊时期的"七艺"等都属于这种观点的典型的形式。再如，我们在日常的学习和教学过程中，常会听到诸如"这学期我们开设了七门课程""我们这学期没课"，这里的"课"与"课程"，都是这种课程概念的运用。

课程即目标的观点来源于课程论创立之后的传统观念，这种观点始于课程论的创始人博比特等人，课程是目标的观点认为，课程是对培养目标的具体化。在课程论成为独立的学科之初，课程论专家对于课程的编制和建设往往采用的就是这种方法来实施课程编制。他们首先根据活动分析法或工作分析法进行目标的来源分析和确定，然后对目标进行解析，具体分析成为课程内容。这种方法在现代课程论之父的泰勒的研究中得到了发展。直到现在，很多人还持有这种观念，即认为课程就是培养目标的具体化。

---

① 靳玉乐：《课程论》，人民教育出版社 2015 年版，第 38—42 页。
② 张华：《课程与教学论》，华东师范大学出版社 2000 年版，第 66—68 页。

课程即学习者经验这一观点是目前很多教育理论者和教育实践者所秉持的观点，尤其是信仰实用主义教育的理论者都秉持这种观点。这种观点认为，学校的教学应该以学生为中心，学校不只是传授知识的地方，教学不应该被看成向学生传授知识的过程，而应该是学生生活的一部分，是学生体验生活和感受世界的过程和行为。所以，课程必须满足学生的需要和兴趣，最终成为学生经验的一个部分。因此，课程应该是学习者的经验。

三　课程的界定

从以上分析可以看出，关于课程的界定，不同的界定不仅有各自不同的方法，而且有各自定义的角度，但是最重要的是各自定义所依据的价值观。因此，在很大程度上价值取向规定着课程的定义。根据课程论学者靳玉乐等的观点认为，界定课程的价值取向有四种，即强调文化的学术取向、强调过程效能的技术取向、强调个体经验的个人化取向、强调适应和改造的社会化取向。[①] 本书认为，界定课程的价值取向主要有三种，这三种价值取向分别是社会取向、文化取向和个体取向。社会取向的课程定义关注的是课程对社会的适应和改造功能。这种观点从社会学的角度认为，课程的目的是通过学生的学习，使学生能够适应社会的发展，或者通过对课程的学习，使学生能够明晰社会的不公和缺陷，从而改造社会。从文化取向的角度界定课程的观点认为，课程的目的是促进文化的传播和文化的革新，从而促进文化的保存和发展。从发生学的角度来说，这种观点是符合历史逻辑的。学校产生的最初目的是促进文化的传播，尽管在当时具有阶级性的嫌疑。然而随着社会的发展，人们越来越明白，文化在学校的传播靠的是一个个具有鲜活生命的个体。所以学生的发展是文化得以传播的关键。另外，课程的社会功能也是学生个体发展的附属功能，因为只有学生获得长足的发展，通过学生的实践，其社会适应或改造功能才能得到发挥。可见，无论课程是什么，其最终的目的是促进学生的

---

① 靳玉乐：《课程论》，人民教育出版社 2015 年版，第 43—45 页。

全面发展。可见，课程定义首先应该考虑的是学生这一学习主体。由此，我们认为课程是学习者在学校环境下体验和感知的所有能够促进其成长和发展的教育性经验。

这一概念的界定是从狭义的角度来说的，指的是学习者在学校所要修习的课程。另外，这一定义中的经验具有其自身的限定范围。首先，这种经验应该具有教育性。教育性指的是当学生获取这种经验时，不仅能够获得经验的增长，而且能够通过这些获取的经验，在情感、意志、个性、态度等方面获得提升和发展。其次，这种经验是泛指的经验。根据经验的获取方式，经验有直接经验和间接经验之分。直接经验是通过自身的探索所获取的经验，间接经验是没有经过自己的探索实践，是从他人处获得的经验。这两种经验都对学习者具有重要的意义。间接经验不需要花费很多时间，也不需要花费学习者的精力进行探索，但是因为没有经过亲自探索，所以这种知识的学习若没有意义，往往就不具有深刻性。而经过自己亲自探索实验所获取的直接经验，相比较而言往往具有深刻性，不容易忘记，而且印象深刻。但是因为间接经验在成为课程之前，都是经过去粗取精、去伪存真，很多时候不需要学习者去甄别，这样就会节省很多学习者的时间和精力。相比较而言，直接经验就显得费时费力，经过探索才能获得。但是不论是直接经验还是间接经验，对于学习者来说都具有重要的意义和价值。

第二节　卓越教师培养的课程设置

在明晰了课程的概念之后，接下来需要阐释和考量培养卓越教师所需要的课程、课程结构以及课程设置。课程实施是教育教学的凭借，没有课程，教育教学难以展开，师生交往便没有媒介，更没有交流的内容。因此，在明晰了卓越教师培养的模式之后，课程设置成为亟待解决的问题。

一　卓越教师培养的课程体系

课程体系是不同的课程类型按照一定的规则或者依据组合而成的

课程群。从系统论的角度出发，课程体系可以被看成一个系统。每个课程体系由不同的课程群组成，而不同的课程群又分别成为不同课程体系，每个课程群又由不同的课程组成。反过来，当不同的课程按照一定的标准组合起来，就会构成一个课程群即一个课程类型。所以，不同的课程类型是人们根据不同的维度或标准把课程进行分类的结果。

（一）课程分类

按照不同的分类标准，可以把一个课程体系解构成不同的课程类型。课程论研究者在对课程进行课程类型的分类时，通常采用按照知识的性质进行分类的方法。按照知识的性质可以从两个维度对课程进行分类，即以知识的认知特点和知识的组织模式特点为依据进行分类。

按照知识的认知特点进行学校课程的分类是一种常见的分类方法。这种分类方法往往把课程分为不同的类型，即有两类、三类、四类和六类不等。二分法是为了保持学科本身的体系，忽视各科目之间的联系，把学校课程分为学科课程和活动课程。四分法把课程分为四种类型，即学科课程、活动课程、综合课程和潜在课程[1]。按照六分法的分类方法，学校课程被分为科目本位课程、经验本位课程、相关课程、融合课程、广域课程和核心课程。[2] 按照知识的组织模式进行分类，课程常常被分为分科课程和综合课程。分科课程以我国古代的"六艺"和古希腊古罗马时期"七艺"为典型代表。综合课程出现较晚，它是伴随着知识的激增以及学科之间越来越密切的横向联系的发生而出现的。综合课程强调的是知识之间的关联性和统一性，而学科课程关注的是一门学科内部知识的逻辑性和逻辑体系的完整性。[3] 以上这些分类方法是我国课程论学者常用的分类方法。美国的学者哈格利夫斯（A. Hargreaves）认为学校教授的课程有正规课程和潜在课程两类。潜在课程是学校有计划、有目的教授的课程之外的课程，即教

---

[1]　刘克兰：《现代教学论》，西南师范大学出版社 1988 年版，第 121—137 页。

[2]　靳玉乐：《现代课程论》，西南师范大学出版社 1995 年版，第 68 页。

[3]　张华：《现代课程论》，上海教育出版社 2000 年版，第 267 页。

学计划之外的课程。斯坦福大学的教授艾斯纳（E. W. Eisner）在哈格利夫斯的课程基础之上，增加了空无课程（the null curriculum）[①]。所以根据艾斯纳的划分，学校课程有三类，它们是正规课程、潜在课程和空无课程。

根据以上的分析以及我国基础教育课程改革对课程设置的要求，本书认为学校课程主要分为正规课程、潜在课程和空无课程，正规课程又分为学科课程和活动课程，学科课程又包含分科课程和综合课程。这种课程体系的分类如图 5 - 1 所示。在该课程体系中，空无课程指的是课程编制者在编制课程时有意无意排除在课程内容之外的课程。如受我国传统思想的影响，对青少年进行的性教育内容在许多学校是不开设的。潜在课程指的是没有被有目的、有计划安排进课程计划中的课程，但是却对学生有着影响的课程。如学校的绿化、宿舍的安排、学校的食堂等校园物理环境，校徽、校训、校歌、图书馆等的文化环境，教师的言谈举止、人格魅力、行为方式，学校师生的人际关系，等等。虽然没有位于正式课程之列，但是都会对学生的发展或多或少产生积极的促进作用或消极的影响。所有这些都可以称为潜在课程。

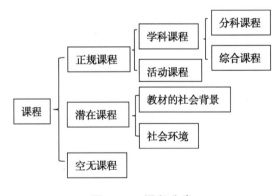

图 5 - 1　课程分类

①　E. W. Eisner, The Educational Imagination（3th Edition）. New Jersey：Printice Hall, 1994. pp. 97 - 107.

（二）卓越教师培养的课程体系

卓越教师课程体系的建构既和一般的课程分类有相似之处，同时又具有自身独特性。卓越教师培养的课程体系建构依据两种标准：其一是教师教育课程标准，其二是学校对卓越教师培养的规格。学校自身师资也是影响因素之一，通常师资影响的是个别课程的开设，而不会影响到整个课程体系。再者，国家卓越教师培养计划对卓越教师培养的课程体系的构建也会产生影响，在设置课程时，同样必须纳入考虑范围。

首先，教师教育课程标准所规定的课程体系。2012年教育部制定颁布了《教师教育课程标准》（实行），该标准不仅明确规定了基础教育各阶段的课程目标，而且以学习领域和建议模块的方式分别规定了基础教育各学段的教师教育课程设置。其中，小学职前教师教育课程设置分为儿童发展与学习、小学教育基础、小学学科教育与活动指导、儿童心理健康与道德教育、教师职业道德与专业发展、教育实践等六个领域，① 每个领域又设置了相应的学习模块和实施建议。中学职前教师教育课程的设置和小学相似，同样设置了六个学习领域并且分别给出了学习模块。只是把第二模块和第三模块的小学教育基础和小学学科教育与活动指导领域改为中学教育基础领域和中学学科教育与活动指导领域。从以上的教师教育课程标准对课程的设置中可以看出，其目的在于培养职前教师的教育教学能力和专业发展能力。这两个方面的能力和卓越教师培养计划中要求的提升教师的教育教学质量是直接呼应的。但是这两个方面的能力的培养和训练是从职前教师的职业身份角度对教师进行培养的。本书在前文曾经阐释了教师作为人至少有两种身份，即"社会人"和"职业人"。很显然，教师教育课程标准对课程的设置很显然是从教师的职业人身份的角度进行课程设置的，从而忽视了教师作为社会人的角色同时也忽视了相对应的知识的课程设置。有研究发现，教师的职业角色和家庭角色以及社会角色

---

① 中华人民共和国教育部：《教师教育课程标准》，漳州教研（http：//www.fjzzjy.gov.cn/newsInfo.aspx? p kId = 112590）。

之间具有正相关的关系，即教师的社会角色会影响到他的职业角色。现在有很多新闻报道的关于教师猥亵小学生的案例，从一个侧面反映了教师的社会角色的责任和信念缺乏正确价值观的引导，从而导致他的职业角色的混乱。所以进行社会角色的课程设置对于职前教师来说，同样具有举足轻重的作用，因为教师首先是人，然后才是教师，打好作为"社会人"的知识和信念基础攸关其教师角色的担当。

其次，学校对卓越教师的培养规格的设定影响着课程体系的设置。课程的设置目的在于实现培养目标。"课程是培养目标的具体化"这一课程观念从一个侧面说明了课程设置与培养目标的密切关系。培养目标包含着培养规格的意图，培养目标和培养规格的关系是抽象与具体的关系。一个高等学校要培养什么样的人即学校培养目标统领和指导本校各专业对具体培养目标和具体培养规格的确定。具体学科的培养目标和培养规格是统一的。所以，一个专业要培养什么样的人关乎课程的设置。可见，对于卓越教师的培养，如何开设课程从根本上取决于对人才规格的规定。卓越教师应该获取哪些知识、具有哪些品质、拥有哪些能力等一经确定，关键环节就是这些知识、品质和能力通过什么课程才能获得的问题。可见，人才培养规格直接影响着课程的设置。另外，卓越教师培养计划对卓越教师的培养要求也必须考虑到，这也是影响卓越教师培养课程设置的重要因素之一。

最后，卓越教师培养的课程体系建构必须考虑到职前教师的身份特征。我国高等院校的课程设置目的在于培养社会主义事业的建设者和接班人，这些建设者和接班人除了在本职业领域中做出专业贡献外，同时也为社会的和谐、安定、文明肩负着一份责任，并为自身的日常生活出一份力。所以，大学的课程不仅顾及专业的发展，同时要考虑个人幸福和社会安定。据此，课程通常包含专业知识和技能、思想品德和社会、古今中外之文明三个方面的知识和文化。作为培养追求卓越的教师教育专业也概莫能外。

综上所述，卓越教师课程的设置，不仅要考虑其专业性，同时要考虑其学科性和基础性。专业性关注的是教育教学知识和能力，具体地说，指的是教学知识和技能以及教育知识和技能；学科性考虑的是学科知识和学科技能，即学术能力；基础性聚焦的是政治思想、道德品质、文化修养和人格品性。这三者共同构成卓越教师培养的课程体系。该课程体系的构成如图 5－2 所示。在这个课程体系中，专业性的课程毋庸赘述，前文已经详细阐释。关于基础性课程和学术性课程需要进一步分析。基础知识在教师教育课程标准中较少提到，而学术知识和能力在教育教学实践中常不受重视，其实这两方面为教师职业能力和职业品行起到奠基作用，使教师不至于陷入狭隘的职业主义或专业主义中。因为，人之为人，不只具有职业生活，同时还有包括家庭生活在内的社会生活和社会交往。因此，不能置于空无课程中。

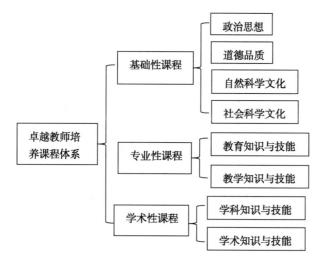

图 5－2 卓越教师培养课程体系

二 小学全科教师培养的课程体系

根据以上对卓越教师培养的课程体系的分析，不难看出小学卓越教师培养课程体系应该具有什么结构。小学全科教师培养所需的课程体系从属于卓越教师培养的课程体系。具体说来，小学全科教师培养的课程结构同样有三部分子结构组成，以模块的方式出现，即模块一的通史类课程、模块二的专业类课程和模块三的综合实践类课程。其中，模块一的通史类课程主要用于培养小学全科教师的思想观念、道德品质、文化素养和艺术修养等。思想观念和道德品质在很大程度上决定了一个人的人生观、世界观和价值观，所以对人的成长和发展起到方向性作用。包括自然科学和社会科学方面的文化知识在内的人文素养类课程是为了提升全科教师的文化修养和艺术素养。模块二的专业类课程包括专业性课程和学术性课程，这一模块的课程是小学全科教师的职业标志，是为他们以后从事职业活动服务的。模块三的综合实践类课程是专业类课程和基础性课程中的实践课程的抽离，其教学需要以实践为主，目的是增加学习者的动手能力和操作能力。据此，小学全科教师培养所应该设置的课程体系如图 5-3 所示。

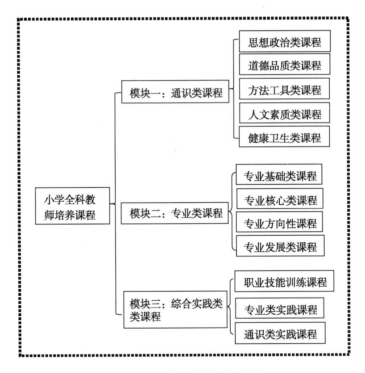

图 5-3　小学全科教师培养课程

在小学全科教师的课程体系中，通史类课程共有五类课程，其中人文素质类课程的目的是扩展职前教师的知识面，丰富其知识。其具体目的有二：

其一是促进职前教师的文化修养。文化修养对于生活于社会高速发展中的人来说，尤其重要。当经济的发展能够满足人们的物质生活需要时，尤其是物质生活丰盈的时候，精神生活也同样需要丰富，从而满足人们生活的平衡感，否则就会出现精神贫乏所带来的心灵空虚感。这就是为什么当今随着物质生活的丰富，越来越多的人皈依佛门，寻求精神的寄托。所以，精神的丰富必须成为当今人们生活充实的标尺。另外，在我们追求通过专业来促进社会发展的时候，需要通过丰富的精神食粮来充盈专业人才的精神空间，丰富其精神生活的需要。

其二是满足职前教师从教时所需的文化科学素养。小学教学内容具有广博而简约的特性，需要教师不仅具有专业知识，同时要具有广博的关于自然和社会的知识，这些知识能够满足学生对世界好奇的需要以及儿童对社会探寻的需要。因为处于生活和知识双重启蒙时期的儿童，对世界的好奇心往往驱使他们时刻准备着询问"十万个为什么"，而作为启蒙教师的卓越教师，对于学生的好奇心必须采取保护和促进的态度。他们只有具有广博的知识，才能满足学生对这个世界的探索和认知的需求。

方法工具类课程的目的在于为全科教师的生活学习提供工具类知识和技能。处于当今"地球村"时代的学生，必须具有国际视野，拥有与他国进行交流的工具，而最基本也是最重要的交流工具之一就是语言，因此学习一门外语是必备的交流工具。当今时代的第二个特征是信息化，信息化时代的人与人沟通的另外一种方式就是网络，随着"千禧一代"和"数字一代"的出生，拥有互联网知识不仅是人生存所必备的技能，而且是教师和学生交流所必备的工具，所以，拥有计算机知识是小学全科教师所必须具备的。

据此，为了满足小学全科教师对于文化和知识的双重需求，小学教育专业必须设置自然科学文化方面的课程，同时开设蕴含社会科学和人文科学方面的文化课程。例如，贵州G大学小学教育专业所开设的这方面的课程是思想与政治类、方法与工具类、运动与健康类、阅读与欣赏类、科技与设计类、热点与争鸣类、经济与人生类七个领域的课程。其中，前三个领域的课程为必修课程，后三个领域的课程为选修类课程。通过这些课程的修习，目的是培养小学全科教师的思想道德素质、人文与自然科学素养、外语和计算机的基础知识和应用能力、体育卫生素养等。从而为具有双重身份的小学全科教师打好生活和文化基础。

专业类知识包括专业知识和学术知识。专业知识包括教育知识与技能和教学知识与技能两个方面。教育知识和技能在传统意识中，通常是教育学和心理学这两门经典教育课程。但是随着教育学和心理学的发展，教育学者越来越发现，学习这两门知识难以满足教育教学的需要，尤其是对于学生的教育，必须满足学生发展的年龄特征和学生的个性特征。由此，小学教育必须增加研究儿童发展的特点和规律的课程以及满足儿童学习认知特点和思维特点的课程，即儿童发展心理学与儿童学习心理学。专业知识和技能在传统意义上通常指的是和学科教学相关的教学论课程和教学法课程。除了上文提到的，还有学科研究方法等课程以及相关的专业学术知识。如小学语文教育专业的学生所学的专业知识和技能的课程通常是小学语文教学法、小学语文教学论、教育科学研究方法三门课程，这三门课程是最经典的。小学语文教育的专业技能课程通常还包括语言和书写等方面的课程。随着教育教学的发展，小学教育教学实践中显现出的问题表明，老三门课程难以满足教学实践的需要。因为肇始于21世纪的新一轮课程改革对教师提出了更高的要求，如综合实践课程的增加、教师是研究者、教师属于专业技术人员等这些理念，需要教师从匠人的身份转变为专业的身份，这一身份的转变，说明教师不再是具有狭窄的学科知识即可教书这么简单，他不仅需要具有学科知识、同时必须具有专业知识和专业技能，而且还需具有解读文本和读懂学生的知识和能力，同时教师还需具有解决日常教学实践中的教育教学问题的理论知识和实践能力。因此，教育类课程和专业类课程以及学术类课程这三类课程，在教师的职前教育和在职培训中，哪一类课程都不能少，而且需要以综合课程的形式出现，因为任何一类课程的知识都不会单独存在或者独立解决教育教学中的具有综合复杂性质的问题。学术课程通常指的是与本专业的基本概念、基本理论和基本研究方法相关的课程。如小学语文教学的学术课程包括古代汉语、现代汉语、汉语言文学、当代文学、国外文学选读、语文教育研究方法等课程。

综合实践类课程以培养学生的动手能力为目的，它是由教师知识的实践性决定的，同时也反映了教师知识必须具有实践性。通史类实践是为了训练教师作为社会人应该具有的某些方面的技术能力，如计算机的应用能力、外语的应用能力、应用文的写作能力、体格训练能力等。职业技能类实践课程是为了培养职前教师从业的操作能力，目的是为了他们从业后能够直接上岗服务，如教师的语言交流能力、教学媒体的应用能力等。专业实践类课程是为职前教师的学术实践服务的，目的是提升学生的专业发展实践有效性和学术实践能力。

由于我国的教师教育从师范教育转变到专业教育的历史还比较短，再加上新课程改革对课程的要求，我国在教师培养方面的课程改革和课程体系的建设还有很长的路要走。

第三节　卓越教师培养的课程实施

课程实施是课程计划得以付诸实践的过程，是把课程付诸实践的行为。卓越教师培养的课程实施是卓越教师培养的手段和凭借，更是卓越教师培养的具体展开。卓越教师培养的课程实施具有什么品质，存在哪些价值取向，不同价值取向下的卓越教师培养的课程实施具有哪些特点，卓越教师培养的课程实施应该以何种样态存在，等等，这些问题都需要考虑。

一　课程实施概述

课程实施作为课程研究领域中的一个重点问题，得到课程论专家和学者的重视始于 20 世纪 50 年代末 60 年代初发生于美国的"学科结构改革运动"事件。在那之前，课程计划或方案是课程研究者聚焦的问题，因为在研究者们看来，只要课程方案设计得好，课程实施就会成功。美国 20 世纪五六十年代的课程改革失败以后，课程实施开始引起课程论学者的思考。

（一）课程实施的界定

何为课程实施？"课程实施是把新的课程计划付诸实践的过程，

课程实施研究的焦点是课程计划实际发生的情况以及影响课程实施的种种因素。"① 这个界定说明，课程计划和课程实施之间的关系，即它们之间既有联系又有区别。课程计划是静态的设计蓝图，而课程实施是课程计划的动态运作过程，关注的是课程实施的动态性和过程性，聚焦的是课程计划在运行中的现实状况，凸显的是课程计划在现实运行中所展示的动态图景，有别于课程计划所展现的静止状态。

课程实施在日常概念中，常常被等同于教学来使用，其实课程实施不同于教学。在学术概念的使用上，课程实施和教学的关系通常有三种观点。第一种认为课程实施等于教学。课程实施就是按照既定的课程方案（课程计划和课程标准），选用合适的教材，将选定的科学知识通过某种方式传递给学生，使得学生在获取知识的过程中实现自身发展，从而实现预期的教育目标。这种观点认为课程实施和教学本质是一样的，课程实施实质上就是教学。第二种观点认为教学是课程的一个领域，教学和课程实施一样都是属于课程的一个研究领域。第三种观点认为课程实施和教学具有某种相交的关系，但是课程实施和教学彼此是相互独立的研究领域。课程实施通常需要通过教学，教学是课程实施的基本途径，但是课程实施和教学分属不同的范畴。其实课程实施和教学不同。首先，课程实施比教学的范围广泛。② 课程实施所牵涉的不仅仅学校这一系统，它同时牵涉社会系统和整个教育系统，牵涉教育系统的人和物等因素的配置和制度的制定，同时涉及社会系统对教育系统的影响和支持。教学通常是发生在教育系统中，教师和学生在教学中起到主体作用。课程实施的主要目的是修正、革新、发展课程；教学是学校教育的基本途径，目的是实现教育目标，达成其个体发展功能和社会发展功能。其次，课程实施研究和教学研究关注点不同。课程实施关注的是课程实施的影响因素、课程实施的效果、课程实施的条件、课程实施者对课程的认知等；教学研究的是教师的教和学生的学以及教师和学生的互动耦合机制等。

---

① 施良方：《课程理论——课程的基础、原理与问题》，教育科学出版社1996年版，第128页。

② 靳玉乐：《课程论》，人民教育出版社2015年版，第320页。

（二）课程实施的特点

课程实施相对于课程计划是动态的过程，是课程计划的现实运作样态。有研究者认为课程实施过程具有明显的动态性、整体性和开放性①等特点。本书认为课程实施具有动态差异性、整体开放性、系统协调性等特点。

1. 课程实施的动态差异性

课程实施的动态差异性指的是课程实施作为一个动态的过程，因实施的人和物等的因素不同而呈现不同的特点，从而使得课程实施具有明显的过程差异性。课程实施是把课程计划付诸实践的过程，即课程实施是课程实践的过程，这一过程呈现出课程事件在特定时间和空间的前后相连过程。这一过程既体现了课程计划的流动性，同时也表明课程计划在不同课程实施时空中不同实施者所呈现出的不同的课程实施图景。首先，课程实施者对课程理解具有差异性从而带来课程实施的差异性。在课程实施过程中，课程实施者对课程计划的不同观点和看法以及信念都决定了不同课程实施者所实施的课程样态具有差异性和异质性，而不会保持课程实施样态的统一性和同质性。其次，同一课程计划在不同的课程实施场域呈现出差异性。不同的课程实施场域是由不同的课程实施者、不同的课程实施条件、不同的课程实施场地、不同的课程实施环境等构成的。这些不同场域必然因人、因物、因地、因时等的不同而呈现出不同的差异性，因为不同的课程实施场域所承载的课程实施样态因不同的实施者和不同的实施条件和环境需要进行不同的调整，从而产生不同的具体课程实施样态。据此，课程实施不仅是一个动态的课程计划的流动过程，同时这个流动也会因为不同的课程实施场域而展现出不同的实施样态，从而使得课程实施呈现动态差异性。

2. 课程实施的整体开放性

课程实施的开放性指的是课程实施系统本身不是孤立的，在它的内部实施系统和外部支持系统因素之间都具有信息、能量的交换。课

---

① 靳玉乐：《课程论》，人民教育出版社 2015 年版，第 320—321 页。

程实施的开放性，首先表现在课程实施系统内部各因素之间不是孤立的，而是彼此具有交流和互动。课程实施系统内部的人和物都会因为课程的实施而自觉地进行优化配置，以保证课程实施得到最好的效果，这主要表现为作为课程实施者的教育管理者、教师、学生等之间会就课程实施进行交流、对话和互动，同时对系统中物的因素进行尽可能最大化的利用，以使课程实施效果达到最大化。课程实施的开放性还表现在课程实施系统和外部的社会系统的联系。课程实施者在进行课程实施时，不仅需要优化课程系统内部各因素的关系，同时需要得到外部社会系统的支持，外部社会系统也需要课程实施具有对社会的促进。因此，课程实施系统与外部的社会支持系统之间存在着信息的交流与对话。没有系统的开放性，难以实施内部系统与外部系统的对话与交流，从而影响课程实施的过程及效果。

3. 课程实施的系统协调性

课程实施的协调性指的是课程实施者与课程、课程实施场域、课程实施支持系统之间的对话和交流，其目的是使课程实施得到最大化实现。

首先，课程实施的协调性表现在课程实施者与课程计划之间的调适。对课程计划如何认知和理解决定了课程实施者的课程实施态度和热情。课程实施者如果能够完全透彻地理解课程计划的意义、目的、内容及其编制，那么课程实施者就会全身心地投入课程实施中，从而使得课程实施顺利开展并保证实施达到最大化。如果课程实施者都难以理解课程的意义和目的以及课程计划的意图，课程实施者对于课程的实施就会采取消极的态度，从而难以保证课程实施的顺利开展。因此，课程设计者必须保证课程实施者和课程计划之间具有真实、深入的对话，以便实施者对课程计划的解读和课程计划本身达到一致，而这种一致性需要课程计划和课程实施者之间通过对话、交流、阐释的方式对彼此进行调节和适应，这种调节和适应就是课程实施者与课程计划之间的调适。

其次，课程实施的协调性表现在课程实施场域的调适。课程实施若要顺利展开，最关键的一环就是课程实施场域中的人和物之间的协调和合作。首先，作为课程实施者的教育管理者、教师和学生之间以课程实施计划为依据，以课程实施目的为结果进行实施方式方法和实施过程等方面的相互对话、互动和沟通，目的是就课程实施理念达成一致的观点。其次，作为直接、具体的课程实施者的教师和学生依据课程实施计划，针对课程实施环境和课程实施条件以及实施者自身的因素和条件，进行有针对性的调适，以便充分发挥课程实施场域中的人和物等各自的能量，达到顺利实施课程计划的目的。

最后，课程实施的协调性还表现在课程实施者与课程实施的外部环境之间的协调。课程实施尽管其直接目的是促进课程的革新与发展，但是同样具有对个体发展和社会发展的促进作用。另外，课程实施不是在真空中进行，在对外部具有影响的同时，必定受到外部环境的影响。只有当外部环境为课程实施提供支持时，才能够有利于课程实施。因此，课程实施者在进行课程实施时，需要与外部社会系统进行沟通和交流，以便外部环境能够明晰课程实施的意义和功能，为课程实施提供有利条件和支持，促进课程实施的顺利进行。

二　卓越教师培养的课程实施的取向

课程实施的取向指的是课程实施者对课程计划与课程实施之间关系的不同认知，反映的是不同的课程实施者对课程实施过程的不同认知以及支配这些认知的课程价值观。

（一）课程实施的取向

关于课程实施的取向，通常有两种分类。最常见的分类是三分法。该分类根据课程实施者对课程计划和课程实施之间关系的认知，分为忠实取向、调适取向和缔造取向。第二类方法是依据课程实施的功能分为技术取向、文化取向和政治取向[1]。

---

[1]　Ernest R. House. Technology Versus Craft: A Ten Year Perspective on Innovation. Journal of Curriculum Studies. 1979, 11（1）, pp. 1 – 15.

课程实施者进行课程实施时对课程计划的依赖程度不同，从而产生忠实取向、调适取向和缔造取向。

忠实取向的课程实施观认为，课程实施就是严格执行课程计划的过程。课程计划是课程实施的静止状态，课程实施是课程计划的动态存在。课程实施其实只是一种技术过程，一种线性的对课程计划的执行过程。该观点认为，课程是体现在教科书、教师指导用书、教师的教案等里面的内容，课程实施就是把体现在课程计划中的具体经验在实践中实现的过程。教师是课程计划或课程方案的严格执行者，完全按照课程专家所设计的方案进行精确的执行。这种课程方案对教师来说，是价值无涉的，教师的任务就是严格按照课程方案展开，不对课程方案进行任何的改动。这种课程实施观下的课程实施成功与否的判断标准是，实施的课程与预设的课程方案之间的吻合程度，吻合程度越高则课程实施越成功。

调适取向也称为相互调试取向，指的是课程计划和课程实施之间的关系不是一种严格的执行和被执行的关系，两者在实施的过程中都存在着调整和适应的关系，是在课程目标、课程内容、课程方法、课程组织等方面针对不同的课程实施情景进行的调整、改变，以适应课程实施场域的具体情景。具体来说，这种调适表现在两个方面：一方面是既定的课程计划或课程方案为了适应具体的课程实施场域的特殊情景所进行的调整和变动；另一方面是课程实施场域中的具体实践根据课程方案或课程计划所进行的调整和改变以适应课程计划所设计的方案和要求。调适取向的课程实施观认为，课程计划不一定是完美的，即使是完美的也不一定适合所有的教育情境，教师在执行课程计划时，可以根据课程计划对教育场景进行适当的调整，以满足特定教育情境的课程计划实施的需求，从而更好地进行课程实施。也就是说，教师可以根据课程计划的要求，对教育情境中的人和物进行适当的调整和更改，以适应教师所认为的完美的课程计划。所以，课程实施绝不是一种简单的、线性的技术性过程，它是一种复杂的、具有无序特点的实践过程。有序、平衡是暂时的，无序、失衡是常态。课程实施是课程计划和课程实施场景之间的一种相互配合和相互适应的过程。这种课程实施取向下的教师不是课程计划的被动消费者，而是能够主动地根据教育情境的需求对课程计划或实践行为进行调整和变更的主动实施者。这种实施观下的课程实施的成功与否在于教师对课程计划和课程实施系统的因素的调整能否满足具体教育情境中的教育实践的需要。

缔造取向也称为创生取向。缔造取向下的课程实施是教师和学生进行课程创生的过程，课程计划是教师和学生进行课程创生所必需的一种课程资源，教师和学生就是在不断地对课程的创生过程中获得课程的意义，不断地在课程创生过程中获得成长和发展。在缔造观取向下的课程实施过程中，课程设计者不再只是课程专家，教师和学生同样是课程设计者和创生者。他们在创生课程的过程中，同时赋予课程以意义，教师和学生不再仅仅是课程的被动或主动消费者，而同时也是创设课程的课程设计者，同时也是课程专家和课程研究者。这种课程实施取向下的课程实施过程，关注的是教师和学生是如何创生课程的，教师和学生在创生课程的过程中获得了哪些经验、受到了哪些影响，如何赋权便于教师和学生进行课程的创生。因此，教师作为研究者对于这种课程实施取向下的课程实施很重要，同时需要关注隐性课程对学生的影响。

（二）卓越教师培养的课程实施取向

卓越教师培养的课程实施取向指的是课程实施者通过对课程计划的理解，采取不同的实施方式实现课程计划或课程方案。这是从技术的角度看待课程实施问题。这种对卓越教师培养的课程实施取向的分类方式有其自身的理论假设。预设之一在于课程实施不仅仅需要对课程计划进行调适，同时需要考量课程实施的情境性和生成性。预设之二在于教师和学生是课程实施的主体，课程实施的目的不仅在于促进课程的发展，更在于通过课程实施实现卓越教师的培养目的。依据卓越教师培养的课程实施方式，把课程实施取向分为理论取向和实践取向。

1. 卓越教师培养的课程实施理论取向

卓越教师培养的课程实施理论取向指的是教师采用理论讲授的方

式进行课程实施。这种取向下的课程实施观认为，学校所培养的人才之所以称为人才，其条件之一就是他们学到足够的知识。所以，教师教育专业所培养的卓越教师应该具有丰富广博的理论知识和扎实的理论知识，这是卓越教师从事教育教学工作所必需的基本条件也是充要条件，因为只有拥有广博的知识，他们才能有充足的知识传授给学生，才能使自己培养的学生获取丰富的知识。所谓"教师要给学生一碗水，教师必须要有一桶水"就是这种理论取向的真实写照。另外，卓越教师培养的课程具有理论性、学术性和逻辑严密性等的特点也决定了卓越教师培养所需要的课程实施需要采用理论知识授受的方式。知识授受的方式有不同的方式，但是对卓越教师培养所需要的课程计划的实施方式应该采用理论讲授的方式。

在理论取向下的教师对课程内容具有笃信的情愫，认为这些知识经验必须经由自己的教学传递给学生，为了让学生获取丰富的理论知识，教师还会把学科前沿的相关知识以及其他相关的更有深度的知识增加到自己的课程实施中，从而保证学生获取更加丰富的专业知识，同时，对实践性知识的教学方式同样也是采取理论知识的教授方式。这种取向下的课程实施中，学生和教师具有课程实施主体性，他们可以一起采用研讨的方法也可以采用直接传授的方法，目的就是让学生获取课程方案中的所有经验内容，教师同时也随机补充相关的理论知识，以拓展学生的专业知识视野，因此检测课程实施效果的方式往往采用考试的方式来考察学生对课程知识的掌握。

2. 卓越教师培养的课程实施实践取向

卓越教师培养的课程实施实践取向是对理论取向的一种否定。实践取向观认为，卓越教师是一种专业技术人员，专业技术需要专业知识和专业技能，专业知识和专业技能共同融合成专业能力，而专业能力是在专业活动中体现的，卓越教师的培养只有在专业实践中进行才能培养出具有专业能力的卓越教师。目前在美国常用的临床教学方式就是这种取向的典型代表。在这种取向下，卓越教师培养的课程实施不仅需要把卓越教师培养的课程计划或课程方案中的知识经验传授给学生，更重要的是通过课程实施能够把隐含在课程计划或课程方案中的知识转化为学生的专业技能和专业能力。而教师的专业能力表现在日常的教学实践中，所以把教育教学专业知识转化为学生所需的教育教学技能是课程方案得以实现的一个重要目的。这种课程实施观下的教师在课程实施过程中不仅和学生具有平等的合作交流，而且在此过程中承担学习者这一课程实施者的指导者和带领者的角色。课程实施的主要方式是教师指导下的学生的教育教学实践，教育教学实践知识通常体现在师生的教育教学实践中。这种取向下的课程实施的成功与否在于学生能否实施教育教学实践。

在小学卓越教师培养的课程实施当中，若是课程实施者的课程实施观是理论取向，那么，教师对课程的实施采用的是理论知识讲解和阐释的方式与职前小学全科教师进行知识经验的传授和接收。小学卓越教师培养者和职前小学全科教师之间的关系通常是一种知识传授者和知识接受者的关系，职前小学全科教师在课程实施过程中，通过与教师之间就相关课程知识经验进行交流和沟通，从而获取相关的专业知识和专业技能的理论知识。比如，获得小学相关各科的专业知识和专业技能，从理论上知道如何进行小学各科教学的课程知识、各科教学知识和教学技术等，从而在踏入工作岗位后能够明白各科教育教学方案的设计和实施程序、步骤和内容以及评价。若课程实施者接受的是课程实施实践观的指导，那么小学教育专业的教师在课程实施过程中，通常采用以职前小学全科教师的实践为主的形式对课程内容予以知识经验的传递和授受，课程知识以实际操作经验和体验的方式融合在学生的学习实践中，从而沉淀为关于小学教育教学的专业知识和专业技能。教师和学生的关系成为指导者和实践者之间的关系，教师对学生的指导以及学生的教学实践是学生获取关于小学教育教学的专业知识和技能的两个关键因素和条件。

本书认为，卓越教师的课程实施的两种取向都具有其优点和不足之处。它们的共同特点是对一种课程实施方式的赞成而否认另一种取向。其实卓越教师的课程实施不仅需要理论取向，同时也需要实践取向，应该是两种取向的综合，即采取理论和实践相结合的实施取向。原因在于卓越教师的职业特点，卓越教师的职业属于专业技术性质的职业。专业性决定了卓越教师应该拥有从事中小学教育教学所必需的专业知识，技术性决定了卓越教师所获取的专业知识具有一定的实践性，是理论性和实践性相结合的知识。理论性知识采取理论取向的课程实施方式更有利于职前卓越教师对知识的获取，因为通过教师在知识传授中的讲解和阐释，有利于学生对知识的理解把握，而且教师的讲解和阐释有利于提升课程实施的效率，因为教师的讲解可以直接对学生可能感到困惑的知识予以解释。对于实践性较强的技能知识，如果采用理论取向的实施方式，可能会造成纸上谈兵的后果，即学生即使获取了实践性知识，但是一旦进入实践环节，他们可能不知道如何进行操作。因为实践性知识需要通过实践操作，学生在实践操作中进行经验、感受和体验达到对知识的掌握，并丰富自己的实践性知识。可见，实践性知识需要采用实践取向的课程实施才能促进学生的理解和掌握。因此，卓越教师的课程实施取向应该是理论和实践相结合的方式。

三　卓越教师培养的课程实施策略

卓越教师课程实施的功能不仅在于促进卓越教师课程自身的完善和发展，同样在于通过课程实施促进社会发展和学生发展，因此，采取科学有效的策略对促进卓越教师培养的课程的顺利实施具有重要的意义和价值。

（一）课程实施与现实教育教学相结合

卓越教师培养的课程实施是把课程计划和课程方案付诸实践的过程。课程计划本身具有即时性，但同时又具有历史性，因为任何一项课程改革计划都是针对当时已有的课程计划自身所具有的不符合时代和课程与学科发展的要求而进行的。所以任何一项课程改革计划尽管具有即时性，但是这种即时性本身是具有历史性的即时性，是针对当时的课程发展和时代发展所进行的改革和革新。当然，课程计划也同样具有前瞻性，因为教育是一项未来事业，是为未来培养人才，所以未来性是任何课程计划的特点。但是这种前瞻性是一种具有推测性的未来性，对于相关的教育教学的未来发展尽管具有一种方向发展性，但是针对未来的具体的课程实施情境，难以具有完美的指导性和完全的促进性。因此，已有的课程计划对于当下的教育教学问题难以具有针对性的指导。

卓越教师课程计划在具有即时性和前瞻性的同时，又具有内容的滞后性。作为与当时的教师教育相适应的用于培养卓越教师的课程内容，对当时的教师教育具有适切性和相容性，但是对于发展中的卓越教师的培养往往具有明显的滞后性，因为随着学科的发展和研究的进展，已有的课程方案却因为其相对稳定性，难以应对已经发展了的当下的教育教学中的现实问题，难以适应当下教育教学中的教育教学的需要。

由此可见，卓越教师培养的课程方案尽管具有即时性，但是这种即时性本身具有历史性，虽然具有前瞻性但是又具有内容的相对滞后性，对于当下的卓越教师培养往往具有发展的局限性和指导的不完全性。当下的教育教学时刻处于发展中，具有相对静止性的课程计划难以全面指导正在发展中的教育教学需要，当下的教育教学需要即时发展的理论予以指导，同时需要即时发展的专业知识和专业技能以满足学生发展的需要。因此，课程实施的过程必须关注现实中的教育教学问题，与现实教育教学相联系，从而实现卓越教师培养的时代关注性和现实适切性。

（二）课程实施与实践学习相结合

卓越教师培养作为高等教育的重要组成部分，其实施具有明显的专业性和学术性。其学术性和专业性使得卓越教师培养的课程具有较强的理论性和严密的逻辑性。具有理论性和逻辑性的卓越教师课程的实施在很多时候需要以理论知识常用的讲授式的实施方式进行展开，以保证学生获取系统的专业理论知识和学术知识。但是卓越教师本身的职业性又决定了卓越教师自身必须具有教育教学所必需的职业技能。职业技能可以以理论知识的形式呈现，亦可以以技术的形式呈现，但是若学生获得的是理论属性的职业技能，可能会让学生在教育教学技能方面陷于高分低能。也就是说，如果职业技能以理论知识教学的方式传授给学生，那么学生在职业技能方面获取的是技能性理论，而不是实践性技能。所以，在卓越教师课程实施的过程中，对学术性和专业性较强的理论知识以及技术性较强的职业技能要采取不同的实施方式，即理论讲授和技能实践学习相结合的方式实施课程，只有这样才能使得卓越教师课程实施更好地实现它的培养功能。

实践学习对于职前卓越教师来说，指的是他们在课程实施中真正动手操作，把所学的理论知识融入专业实践操作中，通过实践进行学习。这种实践学习方式，使得学生不仅能够理解所学的理论知识，能够通过实践掌握所学的理论知识，而且能够通过实践学习，掌握专业实践技能。学生通过自己的操作，在实践中感受、感知和感悟，从而形成自己的专业技能和专业能力。因此，实践学习在卓越教师培养的课程实施中具有举足轻重的作用。另外，通过实践学习，职前卓越教师不仅能够亲自感受操作，而且能够通过自己的实践，对教育教学现场进行观察和思考，发现教育教学现场中的问题，并通过对自己实践的反思，提升自己今后对教育教学实践的驾驭能力。如在小学教育的课程实施中，关于小学专业课程知识的教学通常采用理论知识的教授方式实施，而关于小学教育教学的职业技能的实践性知识需要采用让小学全科教师动手进行操作的方式进行课程实施，比如关于小学课程的教学方案设计、教学实施、听课、评课等以及教学方法的选用和教学手段的选择等。

（三）课程实施中凸显学生的主体建构

学生不仅是学习的主体，同时也是课程实施的主体，是特殊实施主体和学习主体的结合。在进行课程实施的过程中，要时刻关注学生这一主要课程实施者，凸显学生在课程实施过程中的主体地位。

课程实施的主体主要是教师和学生。教师作为课程实施者，在课程实施过程中，首先在课程选择过程中起到主导作用，其次在课程实施过程中，对课程实施的方案起到制定的作用并且对课程实施效果具有鉴定作用等。相对于教师在课程实施中所起的作用，职前卓越教师在课程实施过程中主要与教师一起共同完成课程的实施。职前卓越教师在课程实施过程中的主体作用首先体现在他们和教师一起共同进行课程经验的解读、诠释和建构，为课程内容的丰富和传播进行主体式建构，从而丰富课程的内容。职前卓越教师在课程实施过程中的主体作用还表现在，他们在与教师进行课程内容建构的同时，也在建构着他们自身。根据认知主义学习理论，职前卓越教师与教师通过诠释、解读和重构等行为对课程内容与知识经验建构的过程中，这些被解读、诠释和重构的课程知识同时被学生以同化和顺应的方式摄入他们自身的知识结构中，使得他们的专业知识经验得以丰富，知识水平得以提升。另外，在与教师和其他学生所进行的这些合作建构行为中，他们不仅能够获得有关知识获取的方法策略知识，而且能够获得智力的发展以及情感的丰富和熏陶。

据此，在课程实施过程中，教师只有通过凸显学生的主体性才能真正实现学生的主体建构。若要凸显学生的主体作用，首先，在课程实施过程中，教师和职前卓越教师就课程实施以及课程实施评价进行协商，共同设计出合适恰切的课程实施方案以及课程实施评价方案。如在小学卓越教师培养的课程实施中，在课程实施前，教师和职前小学全科教师就如何进行课程实施和课程实施评价进行对话、沟通和磋商，确定采用何种取向的课程实施，并对评价方式做出选择，对评价方案进行制定。其次，在课程实施过程中，职前卓越教师对课程经验的解读和诠释行为需要得到教师的指导和肯定，且在他们质疑的地方需要教师予以点拨和解答。如在小学教育的课程实施过程，职前小学全科教师对课程经验的解读带有自身的生活经验和自己的独特理解，从而形成自己的独特意义建构。但是在这个意义建构过程中，他们的解读可能具有价值观方面的偏差，亦可能具有教育意义方面的偏颇，所以教师在这一过程中需要随时关注每个学生的表现，及时予以指导。这样，他们才能逐渐成长为专业思想正确的小学全科教师。

总之，在卓越教师培养的课程实施过程中，只有学生积极主动地参与到课程实施中，以正确的价值观引领课程知识的建构，并获取丰富理论知识和扎实的实践技能，才能在课程实施过程中获得专业成长和发展。

第四节　卓越教师培养的课程建设①

一　课程建设概述

课程建设是一个系统工程，这一工程包括课程设计、课程评价和课程管理等。课程建设具有层次性和水平性，不同的教育阶段具有不同的课程建设，比如，基于地方的课程建设、基于学校的课程建设和基于专业的课程建设。如不同的省份针对自己省份的社会发展特点具有不同的课程建设；不同的学校针对自己学校的发展有不同的课程建设；不同的专业针对本专业的发展有不同的课程建设。课程设计是课程建设的首要工作，若要进行课程建设，首先要对课程进行设计。课程评价是课程建设的另一个重要组成部分。有研究者认为课程评价属于课程编制，是课程编制的一个重要组成部分，这是一种普遍认同的观点，但是实际上课程评价属于课程建设的一个重要组成部分。课程管理是课程建设的又一个不可或缺的重要组成部分。课程管理，从管理者的角度进行层次划分，分为三个层次的管理，即国家课程管理、地方课程管理和学校课程管理。我国中小学课程管理采用的就是三级课程管理模式。这种管理模式在一定意义上体现了国家对课程管理的放权，也说明了学校和教师对课程具有一定的管理权利。在高等教育的课程管理，尽管也是采用三级课程管理模式，但是相对于中小学课程管理而言，学校具有较大的权利。本书主要从微观的角度谈论课程管理，即校级课程管理。课程管理具有静态管理和动态管理两种形式。静态管理指的是对课程计划、课程标准和教科书等的管理。动态管理指的是对课程实施过程的管理，如课程实施的效果、课程实施的方式、课程的设置等的管理。

---

①　本部分引用刘桂影发表在《新教师》2018年第1、2期的文章《基于卓越教师培养的课程建设研究》。

二　卓越教师培养的课程建设缘起

卓越课程建设关涉卓越教师的培养质量。根据"卓越教师培养计划"和《教师教育课程标准》的规定，关于教师教育的课程，随着课程与教学论的发展，教育教学实践的发展，以及社会对教育人才的要求提升，有许多传统课程尽管对培养卓越教师是必要的，但是其课程形式难以满足卓越教师培养的需要。因此，对卓越教师的培养课程从课程种类到结构体系都需要发展和变革，以便适应教师教育对培养卓越教师的需要。

卓越教师培养的课程随着21世纪开始的新一轮课程改革的展开，从课程的选择到课程的设置，从课程的设计到课程的评价都得到了很大的改善，但是在某些方面还是存在一些问题。为了培养优秀的卓越教师以及"双一流"中的"一流学科"建设，必须进行课程建设。卓越教师课程建设的原因主要体现在以下几点。

（一）课程团队缺乏结构性

卓越教师培养的课程建设首先需要的是课程主体的全面性和合理性，因为课程建设是课程主体进行的建设，只有建设主体形成一个梯队性团体，才能更好地进行课程建设。但是我国的卓越教师培养单位的课程团队大都不尽如人意，主要表现在以下几个方面：首先，缺乏足够的课程编制者；其次，课程实施者缺乏对课程实施的灵活把握；最后，缺乏自主课程管理者。

首先，缺乏足够的课程编制者。课程建设的一个重要环节就是课程编制。课程编制者缺乏的首要原因在于教育公平问题。在我国高校的课程建设中，很多年的一个传统就是重点高校拥有梯队结构和类型结构都非常合理的课程建设者，其中最重要组成部分是课程编制者，但是在地方高校，课程团队大都缺乏成员，在数量上和质量上都缺乏足够的团队成员。尽管随着我国教育事业的发展，尤其是我国高校教育的发展，课程编制者队伍正在壮大，而且编制者的素质正逐步提高，但是地方院校的课程研究者还处于严重不足状态。

课程编制者缺乏的另外一个重要原因在于传统观念的束缚。在我国的教育研究界的一个重要观念就是大教学论的观点，认为教学是教育的基本途径，教学的质量关系到教育的质量，所以研究教学理论和教学实践问题，以解决教学中出现的问题是教育研究的重中之重。在这种观念的支配下，在我国对课程的研究就成了薄弱环节，从而导致我国的课程编制者相对缺少。课程编制者缺乏的另一个原因在于新中国成立的时间较短，教育事业尽管有了长足的进展，还是存在许多薄弱的地方，如课程研究者不足，因此也导致了课程编制者缺乏。

课程编制者的缺乏还有一个根源性原因，就是高校教师的习惯性思维。高校教师在长久的教学中似乎都有一个习惯性观念，那就是认为自己是教师，应该研究教学问题，而课程问题应该是课程专家的事。这当然和我国长期实行的国家管理课程的制度有关系。虽然现在实行三级课程管理，而且推行高校的课程建设政策，但是习惯性思维依然使很多教师认为课程编制离自己的教学很远，难以引起他们去关注课程、去关注课程的编制问题的兴趣，致使很多地方高校的课程编制处于空白状态。

当然，课程编制者缺乏可能还存在着其他原因，但是以上三点是课程编制者缺乏的主要原因。另外，课程编制者缺乏的另外一种表象是缺乏高素质的课程编制者。这也是导致我国很多课程教材都处于雷同的状态，似乎对于同一门课程的编制，大家所处的地位和角度都是一样，编出来的课程教材都基本相似，严重缺乏学科前沿性和创新性。另外，缺乏高质量的课程编制者还表现为，课程编制的视域较为狭窄，课程的编制难以体现当代教育所倡导的生态性、跨文化性。这说明很多课程研究者难以突破课程编制范式的固有窠臼，不能以开放的眼光去看待课程问题。由此可见，课程编制队伍的壮大任重而道远。

许多地方院校的小学全科教师培养的课程使用，在一定程度上体现了课程编制者在数量和质量上的不足。首先，很多地方高校由于没有自己专业的课程编制者或者说没有引起自己专业课程编制者的关注，致使小学教育专业所使用的课程都是一样的，内容千篇一律，缺乏国际视野、地方特点或校本特色。如小学教育学在民族地区的实用性与在其他地区的实用性就明显不同。小学教育学对民族地区来说，应该具有鲜明的民族性，因为民族地区的教师和学生的相处心理除了具有一般地区的教师和学生相处的共性外，还具有自身所具有的民族性。对于民族地区的儿童来说，其民族心理和一般地区儿童的民族心理不一样，其师生相处的方式会有所差异，教师的班级管理同样也有所不同。因此，民族地区的小学教育学应该不同于其他地区，但是实际上却使用了大统一的小学教育学。据此，小学教育专业的课程完善，需要提升教师自身的课程编制觉悟、意识和能力。

其次，课程实施者缺乏对课程实施的灵活把握。课程实施是把课程付诸实践的过程，其实施取向通常有三种：即理论取向、实践取向、理论—实践取向。高校课程由于其专业性和学术性，导致课程内容具有明显的理论性和抽象性，从而使得很多教师在课程实施方面采用理论取向下的教学方式方法，即通常采用讲授式的教学方式。讲授式的教学方式其实具有它自身的优势，如能够以言语的方式对抽象的知识进行透彻的解释，但是它也存在有自身的劣势，其中最明显的缺点就是教师在进行课程实施时会采用明显的照本宣科的方式，使得课程的讲解显得机械、枯燥，会降低学生对学习的积极性以及主动性，从而降低学习效果，影响卓越教师培养的质量。根据研究者的随机调查发现，有许多老师在进行课程实施时采用理论取向的课程价值观。当然这可能还有许多其他方面的原因，比如，可能是教师缺乏课程实施的热情，可能是缺乏对自己职业的认同感，等等，但是却造成了对课程理论的忠实取向。

灵活实施课程是对课程实施者的最基本的要求，因为不同的课程内容性质需要用不同的课程实施价值观进行指导，这是由课程实施过程的变化性、流动性以及师生之间互动的生成性决定的。课程内容是师生之间进行互动的把手，师生之间的互动存在着计划性、相互适应性和即时性。计划性指的是教师在实施课程之前，对课程内容如何传授进行事先的规划和设计；师生的相互适应性指的是在课程实施的过程中，通过教师对学生的学习特点、学习习惯以及学习水平和课程内容的特点对课程实施进行的随时调整和调节；即时性指的是尽管教师在课程实施之前对课程实施有了一个明确的规划和设计，并且在课程实施过程中，根据学生的特点以及互动的动向对课程实施进行随时的调整和调试。但是在课程实施过程中，师生之间的互动根据课程内容的展示，会有一个动向，但是师生之间的互动会因为学生对课程内容的理解和建构，抑或因为对教师的言行或与其他学生的互动引起学生内心的即时触动，都可能会让学生随时产生新的行为，所以，课程实施过程中的师生互动会随时生成意料之外的教学事件，课程也因此具有明显的生成性。通过以上分析，可以看出，课程实施的过程是一个难以完全预设的过程，教师在课程实施过程中，如果严格按照预设的计划展开的话，难以实现高质量的课程实施。因此，在教学过程中，课程实施者需要对课程实施进行灵活把握。

最后，课程管理者缺乏自主课程管理意识。课程管理是课程建设的重要一环，同样也是影响课程建设质量的重要因素。因此，高质量的课程管理成为高质量课程建设的诉求。但是在日常的高师院校的课程管理中，一个传统的观念就是课程管理是学校领导的事情，跟教师没有关系，所以，教师对自身的课程管理权利没有一种主体意识。由于教师对课程管理没有主体意识，缺乏对课程管理的自主性，教师对课程管理采取的往往是一种不积极甚至是消极的态度，难以在日常的课程建设中，积极主动地实施课程管理。即使在目前的"双一流"建设过程中，高师院校的院系领导对教师的课程管理没有予以全部的放权，同时也没有制定相应的制度进行课程管理的鼓励和制约。所以，教师缺乏自主课程管理意识。

（二）卓越教师培养的课程体系需要完善

结构稳定、种类齐全的课程体系是保障卓越教师培养活动顺利实施的根本条件。我国的教师培养课程在传统的意义上，以静止的眼光来看是能够满足教师培养的需要，但是随着时代的发展，国际交流的增强，我国的教师培养首先要赶上时代的步伐，其次要能够和国际接轨。这些社会发展的需求表现在卓越教师培养上，就显得其课程体系存在着不足。如我国的小学全科教师培养方面，其课程体系和课程门类就存在着许多不足。

首先，课程设置缺乏完整性。在课程体系方面，目前我国的许多的小学教育专业的教师培养采取的还是专业培养，专业培养的课程体系和小学全科教师培养存在着明显的矛盾，这种矛盾表现为学科的设置难以满足全业教师培养所需要的课程门类需要。专业教师培养的课程设置严格按照专业要求进行课程设置，课程主要是专业知识课程、专业技能课程和专业教育课程，这样的课程体系培养出来的教师具有扎实的专业知识和从事教学的扎实的专业能力，能够胜任所学的一门学科的教学。但是这种专业培养模式下的课程设置所培养的学生，虽然所学的专业知识精深，专业技能过硬，但是知识结构较为单一，教学技能较为狭窄，难以满足我国现在许多小学所要求的多课教学、全课教学、包办教学。由此可见，高师院校的小学教育专业若想满足小学全科教师培养的需求，必须丰富其专业课程体系，精选小学全科教学所必需的课程，来填充专业课程体系的空缺。另外，在通识类课程方面，同样缺乏一些必备课程的开设。我国的通识课程大多强调对学生思想政治和道德品质、文史类课程对中华文化素质以及理工类课程对数学素质等的培养方面的课程的设置，但是却忽略了对学生的文明素养和广博知识素质等培养方面的课程的设置，这样，虽然能够提升学生在思想道德等方面的品质培养，但是却忽略对学生的人文素养的培养，因此人文素养方面的课程设置成为空无课程。

其次，课程内容缺乏整合性。在课程内容方面，我国的教师培养课程具有明显的专业独立性，每一门课程围绕这一方面的知识进行，具有明显的排他性，这是由长期的专业培养模式导致的。随着科学技术的发展和文化知识的丰富，学科之间的交叉融合成为一种学科发展趋势，于是出现许多交叉学科。交叉学科的出现，有利于学科的发展和创新，但是，在教师教育专业方面的课程，很多年以来，还是存在着学科边界明显的学科独立现状。如培养教师的教育课程中的教育学、心理学以及教学论等课程，常常被称为"老三门"。这三门课程明显缺乏整合，从而导致我国的教师教育出现理论和实践相脱节的两张皮现象，如此长期以来的恶性循环，带来很多教师认同教育理论无用论，因为所学的教育理论难以解决现实教育教学中出现的问题。在小学全科教师培养的课程内容方面，需要进行革新和调整，使教育学、心理学和专业课程的学习融为一体，从而对教育教学实践能够起到它应该起到的指导作用。例如，心理学主要是一门研究人的心理现象和个性心理的学科，这一学科的内容必须和小学生的心理和生理发展相融合，研究小学阶段的儿童的心理发展和认知方面的特点，并且能够和小学教育教学相关联，从而使得小学全科教师在修习了心理学这门课程后，能够在教学中根据小学阶段的儿童心理发展和认知特点进行教学的设计和教学方法的运用，从而增强这一阶段的儿童对学习的兴趣和好奇心，并激发儿童对学习的热爱以及对知识的渴求，同时能够根据儿童的心理发展的阶段特点和独特性解决小学阶段儿童出现的问题。

另外，专业课程缺乏实践性。学科教学论的设置应该和具体的小学学科内容和教学实际相联系，以实现教学论对课程教学的实践能力，从而使得教师能够把教学论知识较好地应用在实际教学中。例如，小学英语的学科教学论应该和小学英语内容以及小学英语培养目标密切联系。首先，小学英语教学论应该融合进课程论的知识，英语课程论知识的融入，使得学生能够了解课程论方面的知识，掌握学科课程论方面的理论，从而在日常的教学中能够增强对课程进行选择和管理的能力。其次，小学英语教学论的知识应该以案例教学的方式呈现。教学论学科内容的一贯的传统风格是理论性较强，实践性较弱。这样的特点，不仅使教师在学习时觉得枯燥无味，更让教师在学习时产生一种无力感，因为学了这门课程之后，在教学中难以运用。学科教学论和学科教学实践相结合刻不容缓。因此，小学英语教学论的内容在呈现的过程中，必须和小学英语教学内容相结合，和小学英语教学相结合，来阐释小学英语教学论的知识，以便小学英语教学论的理论知识对实践的意义和功能在案例中被教师理解和接受，从而促进教师对理论知识的把握以及对实践的驾驭。

（三）课程管理主体和管理权利的缺位

课程管理主体和管理权利的缺位表现为某些管理主体的权利遮蔽

了其他管理主体的权利行使，某些管理主体的管理活动的越位导致其他管理主体的管理权利缺位。课程管理是课程建设的重要组成部分，没有完善的课程管理机制和管理方法，课程建设不仅难以完善而且不利于建构合理完备的课程体系。学校的办学价值观影响着课程管理的实施。当学校的培养目标的价值取向从工具取向转向本体取向的时候，高校的课程管理主体和管理权利同样需要发生转向。当今，在中小学课程管理实现三级课程管理的同时，高校的课程管理权利明显加大，高校具有管理课程的大部分权利。这一权利的权利主体是谁，如何实施这一管理权，等等，成为课程管理质量的关键部分。

就一所高校而言，课程管理主体和课程管理权利具有明显的层级性，这种层级性表现为宏观的校级管理者和管理权利，中观的院系级管理者和管理权利以及微观的教师和学生这一管理者和管理权利。处于宏观层面的学校级别的课程管理者的课程管理工作主要表现为课程模块的设定，不同课程模块所占的比例设置、课程总目标的确定以及人才培养目标的确立；处于中观层面的课程管理主体的管理任务主要表现为管理专业课程的目标的确定、专业课程的选择和组织、专业课程的评价等；处于微观层面的课程管理者的管理工作主要表现为本课程的实施目标的确定、课程实施的计划和进度、课程实施方法的选择、课程教材的处理和调整、学习计划的制定和实施、学习方法的选择和使用，等等。据此，这三个层级的课程管理者只有恰当地行使各自的课程管理权利，课程管理工作机制才能够运行良好，才能取得良好的课程管理效果，从而促进本校的课程建设。

目前，在卓越教师的课程建设中，关于课程管理主体的缺位和课程管理权利的缺乏主要表现在微观层面的管理主体的缺位和管理权利的缺失。首先在管理主体的缺位方面，表现为教师这一管理主体的管理权利被遮蔽。对课程的管理权利是教师本身就应该具有的权利，但是在科层体制下的高校，教师处于这一层级的最低端，导致教师的课程管理权利在某些方面被遮蔽，如教师对课程教材的选择权利和对课程内容的整合权利以及教师实施课程的方式方法等都不同程度地受到处于宏观层面的校级管理者和中观层面的院系级管理者的剥夺。例如，当下在高校如火如荼进行的课程教学范式改革对教师的课程实施方案的制定和方法的选择具有强烈的影响。处于宏观层次和中观层次的课程管理者往往以某个教学范式的先进性和优势为由，强制教师进行教学方式方法的改革，而不顾及课程的性质和特点，使得教师在课程实施方面出现画虎不成反类犬的状况。教师的课程管理权利的行使也受到同处于微观层面的学生这一管理者的遮蔽。当学生成为教学的主体得以承认之后，学生这一主体在很大程度上主宰着教师的名誉和利益，因为在有些学校，尽管设立了教学督导，但是学生最有发言权这一观点使得学生的评教权利发挥到极致，从而教师的督导作用被遮蔽，学生的评教作用被无限扩大，致使学生的评教活动决定了教师的教学水平的优劣和教师的教学名声及奖励状况。于是教师这一课程管理主体为了迎合学生，出现了许多不合课程实施的行为，从而扭曲了教师的课程管理权利，使得其课程权利效力难以发挥。

例如，在小学全科教师的培养课程管理中，上述课程管理问题较为突出。首先由于宏观课程管理者对通识课程的选择和比例进行了设置，使得中观的院系课程管理的权利缩小，以至于对通识课程的开设没有选择的权利，使得人文素质课程的开设难以实现。若是把培养学生的人文素质课程的开设放在专业课程模块中，其性质又具有差异性。这就是为什么关于人文素养的课程和拓展学生文化修养的课程几乎处于空无课程的状态。另外，卓越教师培养的课程管理中，由于作为宏观课程管理主体的校级管理机构和中观课程管理机构的院系机构的管理权利的扩大，导致作为微观课程管理者的教师的课程权利萎缩，由此产生教师对课程实施的管理权利缩小。例如，现在很多小学教育的课程考察方式是由中观的课程管理主体所确定，使得作为微观课程管理主体的教师在对学生的课程学习评价方式上没有自主决定的权利，有的学校甚至把以考试为考查形式的课程的考试的题型都给予制度性规定，有时这种硬性的规定甚至忽视了该门课程的特点强行以确定考核方式和考试形式。作为课程实施的教师难以实施作为课程管理者的权利，从而使得权利出现缺位现象。

三　卓越教师培养的课程建设策略

卓越教师课程建设是卓越教师培养的重要一环，因为没有完善的课程，难以实现教师培养的卓越性。所以，进行卓越教师培养的课程建设不仅是学科建设的需要，更是实现培养卓越教师的目标的需要。

（一）建立结构合理的课程团队

建立结构合理的课程团队，是提高课程建设质量的重要一环，更是提升教育教学质量的重要保障。因此，建立结构合理的课程团队具有重要的现实意义。建立结构合理的课程团队首先需要课程团队在年龄结构上具有梯队性，其次需要在课程实施和课程编制上人员呈现均衡性，最后需要教师团队体现主体性。

首先，课程团队在年龄结构上要具有梯队性。一个结构合理的课程团队，首先需要在年龄结构上具有合理性，即老、中、青三代共同组成课程团队，年龄大的课程建设者具有丰厚的课程建设经验，能够给予中、青课程建设者以指导，并且能够带领他们更好地进行课程建设。中年课程建设者具有丰富的经验和饱满的精力，年轻的课程建设者虽然经验不足，但是高学历和良好的教育使得他们具有无穷的潜力和旺盛的精力，同时拥有经验、精力和知识这三者的课程团队，必然能够在课程建设方面实现"一流学科、一流课程"。因此，建设具有在年龄结构上富有合理性的课程团队是至关重要，只有拥有这样一支队伍，才不会在课程建设上出现"前无古人、后无来者"的青黄不接的无力尴尬的局面。

其次，在课程实施和课程编制上达到均衡性。课程建设很关键的一环就是课程编制。如上文所言，由于受我国高等教育历史发展的不均衡性以及高校教师习惯性思维的影响，许多高师院校，尤其是地方院校，在课程编制方面明显处于空白状态。近年来，随着课程改革的深化，"教师作为研究者"促使高校教师开始关注课程编制，高校的课程建设具有好转的迹象，但是高校教师的课程编制队伍依然薄弱，再加上高校课程管理的科层制度的影响，大多数老师关注的依然是课程实施。目前，随着"双一流"建设的推进，"一流课程"建设也成为时代的必然。高师院校需要采取措施，制定规章制度，鼓励教师从事课程编制的研究与实施，只有这样，"一流课程"的建设才能成为可能。"一流课程"的建设，也同样是促进卓越教师培养实施的重要一环。

最后，需要充分发挥课程团队的主体作用。作为高等院校的师范类院校，其课程建设不仅对促进"双一流"建设具有重要作用，同时也是提升卓越教师培养质量的重要保证。而"一流课程"的建设有赖于一流课程团队的建设，因为课程是由课程团队建设的。建设"一流课程"需要课程团队充分发挥其主体作用。课程团队的主体作用表现在，课程团队成员能够以团队的方式，积极主动地进行课程编制、课程管理和课程评价。团队的力量是强大的，团队能够发挥个人难以发挥的强大建设力量，因为团队能够在课程建设方面，充分发挥其优势，尽量弥补其劣势，使得课程团队在课程建设方面充分发挥课程研究者个人所难以企及的作用。因此，在课程建设方面，作为院校的领导者要能够尽可能采取措施保障课程建设中的课程团队建设，充分发挥课程团队在课程建设方面的主体作用。

(二) 完善卓越教师培养的课程体系

卓越教师课程体系的完善关涉课程结构的科学性和课程类型的合理性和课程内容的综合性。卓越教师培养的课程体系要保持结构平衡。这种课程结构的平衡主要从以下几个方面入手。首先，保持两类课程的比例平衡。在卓越教师的培养中，存在着两个大类的课程，即通识课程和专业课程。这里需要说明的是，综合实践课程是属于通识课程和专业课程中的实践类课程，属于这两类课程，只是其学习方式主要凸显的是实践性，所以，和其他的课程相比具有明显的差异性，因为其他的课程要么具有显著的理论性，要么呈现出理论和实践相结合的特点。保持专业课程和通识课程这两大类课程的比例符合教师教育课程标准所规定的课时比例。按照教师教育课程标准的规定，教师教育课程的专业学习量不少于 64 学分，其中必修课的学习量不少于 44 学分，选修课的学习量不少于 20 学分，教育教学实践不少于 18 周。通过本研究团队的调查发现，很多小学全科教师培养采用的四年制大学本科的模式，其小学教育专业的总学习量是 165 分到 175 分不等，专业学习量好多都超过了教师教育课程标准所规定的最低学习量 64 学分，比如，有一所高校的小学教育专业总学分是 165 分，其中专业学习量是 96 学分，通识课程是 43 学分，综合素质教育学分是 28 学分。按照促进学生的全面发展的要求，职前小学全科教师的专业学习量和通识学习量相比，明显凸显出其专业性而忽视了促进其身心发展的通识课程。所以这两大类课程的设置的比例明显失衡，尤其是在当今，西方的一些诸如剑桥、哈佛等一流大学的通史课程的学习量远远高出专业课程的学习量，若是希望我们培养的人才不单单是懂得专业活动的冰冷冷的专业人员的话，便需要加强通识课的学习量。令人感到高兴的是，2018 年 1 月 30 日教育部发布的《普通高等学校本科专业类教学质量国家标准》针对课程的设置做出规定，在一定程度上解决了这种课程矛盾。

另外，在通识课中，要增加培养学生文化修养以及人文素养的课程。我国的通识课程受到传统的大学教育的政治价值取向的影响，一直是培养学生的正确的思想和政治观念的课程所占比重较大，当然，培养学生正确的政治思想观念的确是必需的，无可厚非，因为大学生是国家未来的建设者，只有拥有正确的政治思想观念，才能更好地促进国家的建设和推动国家的发展。当然，我们的讨论意图不在削弱政治课程的学习量，关键在于提升未来的建设者和接班人自身的素养。在经过几年的大学学习后，必须能够满足他在这个社会上安身立命，不单是会工作，更应该会生活以及与人交往，并能以自己的行为影响其他人。作为教师更应该做到这些。作为小学卓越教师的小学全科教师，更应该能做到以自己的人格素质和理智素养感染与之交往的儿童，从而在潜移默化中使得处于成长中的儿童慢慢学习明辨是非，学习道德判断，学习为人立事。这些是作为启蒙教师的小学全科教师应该具有的自身文化所彰显出来的素质魅力。所以，在通识课程中，除了培养职前卓越教师的思想和政治素质以及道德素质的课程外，应该开设彰显主流价值观、反映社会发展规律、崇尚自由和平等、蕴含善良和公平的课程，用以丰富卓越教师的文化知识，提升卓越教师的人文素养。

再次，专业课程内容要凸显综合性。课程内容的综合性指的是课程内容不仅要保存已有的知识经验，同时涵盖课程前沿理论以及课程实践经验。课程内容的逻辑性特点基于对课程设置的效果及其作用逻辑的分析，[①] 因此，课程内容的选择和编排要遵循从基础到前沿、从理论到实践、从学生到经验的逻辑理路。

专业课程内容包含已有的知识经验体现的是对人类已有智慧结晶的传播和继承。任何一个领域的成就都是在已有知识经验基础之上的发展和对已有经验的扬弃及超越，这是人类发展的一般规律，也是人类进步的必然逻辑。因此，对已有学科理论知识的学习是卓越教师获取专业知识和专业能力的基础行为，也是卓越教师突破基础，实现创新的基础。专业课程内容在包含传统的学科理论知识的同时，要及时吸收学科前沿的新理论和新发现。新理论和新发现不仅表现为该课程领域的研究成就，同时表明课程内容的发展性和变革性。专业课程内容的实践经验是当今专业发展中特别受到关注的焦点之一。大学专业知识的理论性一直是大学课程的一个显著特点，体现了课程内容的宏大价值和理论的至尊性。但知识的理论性却和学习的生活目的性有所偏差，学习是为了更好的生活，职前卓越教师的学习亦是如此。所以培养卓越教师的课程，其内容主要是为卓越教师的职业生活服务的，不能凌驾于他们的生活之上。职业生活是一种职业人生的实践，需要卓越教师具有从事职业实践的知识和技能，理论性知识难以完全满足其实践的需求。所以培养卓越教师的课程内容需要具有实践性。这种实践性首先表现为课程内容具有技能性知识和策略性知识，其次表现为课程内容要与中小学不同学科教学内容相融合，以便弥合理论知识和学科教学实践之间的鸿沟以及所学知识与所教学科之间的断裂。不同学科知识的交叉和融合有利于培养卓越教师获取跨学科知识和从事综合课程教学的职业能力。[②]

---

① 柯政：《"双一流"中的课程建设》，《中国高等教育》2016 年第 13 期。

② 胡建华：《中国大学课程体系改革分析》，《南京师大学报》（社会科学版）2007 年第 3 期。

（三）在课程管理上对教师赋权

课程管理作为课程建设的重要一环，在学校课程建设中起着举足轻重的作用，因为课程管理不仅关涉学校对卓越教师培养的实施效果，同样关涉卓越教师培养者的课程责任、课程能力以及对教育教学的责任感和实施的效力。三级课程管理中的学校管理属于课程的直接管理，作为课程的直接管理主体的学校，其管理者的构成尽管由宏观管理主体、中观管理主体和微观管理主体三方构成，但是学校课程管理工作在高校的课程建设中仍然属于薄弱环节。原因在于学校层面的三级课程管理的管理主体不明确、管理责权不清晰。在高校，大家通常认为，课程管理是学校管理者的事情，或者是学校和学院领导的事情，因为管理似乎和教师的教学没有关系。这种观念在很大程度上打击了教师对课程管理的责任心和热情。所以，若想把课程管理保质保量地实施下去，首先必须打破传统的观念，捍卫教师的课程管理的权利，赋予教师作为课程管理者的相应的管理课程的权利。给教师赋权，要从澄清观念、明晰责权和激励约束等几个方面着手。

首先，澄清观念。上文提到，在课程建设方面，许多管理者和老师有一致的传统看法，那就是课程建设是学校的事情，和教师没有关系，教师的任务就是教书，课程管理是学校各级管理者的事情。这种观点和想法在我国有很长一段时间主宰着中小学和高等院校的领导者和教师，那是计划经济时代，计划经济时代的学校的教育目的在很大程度上受"教育为政治服务"这种价值观的引导，所以，课程管理通常采用的是上传下达的方法，即课程管理是国家的事，学校只需执行即可。但是随着我国改革开放的实施，这种课程管理观难以适应教育的发展和课程发展的需要。目前，学校的教育教学目的是为学生的全面发展服务，这种教育价值观引领下的高校课程管理者不再仅仅是执行政令，而是具有明确的自主管理课程的权利。拥有自主管理课程权利的高校，其课程管理实行多级管理方式。作为培养卓越教师的高师院校亦是如此。

其次，明晰责权。高等师范院校的课程管理有三级管理构成，每一级的课程管理主体基本都有各自的管理机构和机构领导者，如学校的一级课程管理主体是由教务处这一机构以及对教务处具有管理权利的校长和教务处长组成；二级管理主体由院系教务办公室以及院长、系主任和教研室主任组成；三级管理主体由课程团体和教师个体组成。每一级的课程管理机构及相应的管理者都有各自不同的课程管理权限。若要进行有效的课程管理，必须对所有的管理机构及其管理者进行明确的管理权利和管理任务的分工，让所有的管理者清楚明白各自的职责和任务，尤其是教师团体和教师个体。对于小学教育专业的课程管理来说，院系具有课程监督的权利，即监督课程选择、课程实施并对课程进行评价的权利，而教师拥有课程选择和课程实施以及课程评价的权利，因此学校管理机构和学院管理机构必须赋予教师这些权利，才能使他们在课程管理方面有所作为。

最后，激励约束。约束和激励都是管理学的概念，约束属于硬约束机制，激励属于软约束机制；约束是为了解决行为者的行为方向及人际关系问题，激励是为了解决行为者的积极性、工作热情和创新性等方面的问题；约束的直接目的是保证行为者的行为和组织机构的行为目标一致，激励的直接目的是提高行为者的工作积极性和创新性，为实现组织机构的行为目标服务。可见，约束和激励对于高校的课程建设具有重要的价值和意义。

对于师范院校的课程管理，约束和激励同样具有不可替代的作用。对于培养小学卓越教师即小学全科教师的小学教育专业亦是如此。就培养小学全科教师的小学教育系而言，其课程管理的微观行为基本依赖小学教育系的教师。所以只有提高小学教育系全体教师的工作积极性和创造性，才能使得该系的课程管理工作顺利展开。当然，约束机制对于小学教育系的教师同样是必要的，因为，只有激励没有约束，教师的课程管理行为可能发生偏差，不利于课程管理工作的实施。例如，当小学教育教师在课程实施过程中，没有受到约束，可能单纯地为了迎合学生，为了不得罪学生，而把教学当成是和学生聊天的场合和机会。若是有了有关课程实施的课程管理约束制度，教师在课程实施中，就会努力把自己的行为限定在课程实施的轨道上，而不是单纯地为聊天而聊天，从而忽视了课程实施。所以，约束和激励对课程管理起到非常重要的作用。

四　小学全科教师培养的课程建设

小学全科教师培养的课程建设是小学教育专业"一流学科"建设的重点亦是难点。其原因有二：其一是小学全科教师培养是一种新型的小学教师培养规格，通常采用的课程设置难以满足这一规格类型的教师培养对课程的需求；其二是小学全科教师的全科属性以及当下儿童发展所需要的课程对高师院校小学教育专业的课程内容提出新的要求和挑战。小学全科教师培养作为卓越教师培养的重要组成部分，其课程建设需要从体系、内容、实施、管理等方面的革新与发展着手。

（一）课程主体体现多元化

小学全科教师培养的课程主体不是由单纯的课程专家组成，而是要把众多的课程相关者囊括进去，其课程相关者包括课程专家、课程管理者、课程实施者、课程受施者、一线小学教育者等。

课程专家是课程建设中必不可少的中坚力量，他们对课程的编制和实施起到引导和指导作用。课程实施者在新课改以前，往往被排除在课程主体之外，其预设逻辑在于课程编制和课程实施是两种性质和内容完全不同的活动，课程实施者没有能力参与课程编制，所以他们理应被排除在课程编制之外，不能成为课程主体。其实，课程实施者只有参与课程编制，才能更好地理解和把握课程编制的意图和目的及其课程编制逻辑，从而才能保证在日常的课程实施中更好地贯彻课程政策，更加全面完整地实现课程目标。

课程受施者在这里指的是职前小学全科教师。在传统的课程理念中，学生是需要接受课程内容的课程承受者，没有能力参与课程编制，所以也就没有课程权。实际上，课程编制的根本目的是为学生服务，为学生的成长和发展服务。而学生的每一步成长都表现为建立在生活世界基础之上的对科学世界以及人文世界的认知、理解、把握和融入。在课程编制和实施课程的过程之前、之中和之后，都需要对学生的成长和发展需求进行分析，只有学生成为直接的课程主体，才能更好、更全面地获取学生的真正需要，而不是理性分析出的学生需求，毕竟科学和现实总是存在差距和差异。学生作为课程主体，不仅能够为课程编制提供最直接和最真实的学生成长和发展需求信息，而且能够在课程实施中更好地发挥其课程主体的作用，对课程内容的理解和把握会更透彻，从而更好地达到课程目标。

一线小学教育者包括一线小学教师和一线小学教育管理者。一线小学教师是小学生学习、成长和发展最直接的指导者和引导者，相比较而言，他们对小学生的年龄特点和不同学生的个性特点最为了解，对促进小学生的健康成长和积极发展有着别人难以取代的重要作用。所以，对哪些知识和技能是小学全科教师最需要的，往往具有最实用和最切合实际的看法和观点。小学教育管理者是对小学教育教学进行组织、监督和领导的教育者，他们能够从组织者、领导者和监督者的角度对小学教育教学进行观察、思考和发起，所以，对如何进行小学教育教学工作者培养方面有他们自身的独到见解和现实意见及建议。因此，一线小学教育者应该成为课程主体。

随着家校合作和学校—社区合作的兴起，高校的小学教育专业的课程建设也应该考虑家长和社区人员的课程主体作用，这样有利于保证小学教育专业课程内容的科学性、系统性、完整性、实践性和生活性。

（二）课程体系关注完整性

课程体系的完整性指的是用于培养小学全科教师的小学教育专业的课程在结构方面体现层次性、系统性和关联性；在课程设计方面，无论是在内容安排上，还是在学科逻辑上，都体现出相辅相成、相互联系的整体，以避免各课程之间在内容上的重复和学科之间的重合。以往的小学教育课程体系往往在内容上存在重复，在逻辑上存在重合，导致学生的学习具有重复性，浪费不需要也不该浪费的时间和精力。

要保证课程体系的完整性，课程主体必须重新设计课程，重新建构课程体系。小学全科教师的培养和专科培养存在着差异，其原因在于培养规格的不同。其主要区别在于，专科教师的培养重在某一学科专业知识的教学，而全科教师的培养偏向于小学各学科知识的教学。

所以，小学全科教师课程体系首先应保证用以培养学生的人文素养和科学素养的两大类课程，然后在这两大类课程基础上进行具体的思想素养、情感素养、道德素养、教育教学素养、学科知识素养以及国际素养等方面的课程体系的规划和设计。尤其重要的是，在设计课程体系时，需要密切联系小学教育教学的特点、小学各学科知识的特点以及小学生的成长和发展特点，即关注课程体系的发展逻辑、学科逻辑和教育逻辑。只有这样，才能保证课程体系的层次性、系统性和关联性。

（三）课程内容强调小学化

关于课程内容小学化，这里指的是小学教育专业各门课程内容的选择和实施都要首先考虑小学教育阶段的教育教学特点。首先，教育知识的选择要符合小学教育的特点。小学阶段的教育和其他阶段的教育不同，甚至和同属于基础教育阶段的学前教育和中学教育也有所不同，因为所面对的教育对象不同。小学教育阶段的儿童和学前幼儿以及初中、高中的青少年无论在心理发展还是在智力发展上都具有不同的特点和规律，所以教育教学知识应该针对处于小学阶段的儿童的学习和成长特点而展开。因此，小学教育专业所开设的教育学和心理学之类的课程应该是针对小学阶段教育设计的，而不是没有小学教育的阶段性和年龄特点。

其次，专业课程内容要和小学阶段的生活世界相联系。在专业知识的课程方面，以往的小学教育专业往往关注的是对学生的专业知识的广度和深度的关注，尤其是对深度的强调，却忽视了对小学教育阶段的各门课程的内容及其特点的关注。培养小学全科教师的课程，在内容方面要紧密联系小学教育阶段的各门课程内容，而且不管是人文课程还是科学课程，都应该和小学教育阶段的教育教学以及该阶段的儿童的生活世界相联系，从而为他们以后的教育教学工作打下坚实的基础。

最后，在音、体、美等课程方面，同样要关注小学阶段教育。按照传统的课程观念，高师院校的音乐、体育、美术和舞蹈等课程往往主要是培养职前教师的艺术素质和身体素质，只有专修艺术的学生学习这些课程时，才和他们将来的职业挂钩。用于培养小学全科教师的艺术课程和体育课程，应该改变这种观念，即这两类课程不仅要和他们的个人成长相联系，同样应该和他们将来从事的小学教育教学工作联系起来，从而提升他们在小学艺术教育、健康教育以及融艺术于其他课程教学等方面的职业素养。

（四）课程实施趋向实践性

高校用以培养小学全科教师的课程实施不仅具有一般卓越教师培养的课程实施特点，同时具有自身的特点。这两者都应该具有实践性。小学全科教师培养的课程实施的实践性指的是在实施课程时要和小学教育教学实践相结合。课程实施的实践性主要从两个方面落实。

首先，理论性课程的实施要和小学教育教学实践相结合。高师院校的小学教育专业的课程有很强的理论性，而理论性知识具有显著的抽象性和深刻的逻辑性。为了让学生能够全面深刻地理解和掌握专业知识，教师实施课程时需要采用案例教学的方式，因为案例教学能够把具体和抽象、特殊和一般相结合，便于学生对知识的建构。这里的案例应该采用小学教育教学现场的真实案例，因为真实的案例有利于学生提前把握教学现场，理解教育教学现场的真实样态和存在问题，为他们以后从事教育教学提供现实基础和解决问题的能力。

其次，实践性课程要体现小学教育实践场的特点。实践性课程包括实践课程和实践性较强的理论课程，如学科教学论等。实践课程通常指的是到小学进行的见习和实习。见习和实习需要职前小学全科教师真正处于小学教育教学现场，亲自观察教育教学现场的教学过程和教学展开的全貌，亲自感受教育教学现场的教学主体在一定时空中的行为过程及其行为结果，自主反思小学教育教学现场的教育教学事件及其所带来的影响和结果，从而更加深刻地理解教育教学的概念逻辑和本质以及教育教学的内在价值及其实现。关于实践性较强的理论课程，其一个明显的特点就是可操作性。可操作性知识的教学可以采用传统的理论性知识的教授方式，也可以采用实践课程的教学方式，但是鉴于教学的便利性原则，这种课程的教学采用模拟教学的方式更可取。模拟性教学指的是课程的实施不需要直接进入小学教育教学现场，而是模仿小学教育教学现场的场景，进行知识的教学和学习。这种课程实施方式具有实验室特点，却也能让职前小学全科教师掌握一定的实践知识和经验。

（五）课程评价聚焦过程性

课程评价是课程建设中的一个重要环节。课程评价的直接目的是促进课程的革新和发展，其间接目的是更好地实现课程目的。课程评价包括对课程本身的评价、对课程实施过程的评价、对课程实施结果的评价。课程评价关注过程性指的是对课程的评价，不能像传统的课程评价那样，把重心落着课程实施结果的评价上，而是更多地把评价的重心聚焦在课程编制过程、课程实施过程以及课程评价过程上。

对课程编制过程的评价主要聚焦在确定课程目的、选择和组织课程内容、课程的呈现方式等方面。对课程实施过程的评价重点在于课程实施的取向和方式以及课程实施过程中对课程内容的安排和处理。对课程评价过程的关注在于考察和考量课程评价的主体、课程评价的体系以及课程评价的方式等。往常，对课程的评价过多关注课程结果，这样容易造成课程的革新和发展在时间上滞后，同时会造成评价中忽略课程因素，从而带来不完善的评价结果。关注过程的课程评价首先有利于对课程编制过程的及时反思与完善，从而能够生成更高品质的课程；其次有利于对课程实施过程的反思和监督，以便及时发现课程实施过程的不当行为，从而更好地提升课程实施的结果和质量；再次有利于完善对课程评价的评价，促进课程评价机制的成熟和课程评价制度的完善。

总之，小学全科教师的课程建设不仅在于对课程主体的结构完善，同时在于对于整个课程过程和课程结果的关注。

第六章

卓越教师培养的教学方式

在解决了卓越教师培养的课程问题之后，接踵而至的是卓越教师培养的教学方式问题。教学作为学校实施教育的基本途径和基本方式，它几乎主导着整个培养过程，因为没有教学，学校教育几乎难以开展。所以，探讨卓越教师培养的教学方式就显得尤为必要和重要。本章主要以小学全科教师培养的教学方式为例，探讨卓越教师培养的教学方式问题。

第一节　教学方式的概述

教学作为实施卓越教师培养的基本途径，其实施方式首先应该得到考察。也就是说，什么是教学方式，教学方式的特点是什么，教学方式的类型有哪些，等等，所有这些问题都必须得到澄清，才能进一步明晰卓越教师培养的教学方式的内涵和特点。

一　教学方式的定义

教学方式是个复合词，从构词法的角度来看，"教学方式"由"教学"和"方式"构成。因此，若想把握教学方式的内涵，首先需要明晰"教学"和"方式"的含义。

（一）教学的界定

根据《国际教育百科全书》的观点，教学有五种界定方法。关于教学的定义有许多不同的观点，其中探讨最多的有活动说、发展说、实践说、发展—实践说、审美说、交往说等界定，其中活动说、发展说、交往说等受众较多。但是大多数人都承认教学是一种活动或者是一个过程。这种观点表明教学是一个动词，而不是名词。但是教学还可以作为名词使用，作为名词使用时，教学显示的是一种职业。只是大多数情况下，教学被作为动词来使用。关于教学的概念，有广义和狭义之分，亦有历史与现代之别。"广义的教学指的是教育者指导学习者所进行的一切有目的的学习活动。狭义的教学指的是在学校中教师引导学生所进行的一切学习活动。"① 这两个定义都认为教学是学习活动，在这个学习活动中有一个指导者对学习者的学习活动进行指导和引导，从而使得学习者通过学习活动在行为和心理上发生变化。可见，尽管教学被认为是教与学的双边活动，但是现代教学的定义关注的重点是学习者，目的在于促进学习者的行为发生变化。

　　本书认为，教学是教师和学生围绕着一定的课程内容而展开的特殊交往活动。这种交往活动有其自身的独特性。首先，它以对话、交流和合作为主要形式。其次，言语是教学最直接的表征。② 再者，这一交往活动具有双重功能，其一是本体功能，其二是工具功能。其本体功能是通过教学这种特殊交往活动，实现学生在身体和心理两个方面获得发展，从而促进他们的成长；其工具功能在于通过这种特殊的交往活动，实现文化知识的传承与创新。文化知识的传承和创新是教学本体功能的衍生，没有教学的本体功能，文化知识的传承和创新在学校环境下难以实现。

　　（二）方式的含义

　　教学方式中关于"方式"的定义，有不同的方法，从日常概念来看，方式就是人的行为方法与形式。《现代汉语词典》对方式的释义为人们"说话和做事所采取的方法和形式"③。这一定义说明方法和形式共同构成方式，也就是说，方法融合形式而成为方式。可见，方法和方式是不同的。但是在日常概念甚至在学术领域，人们时常把方

---

① 李森：《现代教学论》，人民教育出版社 2011 年版，第 4 页。

② 刘桂影：《论教学话语的实质、价值与优化》，《教育研究与实验》2012 年第 6 期。

③ 中国社会科学院语言研究所词典编辑室：《现代汉语词典》（修订本），商务印书馆 2001 年版，第 353 页。

法和方式进行混用，把方式当作方法或把方法当作方式来使用。方法和方式具有概念的种属关系，即方法和方式具有从属关系，即一方是另一方的上位概念。从上文的概念界定可以看出，方式是方法的上位概念，方法是方式的下位概念，方式包含方法，方法包含在方式中。通过以上分析，本书认为，方式是人们思维、言说或行事的方法和形式。人们无论是思考，还是做事或说话，都会以一定的方式展示，这种方式以一定的形式为表征，以一定的方法为手段，从而构成行为方式，或内在的思维方式抑或言说方式。

（三）教学方式的界说

在教学论的探讨中，教学方法的研究是不可规避的，从事教学论的研究者，往往都会对教学方法这一概念进行界定。相比较而言，对教学方式的探讨相对少些，但还是有不少研究者对它进行界定。

1. 教学方式的历史界定

通过对文献的梳理发现，有关教学方式的界定，国内外都有，现列举一些研究者对教学方式的界定。

国内有研究者认为，"教学方式是教学规律与教学方法之间的中介，是教师在教学中所采用的一系列教学行为与活动方式、方法的结合"[1]。另有研究者认为，"教学方式是为实现一定的课程与教学目标，通过一定的媒体，教师和学生之间相互作用的结构、方法和途径。其中，教学结构包括两层内容：第一层是师生的互动结构，主要指在教学活动中师生的地位关系；第二层是教学活动开展的时空结构"[2]。国内还有研究者从现代教学论的视角出发，从教师的角度，把教学方式界定为"教师教学方式就是在教学中为达到教学目标，教师所采用的一系列教学行为和活动方式、方法的结合"[3]。另有研究者从文化学的角度对教学方式进行界定，他们认为"教学方式是指教学主体为达成教学目标而运用的措施和方法，是教学活动的动态方式和存

① 吴效锋：《新课程高效率教学》，辽宁大学出版社 2006 年版，第 62 页。

② 廖其发：《当代中国重大教育改革事件专题研究》，重庆出版社 2007 年版，第 477 页。

③ 李森、杨正强：《论教师的教学方式及其变革》，《当代教师教育》2008 年第 1 期。

在状态。教学方式既是一种文化现象，也是一种文化实践，文化从不同方面影响着教学方式。教学方式的变革蕴含了文化制约性和文化匹配性等规律，同时教学方式也不断丰富着文化的意蕴"①。国外有研究者认为，教学方式指的是"在教学情境中，教师和学生为了教与学而展开的活动方式。其中，着眼于教师的活动方式谓之教授方式；着眼于儿童的活动方式谓之学习方式；着眼于师生之间的相互作用方式谓之教授、学习方式或学习指导方式。所有这些，总称为教学方式"②。

从以上对教学方式的界定可以看出，关于教学方式有三个方面需要探讨。首先，教学方式是谁的活动方式。教学方式是教学的一种活动方式，这种活动方式可能包含教师的活动方式和学生的活动方式，也可能是教师一方的活动方式，不同的研究者观点不同。认为教学方式是教学中教学双方的活动方式者认为，教学方式是教师和学生的工作方式或活动方式；认为教学方式是教学中教者的行为方式的，认为教学方式是教师在教学中的活动方式。其次，教学方式的目的性。从以上的界定可以看出，研究者都认为，教学方式具有一定的目的性，教学方式是为了实现一定的教学目的而展开的活动方式、方法和手段的结合体。这种目的表现为两个方面，其一是教学目的，也就是教学展开的目的。有研究者认为教学方式的使用是为了实现教学目的；其二是教学展开这一目的。有的研究者认为，教学方式的采用目的不在于教学目的，而在于教学这一活动的展开。最后，教学方式和教学方法的关系。关于教学方式和教学方法的关系，不同研究者有不同的观点，大致有两种观点，即"统一说"和"不同说"。"统一说"认为教学方式就是教学方法，两者具有相同的内涵，尤其是在日常概念的使用中，常采用"统一说"的观点。在学术概念的使用中，教学方式依然等同于教学方法。"不同说"认为教学方式和教学方法是两个不同的概念，教学方式是教学方式，教学方法是教学方法，教学方式不同于教学方法。"不同说"关于这两个概念的关系亦有不同的看法，

---

① 李森、赵鑫：《教学方式变革的文化审视》，《课程·教材·教法》2011年第4期。
② 日本筑波大学教育学研究会：《现代教育学基础》，上海教育出版社1986年版，第280页。

有的研究者认为教学方法是教学方式的上位概念，教学方式是教学方法的具体化。有的研究者认为，教学方式是教学方法的上位概念，教学方法属于教学方式，是教学方式的具体操作形式，教学方式和教学方法的关系是存在和表征的关系，教学方式往往依赖一定的教学方法运用而得以呈现。教学方式的存在是教学方法的依存，若没有教学方式，就没有教学方法的展示，教学方法一旦出现，就说明教学方式在运行。所以教学方式是教学方法的存在依据，教学方式又依赖一定的教学方法得以表现其存在样态和运行式样。

2. 教学方式的定义

教学方式是发生在教学场域中的事件，是构成教学行为的一个要素。由上面的界定可以看出，教学方式不管外延和内涵如何，都指的是发生在教学中、构成教学、为了教学的活动方式。这种活动方式有其自身的主体、目的和方法。首先，在教学场域中，教学方式的主体包含教师和学生，是蕴含教师和学生的活动方式的活动方式，是教师的活动方式和学生的活动方式的耦合，而不单单是两种活动方式的叠加。其次，教师和学生的活动方式有其独特的目的、独特的方法以及独特的活动内容。从活动目的来看，教学方式的目的有直接目的和间接目的之分。其直接目的是教学的展开，准确地说，是为了完成一定的教学任务，实现一定的教学目标。一节课如何展开，其时空样态如何，很大程度上依赖于教师对教的方式的选取和运用以及学生对学的方式的选择和使用。当然学生的学习方式直接受到教师的教的方式的影响，同时又施加影响于教师的教的方式。但是，其关键因素还是教学目的，一节课展开为的是实现一定的教学目的，展开的方式受到教学目的的直接影响并直接影响教学目的的实现。教学方式的独特方法表现为，不同的教学方式用不同的方法和手段表现出来。例如，教授式这种教学方式和讨论式这种教学方式的表现方式不一样。教授式通常采用讲解、演讲和解说的方法进行，而讨论式通常采用的是小组讨论法或全班讨论法或采用问答法等形式表现出来。教学方式的独特活动内容表现为不同的教学内容有不同的教学方式，不同性质的教学内容所采取的教学方式往往不一样。

通过上面的分析，我们认为，教学方式是在一定的教学情境中，为了完成一定的教学任务，实现一定的教学目的，教师和学生所采用的活动方法和手段结合而成的形式。其中教师的活动方法和手段称为教的方式，学生的活动方法和手段称为学的方式，这两种形式往往以融合的形式呈现，共同构成教学方式。这种融合形式其实是为了强调说明教学活动是一种复杂的活动，学的方式和教的方式难以准确地、界限分明地剥离开来。这两种方式共同为教学活动的展开服务，或者说，教学活动的外在形式就是教学方式的展现。所以，可以说教学方式是教学活动的存在形态和流动方式。教师和学生通过一定的活动方法和手段构成相互作用的结构，这种相互作用的结构包含两个层面的内容：其一是教师和学生相互作用的结构。在教学活动中教师和学生相互作用、相互影响，共同形成一定的关系，构成师生的关系结构，并表明教师和学生在教学活动中的地位；第二层内容指的是教师和学生的活动方法和手段相互影响、相互制约，共同构成的时空结构。[①]这种时空结构在时间维度上形成教师和学生活动的展开和延续，在空间维度上为教师和学生的活动搭建舞台，使教师和学生的活动得以展开。由此可见，教学方式展示了教学活动的结构性关系。

二 教学方式的特点

教学方式受到教学观的影响，具有时代的特点，并且表现出文化的烙印。所以教学方式具有明显的文化性、时代性和观念性。

（一）教学方式具有文化性

教学方式的文化性指的是教学方式的形成和选择受到一定文化价值观念的影响。教学方式作为教师和学生的活动方式，是教师和学生在一定的生活场域中所表现出的一定的行为方式。教师和学生之所以被称为教师和学生，是由其自身特定的教学身份所决定的。这种特定的教学身份说明教师和学生的生活至少有一部分是在教学场域中存在

---

① 廖其发：《当代中国重大教育改革事件专题研究》，重庆出版社2007年版，第477页。

和展现的。他们在教育教学场域中所表现出的行为方式就会受到该场域中文化的影响。教师和学生生活的文化场域有具体和抽象之分,同时又具有大小之分。教师和学生身处的社会是大的文化场域,在这个文化场中,无论作为文化存在的人是什么身份,其行为都会被打上深刻的社会文化的烙印。教师和学生作为具体社会存在,同时又生活在教育教学这个具体的文化场域中,这个场域的文化同样影响着教师和学生的思维方式和行为方式,使得教师和学生的活动方式同时被刻上教育教学场域的文化烙印。可见,教师和学生在教育教学中的行为方式带有明显的文化烙印,具有明显的文化性。

(二)教学方式具有时代性

教学方式在凸显出文化特征的同时,又难以摆脱时代的影响,教学方式具有明显的时代性。教学方式的时代性指的是,在特定时代的师生在教学过程中所选择和采用的教学方式,必须能够被那个时代的文化所接受,准确地说,能够符合那个时代的主流文化价值观,被生活在那个时代的人们所接受,并且能够反映并体现那个时代的政治经济和科学文化的发展成果。例如,在我国的古代,教学方式通常采用的是授受的方式,其主要方法是诵读,其教学手段是承载知识的所谓的书(可能是龟甲、竹简、帛或者后来的纸张)。这种教学方式的选择主要受到当时的落后的经济和科技的影响。当社会发展到当今时代,教学手段经历了从无到有、从少到多、从贫乏到丰富的转变。因此,当今时代的教学方式显得丰富多样,主要是社会的发展带来教学的发展,带来表现教学方式的教学手段和教学方法的丰富。当下的自媒体和大数据肯定会带来教学方式的再次变革,这只是个时间问题。

(三)教学方式具有观念性

教学方式的观念性特征体现在教师和学生在教学活动中采取何种活动方法和手段,会受到教育教学观念的影响。这里的观念性指的是教育教学观念。教育教学观念是个体对教育教学的认知和思维的整体的、系统的、富有逻辑的观点和态度体系。对教育教学的观念影响教师和学生对教学方式的思考和认知。对教育教学的不同认知方式和思维方式影响着教师和学生对教学方式的思维和认知方式,对教学方的不同的思维和认知方式必然会带来对教学方式不同的选用。若教师和学生认为教育教学就是把人类所积淀下来的文化进行保存和传递，那么他们所采用的教学方式就会是快速传递知识的呈示型方式。实施这种教学方式所需要的教学方法通常是讲授法、讲解法、演讲法、示范法和展示法等教学方法，教学手段通常是传统的粉笔、黑板、实物、卡片和挂图等，教学媒体既可以是传统的黑板，亦可以是多媒体，目的在于呈现所要传递的知识。可见，教学方式的选取深受教师和学生的教育教学观念的影响。

第二节 卓越教师培养的教学方式类型

本书认为，根据知识获取的特点以及教师和学生的互动特点，教师教育的课堂教学方式可以分为呈示型、实践型、讨论型和研究型四种类型，且每种类型都有自己独特的特点和价值。卓越教师培养的教学中，依据卓越教师培养的教学环境以及教学主体的状况，同样存在这四种教学方式。

一 呈示型

呈示型教学方式既是一种传统的教学方式，也是一种经典的教学方式。呈示型教学方式指的是在课堂教学中，教师通过言语或实物等多种形式来教授教学内容，学生通过感官活动接受这些内容并内化为个人知识的方式。在呈示型教学方式的教学中，教师往往采用讲授法、演讲法、示范法等教学方法进行教学。

呈示型教学方式具有其内在的教学价值，具有其他教学方式所难以替代的功能和意义。首先，呈示型教学方式能够使学生在较短的时间内获取大量的文化知识。人作为一种存在，首先是一种文化存在，是一种生活在一定的文化之中的存在，人的存在不仅在于消费文化，更在于传承和创新文化，并通过文化传承和创新获得发展，同时促进社会的发展。呈示型教学方式能够使个体在短时间内理解并掌握大量文化知识，满足个人发展和社会发展的需要，完成文化传承的功能和作用。其次，呈示型教学方式能够充分发挥教师在教学过程中的主导和指导作用。教师作为教学过程的主体，在呈示型教学方式中，不仅在很大程度上决定教学什么，采用什么教学方法，设置什么样的教学环境，而且主导着教学过程的流向。在教授内容方面，内容的深度和广度，内容的教授手段由教师决定，充分体现了教师的主体性和主导性。最后，呈示型教学方式能够培养学生严密的逻辑思维能力。呈示型教学方式中，教师传授的知识以及学生获取的知识往往具有系统性、结构性和完整性，具有这些特点的知识的共同之处就是逻辑性，学生在内化知识的同时，能够在教师的指点或者通过对这些知识的结构特点的感悟，会逐渐形成严密的逻辑思维习惯和思维能力。

当然，这种教学方式的优点也是被大家所诟病的缺点之处。首先，学生难以应用所获得的知识。在呈示型教学方式的教学中，在短时间内虽然能够使学生获得大量的系统知识，但是有研究者认为，学生获得这些知识的方式是填鸭的形式，难以理解和掌握，因此，学生只是获得了很多的知识，但却难以使用，从而出现高分低能的现象。其次，学生的主体地位难以体现。在这种教学方式主导下的教学活动中，教师主导着教学的进程、教学使用的方法、教学内容的深度和广度，而学生只能服从和配合教师对这一切的安排，从而在教学过程中显得很被动，导致其主体性被屏蔽。最后，难以培养学生的思维能力。在这种教学方式主宰的教学过程中，尽管教师教授的知识具有明确的逻辑规律和逻辑理路，但是学生对这些知识只是接受，而没有对它们进行再编码，所以，学生的思维难以获得启动和发生。因此，学生只是接收了大量的知识而没有获得思维的锻炼。

二　实践型

实践型教学方式指的是学生在一定的教学活动中，通过自己的动手操作来体验和感受以获取知识、获得发展的教学方式。这种教学方式是新课改以来所倡导的教学方式。自 21 世纪初开始的新课程改革以来，教师作为专业技术人员被大家所认可。专业技术人员，顾名思义，不仅要拥有从事该专业所必备的知识，同时还要有从事该专业所必备的专业技能。如果说知识的习得可以通过认知的方式，可以通过对所设置的课程知识的理论学习获得，那么专业技能往往通过实践才能获得，这种实践采用的就是学生的手脑并用的形式。在采用实践型的教学方式中，教师往往使用实验法、实习法、仿做法等教学方法进行教学。

活动实践型教学方式有其自身的优势和不足。其优势方面首先表现在实践型教学方式能够发挥学生的主体性。主体性指的是学生在教学中表现出来的主动性、积极性和创新性。实践型教学方式的一个特点就是学生能够根据设定的教学目标积极主动地进行动手操作的学习，创造性地对自己的学习进行设计和实施，并通过自己的实践达到教学任务所要求的教学目标。其另一个方面的优势在于实践型教学能够充分发展学生的动手能力。教师职业的一个特点不仅在于教师要拥有丰富的专业知识，同时必须具有从事专业活动的专业技术。专业技术不是靠理论知识的学习就能获得，单纯理论知识的学习只能让学生具有纸上谈兵的能力，而没有实际操作的技术和能力。职业技能的学习需要靠学生的实际操练，从仿作到实作，逐渐掌握专业活动中必需的各种实施技能。这恰恰是实践型教学方式所能够提供的。此外，实践型教学方式能够丰富学习者的知识。理论和实践的关系在于，理论是实践的先导和指导，对实践具有依据的作用，实践是理论的贯彻和实施，是对理论知识的检验。实践型教学方式能够让学生在实践的教学过程中，不仅能够获得指导，同时能够检验理论学习中获得的知识，同时通过实践，获得相应的感受和体验，当这些感受和体验一旦被学习者进行有序管理和系统组织，就会成为实践性知识进入他们的知识体系中，丰富和扩展他们的知识。

当然，实践型教学方式也有其自身的不足。其不足表现在以下几个方面。首先，有碍理论知识的学习，不利于实践和创新。实践性学习方式过度使用，会影响到学生对系统知识的掌握。实践型教学方式对于培养卓越教师固然重要，但是不能一味地使用。因为，只有实践性教学方式，学生难以进行系统的理论知识的学习，而系统且丰富的理论知识不仅是实践的基础，更是学生进行创新的基础。任何创新行为的发生，往往背后都有丰富的理论知识的支撑，没有理论知识的支撑，难以出现创新。创新是在已有知识基础之上的创新。而在这个作为基础的知识中，往往是作为间接经验的理论知识的比重大于作为直接经验的实践知识。所以，实践型教学方式应该和呈示型教学方式结合使用，才能发挥它的最大优势。其次，要求较高。实践型教学方式首先对师资要求较高。卓越教师培养机制所培养的教师不仅要有深厚的理论知识，同时必须有丰富的实践知识和实践经验，否则，在指导学生的实践时难以精准地实施指导。而我们的高校由于其自身所具有的研究性特点，从事教师培养的师范院校的教师也同样具有丰富的理论知识，但是在实践方面很多老师却缺少相应的经验和经历。这就要求师范院校的教师必须和基础教育的一线教师进行合作。最后，对实践基地有要求。实践的教学包括仿作和实作，仿作可以在高校进行，但是实作必须在真实的环境中进行。其一，真实环境下的教学才能让学生发现实践学习和理论学习之间的不同和差距。其二，真实教学场域中的实践教学才能让学生学以致用，真实感受一线教学的现实状况，从而发现现实教学中存在的问题，能够促使他们进行反思性学习，这是卓越教师成为反思性教师的第一步。所以，实践型教学方式需要教学实践基地。而在高师院校的教师培养中，有许多高师院校没有自己的实践基地，尤其是小学教育专业。这就需要地方政府为高师院校和中小学进行牵线搭桥，满足职前教师进行实践学习时对实践场地的需要。

三　讨论型

讨论型教学方式指的是师生通过对话、交流的方式，对专业问题进行思考、探究和解决，从而获得知识，发展能力的方式。讨论型教学方式关注的是教师和学生在教学中的平等对话和交流，以及师生双方的主体性的发挥，因为这是讨论型教学方式得以顺利展开的必要条件。在讨论型的教学中，教师通常采用同桌讨论、小组讨论、全班讨论等形式开展教学。

讨论型教学方式具有自身的价值和局限性。其价值主要表现在对学生思维的唤醒和主体性的提升以及学生对问题的敏感性的提高。

首先，讨论型教学方式有利于对学生思维的唤醒。思维指的是人脑对客观事物的本质和规律的间接性和概括性的反映。思维是一种高级认知形式。思维对卓越教师的成长很重要，因为只有具有思维的意识和能力，才能在职后教学中有能力做到对教学中出现的问题进行思考、反思和解决。在我们的教学中，由于受到应试教育的影响，我们的学生"进入学校时是问号，走出学校时是句号"。当然这句话具有明显的讽刺意味以及对我国教育教学中出现的填鸭式教学等问题的不满，但这句话却告诉我们，在我们的教学中，由于过度关注学生的分数，聚焦学生对知识的识记，而屏蔽了学生对知识的质疑和探索。由此可见，我们的教学为了让学生获得更多的知识，往往忽视了对学生思维能力的培养。不仅中小学如此，大学亦是如此。讨论型教学方式的特点就是以问题为出发点，围绕着问题展开，落脚点在于问题的解决。无论是对问题探讨，还是对问题解决方案的得出，都需要学生的聚合和发散思维、抽象和创新思维的综合作用才能实现。所以，若要进行问题的探讨，学生首先需要唤醒自己的思维。

其次，讨论型教学方式的优点在于能够提升学生的主体性。学生的主体性是新课程改革的主要关注点。《基础教育课程改革纲要》中明确规定，"教师在教学过程中应与学生积极互动、共同发展，要处理好传授知识与培养能力的关系，注重培养学生的独立性和自主性，引导学生质疑、调查、探究，在实践中学习，促进学生在教师指导下主动地、富有个性地学习"。并且明确提出"师范院校和其他承担师资培养和培训的高等院校必须根据基础教育改革目标和内容，调整培养目标、专业设置、课程结构，改革教学方法"[1]。由此可见，培养学生的主体性是新课程改革的关注点之一。讨论型教学方式需要师生对共同的问题和话题进行民主的对话和交流，在对话和交流中教师和学生充分发挥各自的思维能力，对问题进行分解、剖析、判断，最终得

---

[1] 中华人民共和国教育部：《基础教育课程改革纲要》，中华人民共和国教育部网站（http：//www. moe. edu. cn/publicf iles/business/htmlfiles/moe/moe_ 309/200412/4672. html）。

出自己对所讨论的问题的看法、观点，并提出自己的解决问题的方法和策略，这整个过程都必须建立在师生的主动参与和积极思考的基础之上。因此，讨论型教学方式在使用的过程中，不仅能够提升学生的思维能力，而且能够充分发挥学生的主动性和积极性，从而提升学生的主体性。

最后，讨论型教学方式能够提升学生的问题敏感性。《基础教育课程改革纲要》中提出，教师在教学中要引导学生质疑、探究。质疑的过程是学生对学习对象的探索过程，在这个过程中，学生以自己的已有知识为基础，以自己的探究为条件，对学习对象进行自己独特的分析、判断，并在这个过程，同时不断地对学习对象进行观察、审视、慎思，从而确定学习对象的性质、特点和属性。这个过程，是学生问题敏感性培养的过程，因为质疑的过程就是运用自己已有的知识对事物进行全方位思考、多方位求证，发现事物不同于一般规律的地方，并对这个异于一般特征和规律的地方进行再考量、再思考，从而发现问题的过程。问题能否被发现，关键在于学生对问题的敏感性。同样，经常对事物进行观察和考量，会反过来提升学生对问题的敏感性。

四　研究型

研究型教学方式指的是学生在教师的指导下，自主确定学习的主题，进行调查、探究，发现问题、解决问题，从而获取知识、获得成长的方式。《基础教育课程改革纲要》中提出，"倡导学生主动参与、乐于探究、勤于动手，培养学生搜集和处理信息的能力、获取新知识的能力、分析和解决问题的能力以及交流与合作的能力"。研究性学习是近些年才盛行的一种教学方式，但是这种教学方式能够满足课程改革对教师素质的要求。基础教育课程改革要求教师具有研究能力，而研究能力的培养在职前学习就应该进行，否则一旦踏入工作岗位，再去培养就会显得时间和精力的不足。所以，研究型教学方式在卓越教师培养中的运用，能够对培养和提升他们的研究能力和学术能力具有很大的帮助。采用研究型教学方式的教学中，教师通常采用发现法、专题探究等方法进行知识的学习。

研究型教学方式是一种具有实施难度的教学方式。

首先，这种教学方式对教师有很高的学术要求。自从新课程改革开始起，教师作为研究者就被业内所承认和接受。教师作为研究者如何实现，关键在于职前教师获得学术知识和技能方面的知识培训，还有进行研究工作的体验和实践。但是，无论是对职前教师进行学术知识的教学还是对他们进行学术实践的指导，都需要教师自身具有学术研究能力。而目前有些高校教师由于是教学型教师，从事学术研究的能力比较薄弱，如果指导学生就会显得力不从心或难以胜任。

其次，对学生具有很大的挑战性。传统的教学观注重大学生对知识的获取和吸收，对学术能力的培养需要更高级别的进修才能实现。从事研究型学习需要学生具有较强的意志力和忍耐力以及认真严谨的科学态度，所以，对于本科生或者专科生来说，尽管现在高校的实践教学的一环就是毕业论文的设计，但是短期的训练难以使学生形成对学术的一丝不苟和科学的态度，尤其对于当代很少吃过苦的大学生来说似乎要求过高，也或者说学术生活对于本科生来说，具有意志挑战性。这些都对研究性学习是一个不小的挑战。

总之，在卓越教师培养的教学过程中，这四种教学方式对学生的知识获取和能力提升以及素质培养各有其自身的优势，教师在选择不同的教学方式时，需要针对学生的需要、知识的性质以及学科的性质进行恰当的选择。

第三节　卓越教师培养的教学方式选用策略

卓越教师的培养需要选用合适的教学方式，因为卓越教师的培养过程基本是以教学方式的展开形式表征的，若选用不合时宜的教学方式，不仅培养效果可能差强人意，严重的话可能影响卓越教师培养目标的实现。因此，选用合适恰切的教学方式从事卓越教师的培养就是举足轻重的事情了。

一　卓越教师培养的教学方式的选取意义

培养卓越教师的教学方式选取的意义和价值主要表现为能够充分运用教学的构成要素，能够使各构成要素形成合力，从而使得教学效果最大化。具体来说，卓越教师培养的教学方式的选取意义主要表现在以下几个方面。

（一）合适恰切的教学方式有利于教学目标的实现

教学目标的实现是教学的出发点和归宿。教学目标的实现有赖于教学的展开，而教学的展开形式是教学方式的时间流动和空间样态的契合。同时，教学的开展又是教学各要素的相互联系、相互作用的形式。所以，在一定程度上可以说，教学方式的实施是教学各要素之间的相互作用、相互影响、相辅相成的过程。所以，教学方式选取得是否得当，展开得是否适宜，决定了教学过程能否顺利展开。在教学过程中，如果选取了合适的教学方式，教学过程就会按照预定的教学计划顺利开展，从而保证了教学目标的顺利实现。如果教学方式选取不合适，那么教学过程可能会顺利展开，但是却可能造成某些教学行为的失当，从而阻碍教学目标的实现。可见，教学方式的选取必须考虑教学过程的构成要素，因为教学目标的完满实现是教学过程各要素的合力作用的结果，也是恰切的教学方式展开的结果。

（二）合适的教学方式能够充分发挥学生的主体作用

学生是构成教学过程的要素之一，又是教学方式的实施者，更是影响教学方式实施的重要因素。在教学中，教学方式的选取依据之一就是学生这一教学主体，因为学生是教学过程中最活跃的因素，学生对教学表现出的态度和热情在很大程度上影响着教学中其他因素的运用。同时，教学方式若是选取合适的话，学生在教学中就会充分展示对教学的热情和对教学的积极性，即认真获取知识，积极思考问题，主动探究，创造性表达自己的观点，从而使得教学中学生的主体性得以全面展示，主体作用得以充分发挥。如果教学方式的选取难以适应具体语境下的学生的学习，学生就会对教学内容失去兴趣，从而难以激发他们参与课堂的积极性和主动性，学生在教学中就可能不愿主动参与课堂活动，对课程知识的学习会采取被动接受的方式，对教学问题的思考就会处于被动状态，导致其教学的主动性不能得以正常发挥。

（三）适当的教学方式的采用有利于对教学内容的掌握

教学方式采用的直接目的是教学的展开，根本目的是教学目标的实现。就教学目标而言，教学发展的过程，也是其流转的过程。最传统、最经典的教学目标是学生对知识的掌握，随着基础教育课程改革的展开，教学目标的多维性开始为大家所认知和接受。于是教学目标开始具有生命性，学生处于教学目标的中心，学生的发展成为教学目标的根本，但是无论教学目标如何改变，获取知识一直是最重要的目标之一。因为知识的传承和创新是学校产生的根源和学校教育产生的初衷，而且，学生在学校的成长和发展，很大部分是在获取知识的过程中得以实现的。可见知识的获取尽管受到很多人的诟病，但是我们又不得不承认，知识的传播和传承永远是学校教育的主题，是学校教育的根本目标之一。所以，对知识的最大获取是适当学习方式的直接结果。可见，只要教学方式选取得合适，教学就能够顺利展开，顺利展开的课堂教学会呈现出科学、和谐和融洽的心理氛围和学习环境。这样的教学环境有利于学生保持对知识的热情和渴求的态度，有利于学生对知识的理解和建构，有利于学生以自己的方式把所学的新知识同化或顺应到自己的已有知识结构，从而达到对知识的掌握。

二　卓越教师培养的教学方式的选取策略

既然培养卓越教师的教学方式选取具有重要的意义，那么，如何选取从事卓越教师培养所需的教学方式呢？本书认为，卓越教师培养所需的教学方式的选取需要考虑课程知识的性质、学生的特点、卓越教师基本素质的特点、社会发展的时代特点等方面。

（一）卓越教师培养的教学方式必须符合课程知识的功能和特点

如前文所述，从发生学的角度来看，学校产生的根本动因在于对知识的学习和掌握，可见，学校教学的根本目的之一就是让学生在有限的时间内获取尽可能多的知识。据此，知识的学习和掌握是教学开展的直接原因。同时，它也是教学方式的选取依据之一。人们常用学海和书山形容知识的多，人类知识的丰富性从一个侧面表明了知识的多样性。于是有了对知识的分类，产生了知识的种类性和知识的归属性，不同的知识可以划归为不同的知识类别。对知识进行分类的依据和角度很多。例如，波兰尼（Polanyi. M）从语言符号的角度对知识进行思考，他认为有些知识是可以用语言符号的方式进行表述的，而有些知识难以用语言符号进行表述，从而以知识是否能够运用符号进行表述为依据，把知识分为显性知识（explicit knowledge）和隐性知识（或缄默知识）（implicit knowledge）。知识最常见的分类有两种：其一是根据知识的功能进行的分类。这种分类标准下的知识通常分为陈述性知识、程序性知识和策略性知识；其二是根据图书馆资料的分类方法，知识分为自然科学知识、社会科学知识和人文科学知识。

根据知识的功能分类下的陈述性知识、程序性知识和策略性知识各有其自身特点。陈述性知识以命题的方式存在，形成关于事物的概念、范畴、判断、公理、定理、规律等。这类知识表明世界"是什么"。对这类知识的教学方式通常采用呈示型模式、研究性模式或讨论型方式。如果教师希望学生在较短的时间内获得较多的系统的知识，往往采用呈示型方式；如果教师希望通过学生自己的探究探知知识的因与果，通常采用研究型方式；如教师希望学生知其然亦知其所以然，通常可以采用讨论型方式。程序性知识是关于"怎么样"的知识，即如何做事情、如何操作的知识。程序性知识具有明显的实践性，所以采用让学生直接操作和体验的实践性教学方式最为恰切，但程序性知识是以陈述性知识为依据的，若教师认为理论是实践的基础，那么可以以呈示方式和实践方式相结合的方式进行教学。策略性知识是关于方法和策略的知识，这种知识的教学应采取讨论型和实践型相结合的教学方式，其目的在于让学生明晰如何把程序性知识应用到陈述性知识的获取中。

依据图书馆资料的分类法之下的三类知识各有自身的特点，应该采用不同的教学方式进行知识的传授和学习。自然科学知识是关于"自然世界"是什么的知识，通常以符合和数量关系表征关于自然世界中发生的事实或事件，具有鲜明的事实性和探究性。对于这类知识的学习可以采用呈示型和研究型的教学方式。社会科学知识是关于"社会世界"的知识，通常以范畴、命题、结论和行为准则的形式存在，具有文化性和规范性的特点。对这类知识的教学应该采用讨论型和实践型相结合的方式，让学生在实践中感知文化和规范，在讨论中明晰社会规则、政治观念和思想立场，从而体验和建构关于"社会生活"的知识。人文科学知识是关于"人文世界"的知识，它具有多质性、隐喻性和个体性等特点①，人文性知识不具有"证明"或者"规范"的特点。对这类知识的教学应该采用讨论型和实践型相结合的教学方式，让学生在民主、开放、自由的讨论中进行师生和生生之间的平等对话，以促成理解、移情、体验、反思，从而形成对自己、对他人、对环境的"人文情怀""人文关怀""人文信念"的意识和能力。②

据此，知识的功能和特点在很大程度上决定了教学方式的选择和使用。如在小学全科教师培养的教学实施中，要根据不同课程的内容的特点进行教学方式的选择。小学教育专业的各门课程知识的功能和特点不具有独特性，往往是多种特点和功能的复合体，因此在选用教学方式的时候需要采用多种教学方式相结合的方式。比如，对于小学各科的课标解读类课程，应该采用讨论型和实践型相结合的方式，对于小学各课的教学论和教学法类的课程，应该采用呈示型、讨论型和实践型相结合的教学方式，对于小学教育学和心理学类课程，应该采用呈示型和实践型相结合的教学方式，对于学术知识类课程应该采用呈示型和研究型相结合的教学方式。

（二）卓越教师培养的教学方式必须考虑学生的特点

卓越教师培养的教学方式的选取的第二个依据就是学生。首先，学生是学习的主体，教学的展开是由师生展开、为了学生的发展、以学生的参与为目的展开的活动，没有学生的参与谈不上教学和教学方

① 廖其发：《当代中国重大教育改革事件专题研究》，重庆出版社 2007 年版，第491 页。

② 石忠英：《教育哲学导论》，北京师范大学出版社 2004 年版，第 175—178 页。

式的实施；没有学生，教学和教学方式的实施没必要展开；没有学生，即使教学通过教学方式展开，那也只是教的方式，没有学的方式，也不能称之为教学和教学方式，只能称之为教和教的方式。所以，从活动的出发点可以看出，没有学生就没有教学，就没有教学方式。另外，既然教学是为学生而实施的，那么教学方式的选取必须考虑学生，考虑学生的学习心理特点、学生的知识基础以及学生的学习方式。只有这样，教学方式的选取才能符合学生学习的需要，才能促进学生参与教学活动，才能使学生积极主动地获取知识，并在获取知识的同时获得发展。

考虑学生的特点必须首先考虑学生的知识基础。因为进入高校学习的学生，在某些学科具有知识基础，而在某些学科是没有知识基础的。学生所具有的知识基础往往是基础教育阶段所开设的课程，其他的基本上没有知识基础。因此，这就需要教师在设计教学计划时考虑到学生的知识基础。其次要考虑学生的认知风格。据一项学习风格的调查研究显示，学生的认知风格包括视觉型、听觉型和运动型三种类型。视觉型的学生在认知学习中喜欢通过观察进行学习；听觉型的学生倾向于通过倾听进行认知学习；运动型的学生喜欢通过动手进行知识的学习。这些认知风格的差异性要求教师在选取教学方式时切忌使用单一的教学方式，应该做到把不同的教学方式相结合，目的是为了和不同学生的学习风格相一致。学生的心理特点是教师选取卓越教师培养的教学方式时应该考虑的又一个因素。进入高师院校进行教师教育专业学习的学生，其心理发展趋于成熟，其学习的思维方式趋向于抽象思维。抽象思维是学生学习抽象的理论知识的思维基础，说明学生能够通过文字符号进行学习，但是学生的学习的优势半脑理论告诉我们，不同的学生在学习时使用的大脑半脑并不是一致的，有的学生擅长使用左半脑，而有的学生擅长使用右半脑。我们知道，左半脑擅长抽象和逻辑的学习，而右半脑使用者擅长进行想象和艺术性知识的学习。优势半脑理论表明，教师在进行教学时，必须兼顾不同半脑使用者的学习方式的需求，要把理论知识的学习在一定程度上变得具体化或者和感性的教学手段相结合，感性的知识要能够让学生进一步理论化，从而使学生获得更多的关于客观世界的规律的认知。可见，在卓越教师培养的教学中，教师要擅长把各种不同的教学方式进行结合，灵活运用，从而提升教学效果。

（三）卓越教师培养的教学方式必须聚焦卓越教师基本素质的培养

无论是教学的展开，还是教学方式的选取，其目的都是为了更好地培养卓越教师，满足职前卓越教师学习的需要。培养卓越教师的依据是培养目标，即卓越教师应该达到的知识水平和能力素养。通过在卓越教师的知识特点一节的分析可知，卓越教师在知识、技能和人文素养等方面都有专门的要求，若要达到这些要求，教师在选取教学方式时，要考虑选取的教学方式是否有利于学生某一方面知识的习得、某一方面技能的获取或者某些人文素质的培养。只有这样，教学方式的选取才能更大程度上推动卓越教师的培养目标的实现以及培养规格的达成。例如，当某一次课的课程内容是关于小学某科教学方法的知识，这时所选取的教学方式首先要考虑呈示型和实践型教学方式，因为小学课程教学法这门课程的内容兼有理论知识和实践知识，这两种方式最有利于理论知识的学习和实践操作能力的获得。

（四）卓越教师培养的教学方式必须彰显社会发展的时代特点

教学方式的采用大致上指的是教学主体在一定的教学环境中对教学方法的选用和对教学手段的选择。教学方法可能具有历史性和时代性，但教学手段往往具有强烈的时代特点。比如，传统的黑板加粉笔，电气化时代的电视、录像、电影，信息时代的计算机和多媒体等，所有这些都具有明显的时代特色，都体现了时代发展对教育教学的影响以及在教学中的运用。所以，教学方式的选择和使用要凸显出时代的特点，尽量把这个时代给予教育教学的有利条件进行整合，并融入教学方式之中，从而使得教学方式的使用更有利于卓越教师培养目标的实现。

第四节　"互联网＋"时代的小学全科教师培养的教学方式

前文分析了卓越教师培养常见的教学方式类型，这些类型是通过分析以往的文献研究和课堂教学的特点总结出来的，可以说，这四种教学方式既是传统的方式，也是常用的教学方式，同时在一定的历史时期也表明了时代的发展特点。教学方式总会烙下时代的特点，当信息时代到来之后，教学方式又一次受到冲击，如何在互联网时代对教学方式进行改进和完善，是当今时代的一个重要课题。进行卓越教师培养的高师院校或者参与教师培养的高等院校也需要思考这个问题。

一 "互联网＋"在课程教学领域的运用

互联网在教育上的应用不仅仅是教学手段的些许改变或者提升抑或改进，无论互联网还是大数据，不仅给我们的教学带来了教学手段的增益，带给我们更多的是一种理念或者教学观念的改变。目前，大数据或者"互联网＋"在各行各业成为一个备受关注的话题，在教育教学领域也概莫能外。在教育管理领域中，大数据的应用似乎已经成为一个划时代的拐点，同时促进了信息技术在教育教学领域的运用。

2014年3月30日，教育部印发的《关于全面深化课程改革，落实立德树人根本任务的意见》中明确提出采取多种方式，构建利用信息化手段扩大优质教育资源覆盖面的有效机制，并且要求各地加强信息技术教学应用展演交流，促进优质教学资源开发和应用。2017年3月教育部办公厅印发的《2017年教育信息化工作要点》中明确规定信息技术与教育教学的深度融合，并对信息技术在教育资源的开发和在教学方面的应用提出了具体的目标和详细的工作要点。2017年3月18日在北京师范大学发布的首个面向中国高等教育的2017年《地平线报告》中明确提出高等教育信息化，并明确提出了信息技术在中国高等教育领域中的挑战和发展目标，为高等教育信息化的发展提供了政策制度的保障和支持。所有这些都从一个侧面表明信息技术和互联网对中国教育教学的影响以及与教育教学的融合成为课程教学的发展趋势。

（一）"互联网＋"促进了课程与教学的发展

信息时代的到来，计算机和信息技术的发展，使得中国的教育教学领域，无论是基础教育、中等教育还是高等教育，都受到了很大的冲击，信息技术对教育教学的发展展示了其强大的影响力，尤其是在课程教学方面。教育技术学专业的开办和发展就是一个很好的见证。多媒体教学在教学中的巨大作用也同样佐证了信息技术在教育教学领域产生的强大影响力。随着互联网和自媒体在我国的普及，互联网和信息技术对我国的教育教学的影响更是不可同日而语。于是"互联网＋""大数据""信息技术"这些词语频频出现在相关研究者的研究中，可见信息技术、"互联网＋"在教育教学领域的强大影响力再也难以被规避。

互联网和信息技术在课程建设方面的影响主要表现在以下三个方面。

1. 互联网和信息技术对课程建设的意义

（1）信息技术与课程深度融合的背景

自从中华人民共和国成立以来，我国的课程建设经历了从忽视到重视的过程和发展。早在清朝末年的留学运动开始之日，我国的一批留学日本的人士从日本引进了赫尔巴特教育学，从那以后我国的教育领域的发展，总是受着赫氏的影响，对于课程与教学的发展，关注较多的是教学领域。中华人民共和国成立之际，我国的教育教学领域也和其他的许多领域一样，发展模式和发展样态都是向苏联学习和借鉴，这就使得我国的教育教学的发展同样偏重于教学领域。改革开放以后，教育教学领域开始放眼世界，教育的发展，不再仅仅聚焦教学与教学领域，课程的发展开始受到重视，当然在这之前，我国的课程领域的发展也在进步，但是受到的重视远远低于教学领域。进入21世纪以来，新一轮课程改革的实施使得课程领域的发展得到前所未有的重视，这在很大程度上与我国的科教兴国的战略有着密切关系，同时也与我国的课程教学难以满足教育的发展这一问题有着密切的关系，不论哪种原因，课程领域的发展都成了国家领导人和教育教学领域中的相关研究者的关注焦点。新的千年开始的十多年又是信息技术高速发展、计算机迅速普及的时间。而在西方国家，早在20世纪末，信息技术就已经用于课程开发和教育学之中。目前，随着互联网在各领域中的应用，信息技术在教育领域的应用也生发了新的图景。

（2）信息技术对课程开发的促进作用

从 20 世纪末，信息技术开始用于课程开发。利用信息技术开发的课程通常被称为在线课程。关于在线课程的定义，美国学者伊莱恩·艾伦和杰夫·西蒙根据课程内容的在线比例，认为在线课程是一个课程，它的大多数或所有的内容都是在线进行的，通常没有或极少有面对面进行教学的情况。美国在线学习协会（iNACOL）认为在线学习是指教学活动和教学内容主要通过互联网传递的教育方式，包括基于网络的资源、媒体、工具、互动活动、课程、教学方法等[1]。我国教育部现代远程教育资源建设委员会在《现代远程教育资源建设技术规范》中将在线课程界定为通过网络表现的某门学科的教学内容及实施的教学活动的总和。它由两个组成部分：按一定的教学目标和教学策略组织起来的教学内容和网络教学支撑环境[2]。由此可见，在线课程是通过网络呈现、通过网络进行学习的课程。没有网络就不可能有在线课程的存在。在线课程具有互动性、开放性、生成性和灵活性等特点[3]。从在线课程的概念中可以看出，首先，信息技术为课程开发提供了平台。其次，信息技术丰富了课程的形式。传统的课程通常以物化的形式存在，但是在线课程却是以电子软件为依托的，具有明显的虚拟性。可见，信息技术为课程提供了新的存在形式。最后，信息技术使课程资源得以共享。在线课程的存在以虚拟的形式存在，但是它的存在具有强大的传播性。在线课程存在于网上的虚拟空间，进入这个空间，一般只需有网络即可，所以，在线课程具有明显的共享性，这种共享性使课程知识的传播更具有开放性和公平性，而不像一般的课程那样具有一定的封闭性和偏见性。

2. 信息技术创生了新的课程编制形式

信息技术对课程的开发作用，推动了在线课程的开发热潮。通过

---

[1] iNACOL, http//www. inacol. org/research/does/iNACOL － Defini tionsProject. pdf, 2011.

[2] 教育部现代远程教育资源建设委员会：《现代远程教育资源建设技术规范》（试行），2000 年。

[3] 章玳、胡梅：《在线课程的文化选择》，《江苏高教》2013 年第 4 期。

信息技术编制的在线课程通常有两种形式，即慕课（MOOC）和微课（Micro Lessnon）。慕课是大规模在线开放课程的简称，它兴起于21世纪初的课程资源的开放性教育资源，最初被认为是一种课程开发模式，现在也通常被认为是一种课程的教学形式。从慕课的概念可以看出，慕课具有大规模、开放性、在线性和个性化等特点。微课开始于南洋理工大学国立教育学院1998年开始展开的微课研究项目，他们认为微课指的是运用计算机通信技术来达到特定目标的小教学材料，它一般建立在一系列半独立性的专题或单元中，持续时间比较短，一般只有1—2学时，教学的组织规模也比较小。美国的"一分钟教授"戴维·彭罗斯（David Penrose）提出微课设计的五个步骤，即罗列教学核心概念；写15—30秒钟的介绍和总结，为核心概念提供上下文背景；录制长为1—3分钟的视频；设计引导学生阅读或探索课程知识的课后任务；将教学视频与课程任务上传到课程管理系统。

3. 信息技术变革了课程教学方式

由于信息技术的发展和普及，当今"互联网＋"时代的课程教学方式得到了极大的变革。其中最典型的是翻转课堂（Flipped Class-room）、混合式教学（Blended Learning）和BYOD（Bring Your Own Device）行动。2015年美国的新媒体联盟发布的《地平线报告》认为在一年或更短时间内影响教育的技术有包括翻转课堂和BYOD行动。翻转课堂兴起于2007年美国的一所中学。它意在探索如何更好地发挥课堂教学时间的作用，使教师重新反思自己的教学方式。[1] 混合式学习这一概念最早产生于1999年，2006年《混合式学习指导手册》的出版标志着混合式学习的成熟。有研究者认为混合式学习比单纯的课堂教学或者单纯的线上学习更有效[2]。在我国，"互联网＋教学"的研究和应用目前主要集中在高等教育教学中，尤其是专业课的教学方式变革中。

---

[1]　Blended Learning，https：//en. wikipedia. org/wiki/Blended_ learning.

[2]　叶平：《从翻转课堂到翻转学习的演进——美国中小学翻转课堂如何关照深度学习》，《中国信息技术教育》2015年第2期。

（二）"互联网＋"改变着人们对课程教学的认知

随着信息技术的发展，计算机的普及，以及自媒体的无处不在，互联网对教育不断产生影响和冲击，同时逐渐改变着人们对课程教学的认知。

1. 课程的载体不再仅仅是物化的存在

在学校教育中，课程既是重要的实施教育教学的媒介，同时又是教育教学的实施对象。传统的观点认为，课程通过书籍、光盘等物化形式存在于教学主体的相互活动之间，是教师和学生互动和交流的对象。课程的传统形式是有形的而不是无形的，若是让一个人回答课程的载体是什么时，大家会马上回答说是书，再考虑一下会说光盘、磁带，等等。但是，随着"互联网＋"在教育教学中的运用，课程的载体不再是单纯的书籍、碟片、磁带等。随着大数据研究的炙手可热，教育教学领域的研究者和技术人员也逐渐将课程与电子技术和数字技术相融合，从而产生了网上课程，其中以慕课和微课为典型的代表形式，在这种情况下，课程的新的载体就出现了，那就是虚拟的网络空间和自媒体平台，离开了计算机、互联网和BYOD，难以对这些课程进行学习和创建。这就是"互联网＋"对课程所带来的变革。

2. 教学过程不再只是发生在课堂环境里的师生面对面的对话和交流

在传统的认知里，关于教学的概念，有很多不同的观点，但是教学是一个过程，是一个在课堂环境下，教师和学生以教学媒体为工具，围绕着教学内容而展开的行为过程这一观点却是公认的。至于这个行为过程是认识的过程、实践的过程、认识—实践的过程、审美的过程还是交往的过程，不同的研究者由于对概念的认识角度不同，从而产生不同的观点和看法。但是教学的基本四要素也是研究者们和实践者所公认的，那就是教师、学生、课程和教学环境。这里的教学环境除了现场教学和实习的教学环境，通常指的是课堂环境。所以，在教学研究中，关于教学主体的关系建构以及教学环境的营造成为研究者们关注的重点对象。因为，在传统的教学观念中，教师和学生是面对面近距离地直接接触，教学环境能为教师和学生的交流提供一种物理情景和心理氛围。而只有良好的师生关系才能使得教学更加顺利地开展，教学目标才会按照预期的设计达成。课堂环境对教师和学生的交流和对话尽管不能起到关键性的作用，但是，舒适的物理环境和轻松、民主的心理氛围，往往有利于学生积极参与到师生的沟通和对话中，有利于师生对话和交流的延续，从而促进教学的实施，并有利于提高教学效果的有效性以及教学目标的全面实现。

随着互联网在教育教学中的运用，教学的过程和教学要素的构成不再是传统的样态和存在。教学中可以不存在教师和学生的面对面交流，也同样可以不在课堂环境中进行。教学的基本要素似乎从四要素变为两要素，即学生和课程内容，至多再加上课程自身所营造的课程环境。教师不再是教学必不可少的要素之一，而是幕后的工作者和疑难的解答者。教学过程由此变成了学习过程，而且这个学习过程就成了名副其实的自主学习过程。学生自主决定学习什么内容、自主决定学习的时间和学习的地点，学习过程全靠学生的自我监控和自我督导。教师的作用就是给学生教学计划、每次课的教学内容、规定学习应该掌握的知识以及应该思考的问题，并对学生的不解之处和疑点难点进行课下的指导。可见，教师成了真正的学生学习的指导者和引导者，而这个指导和引导很多时候也成了间接的。至于教学环境，在网络课程的学习中，是不存在的。网络环境下的学生的学习过程没有教师可以营造的物理环境和心理氛围，唯一有的是教师编制所创设的课程环境，即教学内容的呈现形式所带给学生的内容背景，以及学生对内容和内容背景的感受所形成的心理痕迹，也可以称为心理氛围，但是这种心理氛围是学生自主产生的，和教师没有直接的关系。可见，即使有教学环境，这个环境的直接创造者也只是学生自己，而不是教师。

由此可见，互联网和信息技术的出现和发展，给人们对课程与教学的认知都带来了影响，从而改变着人们的课程观与教学观。

二 "互联网+"背景下的小学全科教师培养的教学方式

信息时代的到来，互联网给人们的工作、生活和学习都带来了很大的变化，这种变化可能带来冲击和不适，但是时代的发展对生活于这个时代的人来说，需要主动去适应，并充分把这种发展的优势用于生活和学习，是时代发展的规律使然，也是社会发展的必然要求。对于教育领域亦是如此。面对互联网和信息技术的发展，从事教师培养的高师院校更应该如此，因为高师院校的学生将来基本从事教育事业，肩负着培养祖国未来发展所需要的人才，尤其是中小学教师，更是肩负着为祖国未来的建设者和接班人的发展打基础的重任，对于时代发展所带来的新生事物更要及时认知和了解并加以利用，以便在从事人才培养和教育工作中能够从容面对。对于信息技术带来的"互联网＋"和大数据亦是如此。本书以小学全科教师培养为例，阐释"互联网＋"时代的卓越教师培养的教学方式的特点。信息时代的鲜明特征是网络信息、数字化以及这一时代关注的实用、质量、绿色和合作。根据这些特点，本书认为小学全科教师的培养需要从以下三种教学方式入手。具体教学方式如图 6 - 1 所示。

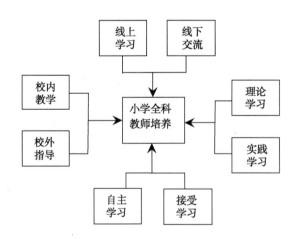

图 6 - 1　小学全科教师培养的教学方式

（一）线上学习和线下交流相结合的教学方式

1. 线上学习

信息时代的一个明显标志就是网络的可获得性和移动终端的普及性。随着宽带速度从 2M 到 4M 再到 20M 的发展以及手机从 1G 到目前的 4G 普及，互联网逐渐使得大家的沟通方式从言语方式转变为数字方式。在这个数字时代，各个领域的生活、学习和工作都具有数字化和网络化的特点。教育领域同样受到数字化的影响，并且数字化具有占据主导地位的趋势。有的研究者甚至预言以后的学习可能不需要教师，甚至会出现教师普遍失业，教师行业可能消失的断言。这些言语可能具有无稽之嫌，就像当电子时代刚出现，大家怀疑报纸行业和纸版书籍可能会消失一样，但是这些言语却从一个侧面表明互联网在教育教学领域的发展趋势，互联网教育教学将成为普遍现象。

目前互联网在教学领域中的利用主要是在线课程和翻转课堂。前文已经提到，在线课程的典型形式是慕课和微课。随着慕课的发展和在线课程开发，线上学习在中国已经初露端倪。特别是在高校推动高等教育信息化方面，2017年似乎成了高等教育信息化年。2017年3月18日至20日，第二届中美智慧教育大会在北京师范大学召开，大会议题主要是关于教育信息化。另外，从2017年3月发布的《地平线报告》和《2017年教育信息化工作要点》中可以看出，国家领导人和教育部对教育信息化的重视和决心。2017年3月18日，美国新媒体联盟在北京师范大学发布了首个面向中国高等教育的《地平线报告》，目的是在中国的高等院校推动教育信息化，并提出了2017年的高等教学信息化的9大关键发展趋势、9项重大挑战以及12项教育技术的重大发展，其中的重大发展之一是在2017年实现翻转课堂、移动学习和大规模开放在线课程。[①] 2017年3月，教育部办公厅印发了《2017年教育信息化工作要点》，其中的一个目标就是"深入推进信息技术与教育教学深度融合"[②]。所有这些都说明，线上学习和在线课程势必成为师范院校培养教师的一个重要教学方式。小学教育专业也概莫能外。

线上学习表现在两个方面。其中之一指的是在线课程的编制和投放，第二个是学生通过移动终端学习网络课程。这两者的相互配合，

①　《2017新媒体联盟中国高等教育技术展望：地平线项目区域报告》，中国教育技术网（http：//www. etr. com. cn/cn/news/info_ 24. aspx？itemid＝225）。

②　教育部办公厅：《2017年教育信息化工作要点》，中国教育技术网（http：//www. etr. com. cn/cn/news/ info_ 24. aspx？itemid＝192）。

共同构成线上学习。目前线上课程的编制和投放主要是慕课和微课两种。慕课的意思就是大规模开放在线课程的意思。目前，国内的慕课开发在各高校都有所开发，大部分的学校都处于慕课开发的尝试阶段，其中的一种方式就是把本校的优秀教师的优质课程放在校园网上，供全校的师生观摩和学习，这是慕课开发的一个重要方式。慕课开发的另外一种方式，就是针对本校的精品课程，进行录制然后投放到校园网上，供相关专业的学生学习或对此课程感兴趣的学生进行学习。总的来说，慕课开发的一个重要条件是拥有一支精良的课程团队，针对本专业进行精品网络课程的开发和投放。因为慕课的一个特点是大规模。这就要求所投放的课程具有精良的品质。目前，如何进行慕课的开发和利用在我国教育领域仍然是一个刚起步、有待进一步研究和实践的领域。微课在我国的高师院校正处于开发的最佳时期，和慕课不同，微课对教师的要求相对较少，因为它只是对某一课程内容片段的在线课程的录制和投放，而且，我国高校正在积极鼓励教师进行微课的培训和开发。

据本书的调查发现，目前，我国的小学全科教师培养的在线课程的开发较少，尤其是慕课的开发更显得稀少，尽管各高校在鼓励教师进行慕课的编制。相对于慕课的编制，微课的编制较多，在本书的调研中发现，许多老师都在尝试进行微课的开发和使用，尤其是利用网上资源进行的微课的开发和使用。如贵州某小学全科教师培养单位的一位老师利用网上资料开发的关于英语音标的拼读的微课。尽管这两种在线课程在小学全科教师培养的课程开发中都有所发展，但是才算刚起步，需要进一步实施。

线上学习的第二个方面指的是学生上网进行学习和交流，准确地说，是通过移动终端进行学习。这个移动终端可以是计算机，也可以是手机。学生的网上学习包括学习和交流两个方面。学习方面指的是学生学习教师放到网上的教学内容。学生的线上学习在一定程度上，属于自主学习：其一，表现为在一定限度内，学生可以自主决定学习的时间、地点和学习方式。其二，表现为自主决定学习的内容。网上交流指的是学生通过网上学习教师所给的教学内容后，有些晦涩的知识学生可能难以理解，有可能学生没有学会所给的知识内容。在这种情况下，学生首先要寻求同学的帮助，这种帮助是学生之间通过网络平台进行的相互之间的帮助和相互的学习。学生之间的相互学习需要教师给他们提供学习的平台和空间。这就要求教师在进行这门课程教学之前，利用网络建立交流社区或交流群或微信群，供修习这门课程的学生在学习的时候进行交流和探讨。

2. 线下交流

线下交流包括两个方面，即线下指导和交流拓展。线下指导大多是教师的事情。线下指导指的是学生通过线上学习和交流之后，有些知识点仍然难以理解，对某些学习内容依然有一定的疑问，也可能是老师所给的教学任务，由学生通过自主学习和相互探讨仍然难以完成的，等等，所有这些都需要得到指导和指点。这个指导者和指点者通常是教师，是教师在同学的线下学习中针对学生的疑问、疑难和迷惑之处所进行的指导、引导、解惑和阐释。线下教学的第二个方面是师生之间的交流拓展。交流是教师和学生针对教学内容、围绕着教学内容一起进行对话、交流，明晰如何运用所学的特定的专业知识和通史知识指导自己的教学实践；探讨如何在真实的教学实践中，具体运用所学到的特定的专业知识；探究如何针对教学实践中出现的问题，运用所学的特定的专业知识进行处理和解决；交流学生对所学的特定的教学内容的看法和观点，从而拓展和加深学生对所学知识的广度和深度。

（二）理论型和实践型相结合的教学方式

小学全科教师培养的课程群体既包括理论性较强的专业课程，也含有实践型较强的课程类型。理论知识的学习通常采用理论性教学模式进行教学，因为理论知识具有较强的逻辑性和严密的推理性以及系统整体性，只有通过教师的讲解、阐释和解说才能够提升学生对教学内容的理解度和理解力。当然对理论知识的教学，教师能够化抽象为具体是最好的教学方式，因为理论知识的抽象性和逻辑性以及推理性决定了理论知识的隐晦性和晦涩性，以至于学生难以理解，尤其是具有右半脑优势的学生更是难以理解。把抽象的知识具体化的一个方法就是把所要学习的知识简单化，让学生只学习相关理论的浅显知识。这种方法虽然降低了所学知识的难度，但是不利于学生获取系统的专业知识，有碍学生的专业知识的深度和广度的形成。抽象知识具体化的另外一个方法就是采用案例教学法进行知识的教学，这也是近年来高校理论知识教学常用的一种方法，这种方法的采用体现的是实践型教学方式的精神。案例分析法是把小学教学科目中的某些典型的教学设计作为案例，放到对小学全科教师培养的教学中，从而使得教学案例成为解释理论知识的例子，即以理论知识在教学实践中的运用这种方式，让学生获取对理论知识的理解和把握。

理论型和实践型相结合的另外一种方式是理论知识的学习采用理论型教学方式，技能型知识的教学采用实践型教学模式，这是一种针对知识性质而采用的教学模式。教学技能在小学实践教学中和教学知识以及专业知识同等重要，原因在于以下几点。首先，小学课程具有明显的直观性特点，这种直观性特点要求教师具有进行直观性教学的能力，也就是说教师的教学技能必须包含对直观性这一特点的把握。这种把握表现在教师具有从事直观教学所应具有的简笔画、音乐、舞蹈等方面的基本知识和技能，只有这样教师才能在需要直观教学的时候，信手拈来。其次，表现为教师的教学知识需要包含能够解决小学阶段学生问题的知识和技能，这就需要高校教师对职前教师进行培训和练习。其理论依据在于小学生的认知思维方式主要处于形象思维阶段，这个阶段的学生学习以直观性具体化为主要特征，学生只有通过直观教具辅助的教学才能更好地理解教学内容，从而促进对所学知识的掌握。所以，无论是小学教材的特点还是小学生学习的特点都要求高校教师在进行小学全科教师培养时，务必采用理论型和实践型相结合的教学模式。

（三）校内学习和校外指导相结合的教学方式

校内和校外相结合的方式，指的是在进行小学卓越教师培养的过程中，不能把学生整天捆绑在教室进行理论知识的学习，也要让他们走出校门进行教学知识的学习，做到校内和校外相结合。

校内指的是职前小学全科教师不用走出校门，在学校内进行小学教育专业的各门课程的学习。校外指的是让职前小学全科教师走出校门来到实践第一线通过实践进行相关各门课程的学习。校内学习通常是对小学教育专业各门课程的理论知识的学习，并辅以实践学习，目的是为职前教师进入实践环节的学习打下坚实的基础。校内实践环节的学习通常是关于教学技能方面的学习，也可能是理论用于实践环节的学习，这些实践学习只是具有实践学习的形式，不具有实践学习的本质。原因在于这些学习只是为了获取相关小学教育专业的各门教育教学课程的理论性知识和技能，既然具有理论性，那么这种实践性教学就属于仿作性的实践，而不是实作性的实践，因此说它是具有理论性质的实践学习。

校外的教学才属于真正的实践教学。对职前教师的校外教学的第一步首先是让他们进入实践基地，进入小学教育教学的第一线；接着让职前教师在指导老师的指导下进入真实教学环节，从事实践学习。这种实践学习是通过实践教学进行的学习，在实践教学中学习，同时也是为了教学实践的学习。这一环节的实践教学的进行，通常不需要教师进行实质性的教学，教师的作用就是对学生进行教学实践指导，这时的指导老师至少有两名：一名是高校的指导老师，另一名是实践基地的指导老师。高校的指导老师主要对学生的实践学习进行理论的指导，实践基地的指导老师主要是针对学生实践中的教学问题进行指导。通过两类指导老师的指导，职前教师尝试在实践中把自己所学的专业知识用到教学实践中去，通过实践教学巩固教学技能、丰富教育教学的实践知识，这有助于职前教师在成为在职教师后顺利开展工作。

这种校内和校外相结合的教学方式是培养小学全科教师所必须采用的教学方式。这是由教师行业的特殊性所决定的。另外，在校外的实践教学中，指导老师需要指导学生进行每天的教学日志的撰写，目的是让学生从开始实践教学时就养成进行实践知识的自我管理的习惯，从而让他们能够学会管理自己的实践知识，为从事小学教育教学工作奠定良好的理论知识和实践知识的基础，以提升在职教育教学的有效性和教育教学质量。

（四）自主学习和接受学习相结合的教学方式

自主学习从字面上来看指的是学生的自我做主、自己主导的一种学习方式。自我做主指的是对学习目标、学习内容、学习方法、学习进程和学习速度的一种自我把控的学习方式。自我主导指的是学生自己对自己学习的一种自我监控、自我评价和自我调控的学习方式。由此可见，自主学习首先表现为一种能力，一种能够自我监控和自我调控学习的能力；其次表现为一种学习方式，一种通过自我主导和自我决定的学习形式。同时，当能力和形式结合起来形成一种学习状态时就构成了自主学习的过程。据此，自主学习不是一种具体的学习方法，而是一种学习方式、学习能力和学习过程的结合体。根据 Zimmerman 的观点，自主学习是"学习者把自己的心智能力转化为学术技能的自我指导过程"①。接受学习是一种传统的学习方式，指的是在教师的指导和主导下的一种学习方式。接受学习不完全是机械学习，根据加涅的观点，接受学习也可能是一种意义学习，要看处于主导地位的教师如何激发学生主动参与学习的兴趣和动机。

自主学习是新课程改革所倡导的教学方式，要求教师能够通过自己的指导，充分调动和发挥学生学习的主动性、积极性和能动性，从而主动投入课堂、参与互动。自主学习过程不仅表现在学生能够积极主动投入学习，关键是学生能够主动对自己的学习进行管理。学习管理过程包括对自己的认知策略和元认知策略的采用，对自己的学习过程中的学习方法和学习进程进行监控，以使自己的学习方法和学习策略指向学习目标，同时能够对自己的学习进行评价，及时了解自己的学习效果和学习状态。从以上对自主学习的分析中可以看出，自主学习对培养学生的自主能力、自我建构知识和人格具有重大的意义。另外，自主学习又体现了教学是教会学生学习这一新课改的教学理念。对于即将成为教师的这些职前教师，更应该培养他们的自主学习习惯和学习能力。可见，小学全科教师培养应该采取自主学习的教学

---

① Zimmerman, B. J. "Becoming a Self - regulated Learner: an Overview". Theory into Practice, No. 41, 2002.

方式。

接受学习这种教学方式通常用来教授理论性较强的知识，而这种理论性较强的知识又是通过学生的自主学习可能难以掌握的，因此就需要教师的指导和阐释。教师把知识通过讲解、分析和阐释等方法对学生进行传授的方式就是接受式教学。接受学习是从学生的角度来描述这一过程的，接受式教学是从教师这一角度进行解读的。接受学习并不是说学生被动地接受教师所教授的知识。在接受式教学中，学生若是能够激发自己的学习动机，主动参与到知识的教授过程中，从而采取自己的方式接收教师所传递的知识，并对知识进行自我加工和编码，进而同化或顺应到自己的知识结构中，那么这种接受方式就会变成意义学习。意义学习同样是新课程改革所倡导的学习方式。因此，教师在教学过程中，要充分发挥自己的教学智慧，激发学生的学习兴趣和学习动机，从而驱动他们从事有意义的知识学习。

当学生能够充分发挥自己的学习能力，在学习过程中积极主动地进行知识的建构，并能够监控和评价自己的学习过程，即对自己的学习过程进行管理，那么就达到了自主学习和接受学习相结合的学习目的。

第七章

卓越教师培养的评价

卓越教师培养的评价指的是对卓越教师培养过程和培养结果进行的价值判断。在我国的师范教育史上，曾经的教师培养评价是以学生的课程分数为依据，以教师为唯一评价主体的评价方式，这是一种极端的终结性评价。随着评价理论研究和教师教育的发展，终结性评价方式逐渐显露出其自身的弊端和不足。于是在教师教育过程中逐渐出现了形成性评价、过程性评价、发展性评价等评价形式。本章主要以小学全科教师培养的评价为例，分析和研究卓越教师培养的评价方法和评价实施。

第一节　教学评价的概述

评价是管理学中的一个重要概念，指通过一定的方法对评价对象的判断活动。这个判断需要采用一定的方法，设计一定的评价指标才能实施。教学评价是教育评价学的一个重要概念和研究领域。教学作为学校教育的中心工作，其质量如何，关涉整个学校的办学质量。教学的效果如何，学校的培养目标是否达成，培养目标达成度如何，如此等等，都需要采用一种方式方法进行衡量和判断，这就是教学评价。可见，教学评价在整个学校的教学工作中起着举足轻重的作用。本节主要在梳理相关教学评价的定义的基础之上，确定教学评价的定义，并阐述教学评价的种类及其功能。

一　教学评价的界定

由于教学评价具有非常重要的功能和价值，所以关于教学评价的研究相对丰富，对教学评价的概念界定也是多角度、多视角。

（一）教学评价的历史界定

国内外关于教学评价的界定有很多。关于教学评价，国外大致有四种不同的观点：其一是教学评价是教学测验，其代表人物是著名的心理学家桑代克；第二种观点认为教学评价是价值判断，其代表人物是比贝（C. E. Beeby）；第三种观点的代表人物是素有"当代教育评价之父"的泰勒和普罗巴司（M. Probus），他们认为教学评价是把实际行为和理想的目标相比较的过程；第四种观点认为教学评价是全面地收集资料，以协助决策者找出最佳方案的过程。[①] 从现在的角度来看，这四种观点虽然都或多或少从某一角度揭示了教学评价的内涵，但是都有某一方面的不足。例如，教学评价是教学测验这种观点首先揭示了教学评价的一种方式和方法，但是它却窄化了教学评价的含义，教学测验是教学评价的一种方式，却不是教学评价，这个概念同时混淆了教学评价和教学测验。

我国研究者关于教学评价的定义也有许多不同的观点，致使教学评价的界定没有达成共识。比如，有的研究者认为"教学评价就是通过各种测量，系统地收集证据，从而对学生通过教学发生的行为变化予以确定"[②]。另有研究者认为"教学评价是收集教育系统各方面信息并依据一定的客观标准对教学及其效果做出客观的衡量和科学的判定过程"[③]。还有研究者认为，"教学评价指的是按照一定的教学目标，运用科学可行的评价方法，对教学过程和教学成果给予价值上的判断，为改进教学、提高教学质量提供可靠的信息和科学依据"[④]。又有研究者认为，"教学评价指的是依据一定的客观标准，以收集相关信息为基础，运用科学的方法，对师生的教学活动及其效果进行价值判断的活动"[⑤]。

① 张玉田：《学校教育评价》，中央民族学院出版社1987年版，第17页。
② 李秉德：《教学论》，人民教育出版社1991年版，第320页。
③ 吴也显：《教学论新编》，教育科学出版社1991年版，第423页。
④ 王汉澜：《教育评价学》，河南大学出版社1995年版，第182页。
⑤ 李森：《现代教学论》，人民教育出版社2011年版，第480页。

从以上关于教学评价的概念界定可以看出，我国研究者基本上都认为教学评价是一种价值判断过程。这种价值判断活动首先以一定的标准为依据，其次是收集可以作为评价代表评价对象各方面表现的信息资料，通过对信息资料的分析，做出价值判断。这种价值判断的对象不一致。有的认为判断的对象是学生的行为变化，有的认为是教学过程和结果，有的认为是教学活动及其效果。可见，关于评价对象有两种观点：其一是学生；其二是教学。到底评价的对象是什么，一直是教学论研究者所思考的热点，需要我们进一步厘清。

（二）教学评价的定义

任何实物的出现都是有一定目的的，教学评价也不例外。若要定义教学评价，就必须明晰教学评价产生的意义，考察教学评价的实施方法，收集教学评价所需的信息，最终落脚到教学评价的目的。

教学作为教育工作的中心，其效果如何，是否实现了教学目标，教学目标的达成度如何，学生通过教学获得了哪些方面的变化，教师通过教学有哪些需要改进的地方，等等，这些都需要通过一定的方式获得相关信息，并对信息进行分析，得出相应的结果。若想得到相关的答案，需要对哪些对象进行相关数据的收集和分析，这就要确定教学评价的对象。教学评价的对象是学生、教师抑或教学自身，则需要看评价的目的。若要获得对相关评价对象的相关信息，那应该采取什么方式和方法进行，这就牵涉到教学评价的方法和标准。这些问题都解决了，必须回答另外一个问题，那就是谁有权利实施这一行为，这就是教学评价主体。由此可见，教学评价是教学评价主体根据一定的评价标准，采用一定的科学方法，在收集的相关的信息的基础之上，对教师和学生以及活动的过程和结果所进行的价值分析和价值判断的过程。

这个定义表现出以下几个方面的含义。首先，一定的评价标准必须尽量客观。教学评价的主体是人，人都是具有一定的价值立场和价值观点的，不可能价值中立。但是教学评价又需要客观、中立，能够反映出真实的现实状况，两者似乎存在矛盾。这就需要评价主体尽可能地站在局外来看待教学评价，从而尽可能地使得评价标准具有客观性。其次，教学评价的信息需要尽可能全面、真实。教学评价的结果是否真实，关键在于收集的信息是否真实、客观。如果收到的信息是虚假的信息，那么建立在虚假信息基础之上的分析判断就会缺乏科学性和真实性，这样的话就失去了教学评价的价值和意义，甚至会带来不好的结果和不良的影响，导致评价对象对教学评价产生反感和抵触的心理。最后，教学评价的结果使用问题。教学评价的目的有三：其一是为了促进教学的有效性和教学质量的提升；其二是为了更好地促进学生的成长和发展；其三是有利于促进教师的专业成长和教学能力提升。这三个方面是教学评价的根本目的。但是我们的教学评价在应试教育的负面影响下，教学评价常常忽视人的发展，而只关注物的增长，导致教学评价的结果常常被用来对老师和学生进行摸底和排队，然后针对排队的队形进行惩奖，甚至不惜牺牲作为人的评价对象的尊严，缺乏起码的尊重。由此，教学评价主体必须端正评价态度，认真实施评价，客观进行评价，正确使用评价结果。

二　教学评价的种类及功能

教学评价具有不同的分类标准以及依据不同标准而产生的不同评价类型。最常见的教学评价的形分类是诊断性评价、形成性评价和终结性评价，其分类依据的标准是教学评价的功能目的，这一分类所产生的三类评价类型也是教学评价的经典类型。依据评价的参照系的不同，教学评价分为绝对评价和相对评价，这一分类标准下产生的两类评价类型是教师在日常的教学中常用的，尤其是对于过分关注学生成绩的教师或学校，相对评价是常用的评价类型。但是，随着教学关注点从学生的成绩转向学生自身的成长和发展，绝对评价越来越成为教师评价学生的评价类型。另外，根据评价主体的不同，教学评价又可以分为教师评价、学生评价、教育主管部门评价、学生家长评价等，这一分类依据下的评价类型方式从一侧面反映了教学评价的全面性和真实性。本书主要阐述诊断性评价、形成性评价和终结性评价的定义及其功能。

（一）诊断性评价、形成性评价和终结性评价

这三种类型的评价是教学评价中最经典也是最传统的评价类型，

而且是教育教学中经常使用的教学评价类型。

1. 诊断性评价

诊断性评价（diagnostic evaluation）顾名思义是为了诊断而进行的教学评价，指的是"为查明学生的学习准备状况及其相应的的影响因素而实施的评价"①。这种评价类型是进行新知识教学之前对学生的知识基础水平所做的测试和评估，其功能在于发现学生已经具有的知识水平、智力准备和心理准备程度，以便更好地开展新知识的教学。

诊断性评价的实施是为了有针对性地安排教学活动。从一个方面来说，诊断性评价的实施是为了准确定位学生的"最近发展区"。"最近发展区"指的是学生的已有发展水平与通过教师和同伴的帮助能够达到的发展水平之间的差距。最近发展区是学生通过教学所应该达到的发展水平，它是一种理想的学生发展水平，也是教学所追求的促进学生达到的发展水平。从另一个方面来说，诊断性评价是为了更好地因材施教。"诊断性评价旨在促进学习，为缺少先决条件的学生设计一种可以排除学习障碍的教学方案，为那些已经掌握了一部分或全部教学才内容的学生设计发挥其长处并防止厌烦和自满情绪的学习方案。"②

诊断性教学评价通常在教学之前进行，属于前瞻性评价。为了有针对性地开展教学，更好地促进学生的发展达到"最近发展区"，在日常的教育教学活动中，教师在教学之前，需要弄清楚学生现有的知识技能状况、学习动机和学习态度等，这些方面的资料获取往往需要采用诊断性评价方式。

2. 形成性评价

形成性评价（formative evaluation）指的是为改进教学或者为正在进行的教学活动提供反馈信息而进行的评价。形成性评价是在教学活动过程中进行的评价，属于过程性评价。

在日常的教学过程中，为了完善教学，使教学活动顺利进行，常

---

① 李森：《现代教学论》，人民教育出版社2011年版，第428页。

② B·S·布卢姆等：《教育评价》，邱渊等译，华东师范大学出版社1987年版，第174页。

常对教学活动及其教学效果实施评价。形成性评价的最主要目的不是为了鉴别和分等，而是为了查明教学计划或教学活动的失当之处或问题所在，以便为修订或改进教学提供证据。① "形成性评价，就是在课程编制、教学和学习的过程中使用的系统性评价，以便对这三个过程中的任何一过程加以改进"。② 可见，形成性评价的功能在于发现教学的长处和短长，探究教学过程中出现的问题，以便在以后的教学过程中，发挥长处，避免不足，同时解决教学中出现的问题，为接下来的优质高效教学提供依据。

形成性评价的手段有很多，除了经常性测验外，学生的作业、课堂表现等都是获取形成性评价所需要的信息的手段，所以，课堂观察是重要的形成性评价方法。

3. 终结性评价

结性评价（summative evaluation）又称为结果评价或总结性评价。它是在某一阶段的教学结束后所进行的评价，其目的在于通过对学生的学业成绩的评定，确定学生通过某一阶段教学之后达到的教育教学目标的程度，并显示学生在知识、技能、能力、方法和态度等方面所获得的发展状况，以确定后续的教学起点，并为确定新的教学目标提供一定的依据。

总结性评价是某一阶段的教学结束后进行的评价，属于回顾式评价。"总结性评价的首要目标是给学生评定成绩，或为学生作证明，或者是评级定教学方法的有效性"③。该教学评价不仅用来对教师的教进行评价，同时也是用来对学生的学进行评价。对教师的教的评价往往侧重于对教师的教学方法的评价，以显示其有效性；对学生的学的评价往往侧重于评价学生对知识和技能的掌握程度、学科能力发展程度等。总结性评价根本目标在于通过对学生的学习评定，确定教学的

① 钟启泉、汪霞、王文静：《课程与教学论》，华东师范大学出版社2008年版，第278页。

② B·S·布卢姆等：《教育评价》，邱渊等译，华东师范大学出版社1987年版，第100页。

③ 同上。

后续目标，评价方式通常采用考试的方法进行。

第二节　卓越教师培养的教学评价实施原则

评价主体在实施教学评价时，设置什么样的评价体系，采用何种评价方法，收集哪些相关的信息，如何利用教学评价结果，等等，所有这些问题，在进行教学评价时都需要考虑。本节以小学全科教师培养的教学评价为例，明晰卓越教师培养的教学评价实施的原则。

一　职业性原则

职业性原则指的是在对卓越教师培养的教学进行评价时，必须和学生将来要从事的职业建立联系，以从事将来的职业所必需的知识和技能作为教学实评价实施的依据和标准之一。由此，卓越教师培养的教学评价实施必须和卓越教师将来要从事的教师职业的学段性质对卓越教师的需求联系起来。例如，小学卓越教师作为将来从事小学教育教学工作的专业技术人员，教学评价必须把这一职业特性作为评价的标准。

小学全科教师的职业性表现为其教育性和教学性。首先，教育性表现为能够运用所学的关于小学教育的知识和技能对学生进行教育，使其心理具有发展的内容和发展的方向，使其精神发展具有向上的风格和向善的志趣。其次，教育性表现为能够运用所学的关于小学教育的教育学和心理学的知识对小学生学习生活中出现的问题进行鉴定、分析、决策和解决。这是教育学和心理学这两种经典学科课程带给小学全科教师的能力，准确地说，是教育能力。教学性表现为小学全科教师能够运用所学的教育知识以及教学知识和教学技能与学生一起共同开展教学。教师职业是一门专业，教师是专业技术人员。专业和专业技术人员决定了从事教育职业的教师必须拥有相应的专业知识和专业技能。关于小学全科教师的专业知识和专业技能，在小学全科教师的内涵和本质那一节便已经详细地论述了，此处不再赘述。但是，对小学全科教师的教学知识和教学技能的评价是教学评价的一个重要方面。

职业性原则的另一方面体现在小学全科教师的全科性。小学卓越教师的全科性表现为一专多能或多专多能，这就要求小学全科教师不仅要有相关专业的专业知识和技能，同时要拥有自然科学和社会科学方面的知识，这些知识对于培养处于启蒙时期的小学生来说是非常重要的，因为小学生的世界不单单是教育世界，更是对周围的人和物的了解和认知的生活世界。这就需要小学全科教师不仅要拥有教育教学知识，同时要拥有帮助学生全面认识这个世界的知识。所以，对职前小学全科教师的评价，不仅要评价其职业知识同时要评价其通识知识。这是对职前小学全科教师评价不同于其他卓越教师评价的地方。

二　学生发展性原则

学生发展性原则是从教学评价的形式和评价内容角度来说的。学生的大学生活虽然是从教育生活踏入社会生活的桥梁，但是这个桥梁不仅是学生的发展的继续，同时又是社会生活的起点。社会生活是一段由起点向终点趋近的生活。处于社会生活起点的大学生，在其大学学习生活期间，难以预设其社会生活的过程会如何，因为生活总是千变万化的，充满着未知数和无限的可能，社会生活更是如此。所以大学时代的教学评价必须考虑到这种无限性和未知性，在对学生进行评价时，不应该采用对他们定位和排序的评价方式，应该采用促进其发展的评价方法进行评价。对于卓越教师的评价也应该如此。

职前小学全科教师作为即将从事小学教育教学的人员，其将来的无限发展性表现为其职业能力的发展和专业能力的发展。职业能力的发展主要关注的是小学卓越教师的教学实践能力，即从事教育教学所应具备的知识和技能以及能够在教育教学中把所拥有的知识和技能应用到实践中去的能力。小学全科教师的这种职业能力可以用"能师"来表示，当然它明显区别于"教书匠"。专业能力关注的是小学全科教师对推动相应专业的发展所具有的能力。这种能力首先表现为具有一定的专业知识，其次表现为具有专业学术能力。专业学术能力以专业知识为基础，专业知识又是通过专业学术能力得以发展和深化。所以专业知识和专业学术能力是相辅相成的。具有较强专业知识和专业学术能力的能师就有可能成为"专家教师"。所以，对于职前小学教师的评价必须以他们的发展为最终目的，这个最终目的依靠的是平时对他们实施的具有激励性和导向性的教学评价。

据此，对卓越教师的评价应该考虑到职前教师的以后发展，所实施的教学评价不仅要服务于当下，而且要为学生的未来发展和终身发展服务。

三　学科发展性原则

学科发展的原则指的是评价主体在对教学实施评价时，不仅要关注学生的发展，同时要关注学生所学学科的发展。原因在于没有学科的发展，学生在从事学科学习时，就会出现停滞不前的现象，从而难以获得专业发展。因为学科自身的发展需要新的知识和新的观点即新的理论来补充，同时需要学术方法和学术技术的更新。如果没有新的知识来补充，学科就会止步不前。用个比喻来说，学生和学科的关系是就是毛与皮的关系。学科的更新和发展是学科发展的需要，学科的更新和发展需要学生在未来对学科的知识和技能进行补充和更新；学生的发展需要学习新的学科知识和学科技能以及学科的前沿学术知识和学术技术。只有这样，学科和学生才能都获得发展，从而达到高校对学科专业设置的目的，那就是培养人才和促进学科的发展。

作为培养小学全科教师的小学教育专业，和其他专业一样，其存在不仅在于培养全科教师，同时也是为了自身的发展，当然，培养全科教师是小学教育专业的本体价值，促进其自身的发展是附带价值，即工具价值，无论本体价值还是工具价值，都需要通过教学得以实现。所以，对小学全科教师培养所实施的教学评价必须明确其评价意在学生发展的同时，也要兼顾对学科发展的评价。评价主体在制定评级指标体系时，其内容结构既要包含对学生的发展的评价指标，也要含有评价学科发展的指标内容。对学科发展的评价指标既要兼顾学科结构，即概念、原理和方法，同时还要涵盖促进学科发展的学术知识和学术方法以及学术理论。而专业知识和学术知识是该专业的小学全科教师所必须具备的促进自身发展和学科发展的基础和根本。

　　由此可见，在对小学教育专业的教学进行评价时，不仅要考虑学生的因素，同时要考虑学科的因素，教学评价不仅要具有促进学生发展的功能，同时要具有促进学科发展的价值。学生发展了，学科进步了，自然也就表明学科教学具有了效果，教学质量也会随之提升。

四　多样性原则

　　多样性原则指的是实施教学评价时，要做到评价主体多元化、评价方法多样化、评价指标多维化。评价主体多元化指的是实施教学评价的主体不能单一。在以前传统的教学评价中，针对不同的评价对象，实施教学评价的主体通常具有单一性和专断性。对学生实施评价的评价主体往往是教师，对教师实施评价的评价主体通常是学校，准确地说，是教学管理者。采用的评价方法通常是相对评价或者总结性评价，目的就是对教师和学生进行甄选和排队，对学生和教师进行三六九等的排队，以甄选出所谓的好学生和优秀教师。而对于处于中下等的教师和学生都因为被贴上标签而不受重视或备受冷落，成为教学中的"被遗忘的角落"和人际中的"边缘人"。这种评价主体单一，评价方法简单，评价目的偏颇的教学评价方式从自新课程改革以来，因为其弊端而逐渐被扬弃。

　　评价主体多元化指的是在评价中相关责任人都拥有教学评价的权利，都具有评价的责任，这些相关责任人具体来说是教师、学生、学校和家长。在目前学校教育需要学校—家庭—社区三位一体的合作理念之下，社区也担负着教学评价的责任，但是社区在我国的教育教学评价中所担当的责任似乎没有得到彰显。教学评价方法多样化指的是在实施教学评价的过程中，要采用多样的评价方法，在评价过程中，不仅要采用终结性评价，也要采用形成性评价和诊断性评价；不仅要采用相对评价，同时也要采用绝对评价；不仅要采用横向评价，同时要采用纵向评价。总之要采用多样的评价方式，因为毕竟不同的评价方式的评价目的不同，关注点也不一样，只有采用多样的评价方式，才能使得评价的内容和范围全面，从而才能够更好地达到教学评价目的。教学评价指标多维化指的是在制定评价标准时，要根据评价的目的来确定评价体系的组成结构，教学评价指标是进行教学评价所依据的尺度，是教学评价的依据，所以若要对教学进行全面系统的评价，教学评价体系必须具有多角度性、全面性、系统性和具体性。多角度性指的是从不同的侧面出发确定评价指标的结构；全面性指的是每一个侧面的各方面的情况都要考虑进去；具体性指的是指标要详细、具体，具有可操作性；系统性指的评价指标要涵盖教学的各要素。只要指标体系做到了多角度性、全面性、具体性和系统性，就基本体现出教学评价的多维性。

对小学全科教师培养的教学进行评价时，必须体现多样性原则。首先，教学评价主体必须保持多样化特点。评价主体包括教师、学生、学校（通常是具有代表性的教育管理人员）、上级教育行政部门和处于教学实践一线的小学。教师、学生和学校自不必说，相对于上级教育行政部门和处于教学实践一线的小学，这三者属于自评主体。上级教育行政部门通常指的是直接管理高校的教育厅的具体部门。他们主要对高校教师教育的实施过程和结果负有指导和监督的责任，所以必须列为评价主体。处于教学实践一线的小学，从产品的生产和消费来看，属于产品的消费者，产品的质量明显关系到他们的利益。小学全科教师的培养质量如何主要通过教学来实现，因此，对教学实施评价，小学最有发言权。

其次，教学评价方法灵活、多样。在实施对小学全科教师培养的教学评价时，评价的方法必须具有多样性。依据教学评价的目的，评价方法要具有多样性。诊断性评价的采用是为了确定职前全科教师的目前学习水平和学习状态，为下一阶段的学习做准备；形成性评价是为了明晰这些学生的日常学习状况，以便发现问题及时解决；总结性评价的实施是为了最终考查学生对各门课程的学习程度和学习结果，确定学生的学习水平，发现其中的问题，为职前全科教师的下一阶段其他学科的学习提供教学策略方面的依据。

依据评价的时间节点不同，要兼顾即时评价、阶段性评价和总结性评价。按照传统的评价方式，一般情况下，评价往往在学期前、学期中和学期末进行三次的评价，而对于高等教育，评价通常采用阶段性评价和总结性评级，总结性评价往往以阶段性评价为依据，而阶段性评价是相对于他们的四年的学习来说的。其实严格说来，高等教育的评价属于总结性评价。但是21世纪初开始的高等教育教学改革以来，作为教学重要组成部分的教学评价也开始发生变革，即从原来单一的总结性评价逐渐向总结性评价和即时性评价相结合的评价方式。小学全科教师培养属于高等教育，但是又存在自身的特殊性，这种特殊性要求教学评价必须采用这两种评价方式，同时也要加强阶段性评价的实施。即时性评价是关注职前全科教师的日常表现和学业进展；阶段性评价是为了锻炼他们综合运用所学知识和技能的能力；总结性评价是对职前全科教师的总体学习和发展进行测量和分析，以为下一步的进步做准备。

再次，评价对象兼顾教师、学生和教学。传统的教育教学评价对象通常是教师和学生，对学生的评价是由教师通过期末的考试实施的，对教师的评价是学校通过学生的考试成绩作为依据而开展的。本书认为，对于小学卓越教师培养的教学评价要兼顾教师、学生和教学。对教师的评价由三个方面组成：一是教师的教学，二是教师的科研，三是教师的资质。对教师的教学评价要从课前准备、课中实施与教学驾驭和课后的教学效果三个方面进行。对学生的评级要从学生的课前预习、课上参与以及课后复习三个方面实施。对教学的评价是评价教学的效果以及教学目标的达成度，这一评价要从教学要素这一角度进行，即课堂上教师和学生的状态和互动样态、教学环境的创造和教学氛围的营造，教学方法和教学媒体的选用以及教学时间的把控，等等。对这三个评价对象的综合评价结果才能全面反映教学的效果和教学的质量。

最后，评价维度兼顾知识与技能、过程与方法以及情感与态度。知识包括专业知识与通识知识。小学全科教师的规格包括职前教师对知识的学习广度和深度、技能的熟练程度，这里的知识需要包括小学全科教师要修习的专业知识、通史知识。专业知识又包括教育知识、教学知识、专业理论知识和专业学术知识等。专业技能包括专业基本功技能、专业教学技能、专业研究技能三个方面。过程与方法包括教师和学生参与课堂的方式与方法、教师与学生的课堂参与度，等等。情感与态度作为学生的心理过程的重要组成部分，能在一定程度上体现他们的学习心理的发展品质，是评价的重要维度。总之，无论哪个方面的评价都要统筹安排、合理实施、整体评价。只有这样才能保证评价指标维度的全面性。

第三节　卓越教师培养的教学评价的实施

　　卓越教师培养的教学效果如何，教学对卓越教师培养目标的达成度如何，通过教学教师和职前卓越教师是否获得了应有的发展，等等，诸如这些问题，都需要对教学进行评价，前文已经就卓越教师培养的教学评价的类型和实施原则及策略进行了阐释，本节将以小学全科教师培养的教学评价为例对卓越教师的培养的教学评价的具体实施过程进行探讨和研究。

一　实施的过程

　　对卓越教师培养的教学过程进行评价时，探讨评价应该依据什么，评价应该由谁实施，对哪些方面进行评价等问题是不可避免的，也是本部分的研究重点。对卓越教师培养的教学评价的实施过程包括实施的程序和实施的具体步骤。

　　（一）卓越教师培养的教学评价实施程序

　　人们做任何事情，需要有序地安排，有步骤地实施，对卓越教师培养的教学进行评价亦不例外。为了使教学评价的实施科学、顺利、有效，教学评价的展开必须按照一定的程序进行，这个程序就是教学评价实施的操作程序。教学评价的操作程序一般包括六个步骤：

　　第一步，教学评价目的的确定。
　　第二步，教学评价主体的选定。
　　第三步，教学评价标准的制定。
　　第四步，教学评价方式的选用。

第五步，教学评价过程的展开。

第六步，教学评价结果的采用。

这六个步骤共同构成教学评价的实施环节，是实施卓越教师培养的教学评价所依据的过程序列，也是实施教学评价之前所要考虑的程序序列。

第一步，教学评价目的的确定。教学评价目的是实施教学评价的出发点和落脚点，教学实施的价值所在是评价目的的旨趣。教学目的既具有现实价值又具有理想性，教学评价亦是如此。对卓越教师培养的教学实施评价的目的在于检测教学对培养目标的实现程度，以及对教学目标的指向和集中的偏向。如小学全科教师培养的教学目标是通过教学的实施，实现对职前小学全科教师成长和发展的促进，同时实现小学教育相关专业知识的传承和创新，所以职前小学全科教师的成长和小学教育相关专业知识的创新是教学目标的根本所在。我们知道，学科的创新发展是建立在学生的发展基础之上的，所以学生的现实发展状况和未来发展的可能性是对职前小学教师培养的教学评价的旨归。当然，评价目标首先要检测的是对知识的传授，并通过传授知识满足学生成长和发展的需要。小学全科教师培养过程中对知识的传授表现为小学教育各门课程知识的传授，这些学科包括专业课程和通识课程以及培养技能素质的实践课程。学生的成长表现为心理素质和专业素质的提升，这两种素质的测评可以通过对学生的知识测评以及专业操作的娴熟度等来实现。教学评价的目的不是对职前卓越教师的排队、甄选、淘汰等，而在于明晰当前小学全科教师培养的教学现状、激励教师和职前小学全科教师发展、指导教师和职前小学全科教师改进等。

第二步，教学评价主体的选定。确定了教学评价目的以后，接着是确定实施教学评价的主体。教学评价主体通常是利益相关者。学校教育教学的利益相关者主要有学校、教师、学生、家长、社区以及上级教育行政部门，所以这些都应该成为教学评价主体。如在小学教育专业中，小学全科教师培养作为高等教育的一个部分，其利益相关者主要是小学全科教师培养的学校及教师、职前小学全科教师、职前小学全科教师的家长、职前小学全科教师的未来接收单位，即小学卓越教师今后工作时所在的教学实践一线的小学，所以在进行教学评价时，这些单位和个人都应该成为教学评价主体，只是不同的评价主体可以采用不同的教学评价参与方式。例如，可以直接参与教学评价，也可以采用代理人的方式，即自行聘用教学督导来实施教学评价。通常情况下，学校、上级教育主管部门可以采用督导的方式来行使自己的评价权利，让督导代替自己实施教学评价；从事教学实践的小学通常是派出代表参加教学评价；而教师、职前小学全科教师通常是自己作为教学评价主体直接参与教学评价。作为职前小学全科教师的家长通常在教学评价中被忽略，其实这是一个重要的教学评价实施者，但是由于对学校教育教学的相关信息处于闭目塞听的状态，往往难以行使教学评价权利。这需要作为培养卓越教师的高校进行相关改进。

第三步，教学评价标准的制定。教学评价标准也称为教学评价指标体系，是教学评价的依据，在教学评价实施中起着重要的作用，决定着教学评价是否能够真实、全面地反映教学评价要反映的有关教学的状况。所以，教学评价的标准制定首先要保证评价维度的全面性。评价标准维度的全面性，决定着教学评价的全面性，只有维度全面，才能保证评价的全面。其次要考虑评价指标的具体性。评价指标是收集和处理信息的尺度，评价指标越具体，越容易对教学进行评价，越能真实反映教学的具体样态。可见教学评价指标体系是多维度、多层次的。所以，对卓越教师培养的教学实施评价时，首先要考虑评价的维度有哪些，然后考虑每一维度应该从哪些方面展开，也就是说，每一个维度通过哪几个指标能够全面反映。如对小学全科教师培养的教学评价中，其指标体系可以从师生角色、教学环境、教学资源、教学效果四个维度进行，这个属于一级指标。第二指标体系可以是教师角色、学生角色、教学物理环境、教学心理氛围、教的效果、学的效果等几个方面。① 然后再围绕这几个方面，进行具体指标的确定和叙写。

第四步，教学评价方式的选用。教学评价方式的选用是一个稍显复杂的过程，包括对评价类型的选用、对教学评价方法的选用、对教

---

① 李森：《现代教学论》，人民教育出版社 2011 年版，第 488 页。

学评价技术的选用等方面。教学评价类型根据其性质可以分为质性评价和量化评价。质性评价通常采用描述的方式对评价对象进行评价，量化评价顾名思义指的是通过把相关的评价内容以数量的方式予以测量的方式。量化评价在教学评价中经常被使用，因为通过数字很容易显示评价的结果。但是量化评价有时候会抹杀教育教学中的教育规律性，比如，教学活动是一个十分微妙和复杂的过程，具有一定的模糊性，存在难以量化的因素，例如学生的情绪表现、学生人格的发展状况、学生的学习态度等。这种具有微妙性和复杂性的维度采用描述的方式就容易被揭示，更容易反映真实的教学情况。所以要把质性评价和量化评价两种类型相结合。确定了评价类型，相应的评价方法和评价技术就会相应地得到确定，也就是进一步确定具体的方法和技术。

第五步，教学评价过程的展开。教学评价的展开就是教学评价的实施。教学评价的具体实施将在下一节中展开，这里阐述一下关于教学评价实施的技术路线。评价的展开之前，首先，需要对评价对象进行评价的作用、目的和方法步骤等方面的宣传和澄清，避免评价对象对评价产生戒备和抵触情绪，以免评价背离原来的目的和初衷。其次，采用合适的方式收集评价所需要的相关信息。收集信息时，切记要同时收集描述性信息和量化信息。最后，对所收集的信息进行技术处理。通过筛选和统计对相关数据进行分析和判断，依照评价标准，得出评价结论。在这个过程中，尤其是对职前卓越教师的评价需要对学生进行认真宣传，务必让学生重视起来，否则，若学生采用消极的态度随意对待，就可能产生不真实的数据和信息，从而难以反映要评价内容的真实情况，造成对评价对象的错误判断，这样就会背离评级的初衷，而且有可能给下一步的教学工作带来误导。

第六步，教学评价结果的采用。心理学的研究表明，无论是有意识还是下意识，人做任何事情，都有他自身的目的和动机。教学评价作为一种有目的、有计划的行为活动，其展开直接指向评价目标。所以教学评价的结果必须回归教学评价目的。教学评价目标不仅指向现实，同时指向将来，即当下的教学对学生发展的促进程度和为学生的将来发展所准备的可能性。当时代走到当下的经济时代和"后工业时代"，人的发展，准确地说是人的各种素质的全面发展应该成为教学评价的核心，人的发展不仅在于知识的增长，更在于建立在增长的知识基础上的心理的发展和精神境界的提升，即人格的和谐发展。所以，为了达到对教学评价结果的采用，教学评价必须对所收集的信息在整理和分析的时候，关注教学评价的价值所在，给出的结论不应只是理性化、数学化、精确化的数据，还应有对人的情感发展和个性发展的合理性的、模糊化的、文字化的数据以及对数据背后的原因和其他相关信息的分析和推断。不仅要给出结论，同时要对得出的结论予以相应的对策和建议。通过结论不仅能够给出激励性的建议，同时要发现在教学过程中出现的问题，针对问题，提出相应对策和建议，以便为后续的教学提供可供参考的策略和出路。

例如，在对小学全科教师培养的教学进行评价时，对评价结果的采用要严格遵循评价的发展目的这一准则，同时要注意小学全科教师这一评价对象的特殊性。首先，发展目的不仅表现在个人发展方面，而且表现在他们作为小学教师的职业发展方面；不仅表现在智力发展方面，而且表现在非智力方面的发展；不仅表现在关注其个体人格特点，而且要关注其作为从事小学教育教学的教师的类人格的发展。《基础教育课程改革纲要》（试行）中明确要求，"改变课程评价过分强调甄别与选拔的功能，发挥评价促进学生发展、教师提高和改进教学实践的功能"①。无论是对于教师的评价还是对于职前小学全科教师的评价，其目的都不在于证明、排队、选拔，其目的在于教师的专业能力发展、学生的人格的和谐发展以及学科发展。

（二）具体实施

通过上一部分关于教学评价的操作程序的阐释，我们知道了教学评价的实施步骤，本部分将探讨教学评价的具体实施。教学评价的具体实施，指的是根据教学评价标准，通过科学收集的相关数据，对教学评价对象有针对性地进行分析和判断。教学评价，顾名思义是对教

---

① 中华人民共和国教育部：《基础教育课程改革纲要》（试行），中华人民共和国教育部网站（http：// www. moe. edu. cn/publicfiles/business/htmlfiles/moe/moe_ 309/200412/4672. html）。

学进行评价。教学作为一种价值负载的文化活动，其构成因素相对复杂，且各构成因素又具有其自身的特点。所以，教学具有明显的复杂性，同时又具有显著的文化性。其文化性表现在教学主体具有文化性，且教学过程是一个文化过程。教学主体的文化性表现在教师和学生都是一定文化中的人，同时又通过文化的传承和创新，形成一定的文化个性，即形成文化价值观和具有文化特性的生活方式。教学过程的文化性表现在，教学过程是一个文化传承和创新的过程，同时这个过程又是在一定的文化场域中进行的。所以，教学评级的实施务必要彰显文化性。教学又是一定时代的教学，教学评价同样必须具有时代性。文化性和时代性是教学评价实施中要彰显的特点。当前的时代文化价值观表现为发展性和终身学习，所以教学评价关注的重点应该是人格的和谐发展性。① 这是实施教学评价的价值取向。

教学评价既然是对教学的评价，而教学又是一个在时代文化价值观下的复杂的文化活动，对这一活动的评价可以从其构成要素着手实施。关于教学的基本构成要素，有二因素说、三因素说、四因素说、五因素说等。这里以二因素说为例展开教学评价具体实施的分析。教学的二因素说指的是，教学的基本构成因素有两种，即是教师和学生。教学活动是由教师和学生这两个基本因素构成，其他因素都是为了教师和学生的活动服务的。据此，教学评价的对象即教师和学生以及教师和学生之间的互动，这个互动就是教学活动，互动的过程就是教学过程的展开，对这个过程的评价关注互动效果。

1. 教师评价

对教师的评价在很大程度上指的是对教师教的评价，对教师的教学能力和教学行为态度的评价。对教师的评价可以从不同的角度和维度展开。例如，可以从共时的角度对教师的教进行评价，也可以从历时的角度对教师的教进行评价。② 从历时的角度对教师的教学行为进行评价，可以从三个维度进行，即课前、课中和课后。课前指的是教

---

① 李定仁、刘旭东：《教学评价的世纪反思与前瞻》，《教育研究》2001 年第 2 期。
② 鲍银霞：《新课程理念下的有效学习评价指标的构建》，《教育导刊》2008 年第 1 期。

师在实施教学之前，对教学所做的准备，包括对教学条件的分析、学情分析、课程教材的分析以及教学设计的制定。教学条件的分析包括教学设备的分析、教学手段的运用分析、教学方法的选择分析、教学环境的分析等。学情分析包括对学生的学习水平的分析、学习特点的分析、学生的年龄特点的分析、学生学习风格的分析。教材分析包括课程标准的要求分析、教材内容之间关系的分析、教材的难易度的分析、教材的量与质的分析、教材的适应度的分析。教学设计的制定包括教学目标的制定、教学内容的确定、教学方法的选用、教学媒体的选择、教学活动的设计。对教师课前行为的评价包括对上面各方面的评价。对教师课中的评价主要集中在对教师的教学设计的实施状况的评价，对教师创设教学环境的评价，对教师的教学管理的评价，对教师与学生互动的评价，对教师指导学生的评价可以算在师生互动之列。对教师课后的评价包括对教师的课后反思的评价，对教师课后对学生指导的评价、对教师批阅学生课业情况的评价等。

　　从共时的角度对教师的教进行评价，可以从教学目标的制定、教学内容的确定、教学方法的选用、教学形式的组织、教学效果、教学管理以及隐含在这些行为后面的教师的教学态度、教学理念和教学基本功等方面进行的评价。表 7 – 1 是李森教授等对教师的教进行评价的量表，这个量表是从共时的角度以有效教学为目的对教师的教学进行的评价，共有七个维度，即教学目标、教学内容、教学方法、教学组织、教学基本功、教学态度、教学效果。

表 7 – 1　　　　　　　　　有效教学的评价量表[①]

评价内容	具体表现
教学目标	预设目标是否明确、具体，符合教材和课表要求； 生成目标是否切实，符合学生的要求，具有合理性、应变性
教学内容	教学的重点、难点是否突出，是否注重课程内容的具体含量； 教学内容是否正确无误，知识是否丰富连贯； 教学内容是否与实际相结合，是否适当选取事例； 是否注重知识的前沿性，对新成果的汲取如何； 是否注重基本理论、知识、技能的传授

---

　　① 李森：《现代教学论》，人民教育出版社 2011 年版，第 494—495 页。

续表

评价内容	具体表现
教学方法	所采用的教学方法是否合适; 是否注重学生的个别差异,因材施教; 是否掌握了现代化的教学手段,并在适当的时候使用; 是否注意对学生学习动机的激发和兴趣的培养; 是否加强对学生学习方法的指导与培养
教学组织	上课是否系统、连贯,富有启发性; 是否采用了恰当、有效的措施来维持教学秩序; 在偶发事件的处理中,教师是否表现出了教育智慧,处理措施是否恰当; 教师是否重视与学生的交流,对学生的信息是否及时反馈; 作业布置、批改以及辅导答疑是否具有层次性、激励性,为学生的后续学习打下基础
教学基本功	普通话是否规范、流畅、抑扬顿挫; 教学语言是否正确、生动、形象、风趣; 板书是否清洁、简明,布局合理; 专业知识是否系统、扎实,相关知识是否宽广; 是否能熟悉地使用现代化的教学手段
教学态度	讲课是否认真负责; 是否虚心听取同事以及学生的意见,不断改进教学; 是否刻苦钻研教材,不断提高自己的专业素养; 是否不断地了解学生的需求,真正关心学生
教学效果	教学气氛是否活跃; 讲课是否有吸引力; 学生对该门学科的态度如何,是否具有较强的学习兴趣; 学生是否掌握了本门学科相关的学习方法; 学生的知识与技能、过程与方法、情感态度与价值观是否均得到了发展

从表 7-1 可以看出,该量表对教师的教学评价是从共时态的角度展开的,采用的是二级量表的形式建构的教学评价指标体系,该体系从共时的角度对教师的教学从教学实施、教学效果、教师自身的态度和教学基本素质四个方面展开评价,评价指标相对全面、完整、科学、具体,具有可以采用拿来主义的特质,该量表是用来评价中小学教师的教学的,因此,对不具有专业特点的高校教师进行评价使用更为妥当。当然不同的研究者有不同的观点,比如,在评价过程中有对教师教学组织的评价,但似乎缺少了对教师的教学管理的评价,再比

如，在教学基本功这一维度评价中，有关于教师对现代化教学手段的运用评价，有对教师的语言和板书的评价，却似乎少了对教师的简笔画和直观教学手段的运用等传统教学手段的运用评价。所以，研究者在利用此评价量表的时候，需要在根据学科特点和学段特点对该量表进行修改的基础之上进行使用。

2. 学生评价

对学生的评价如对教师的评价一样，可以采用历时态或者共时态的方式对学生进行评价。采用共时态的评级，其评价维度可以从学生的教学参与态度、教学参与行为和教学参与效果三个方面进行评价；对学生进行历时态的评价包括对学生的课前、课中和课外三个方面的评价。对学生的课前的评价主要集中在学生对上课的准备方面，即学生对课程的预习、对课程的态度等两个方面进行。对学生课中的评价主要表现为对学生的学习态度、学习方法与策略、学习特点、自我管理、与教师的互动表现、参与课堂的表现等方面的评价。对学生的课外的评价包括对课外活动和实践方面的评价，以及学生的课前准备和课后巩固等方面的评价。对学生课外活动和实践方面的评价主要是评价学生参与竞赛、表演等与教学相关的实践、参与社团等的社会实践以及参与教学实践的态度、参与状况、结果等方面的评价。对学生课前的评价主要评价学生的课前预习和课前与学习相关的其他方面的准备。对学生课后的评价包括对学生完成作业的评价、对所学知识的运用的评价、对学生参与学术研究活动的评价等。在对学生的这些方面的评价中，主要凸显对学生的自主学习意识和自主学习能力的分析和价值判断。对学生的评价还可以从学生的学习这一维度进行，那就是学生的学习准备、学习过程和学习结果，它们对应的是课前、课中和课后三个方面。对这三个方面的评价，综合起来，整体显示对学生的评价。我国有研究者对学生的评价的指标和内容有详细研究。下面是李森教授等对学生的有效学习评价的评价量表，可以在针对不同的学习对象，适当修改后作为对学生评价的参考。

表 7 – 2　　　　　　　　　　有效学习评价量表①

一级指标	二级指标	具体表现	评价类型和方法
学习准备	知识准备	具备新的学习所需要的相关知识； 具备新的学习所需要的生活经验	类型：诊断性评价 方法：测验、课前调查等
	能力准备	具备新的学习所必需的一般学习能力，包括观察、思考、阅读、书写和表达等能力； 具备新的学习所必需的学科基本能力	
学习过程	认知参与	学习目标和任务明确； 学习注意力集中，思维活跃	类型：形成性评价 方法：小测验、作业、课堂观察等
	情感参与	学习过程中伴随着积极的情感体验； 学习上遇到困难时能够坚持前行，不退缩	
	行为参与	在单位时间内绝大多数时间用于专注学习； 师生互动、生生互动充分且有效	
学习结果	知识与能力	课程标准中规定的基础知识和基本技能的目标达成良好； 学生的学习能力（包括一般学习能力和学科学习能力）得到了提高	类型：终结性评价 方法：考试、作业、作品展示
	方法与策略	学会根据学习任务的要求合理安排学习时间； 能够在学习过程中有意识地运用学习方法和利用各种资源来完成学习任务； 能够掌握基本学习策略和运用支持性学习策略； 能够采用多种学习方式，在教师指导下主动地、富有个性地学习	
	情意与态度	对所学的内容产生了学习兴趣，不厌学，并有继续学习的欲望； 学习的意志力得到锻炼； 形成了良好的学习习惯	
	社会意识与能力	学生的个性得到充分的尊重和良好的发展； 学生所取得的学习成就与其最近发展水平相适应	类型：终结性评价 方法：考试、作业、作品展示
	个性化发展	具有与人和文本平等对话的意识和能力； 具有与人合作交往的意识和能力； 具有为社会做出贡献的意识和能力	

通过表 7 – 2 可以看出，该评价学生学习效果的量表是一个评价体系相对完整的评价量表。该量表对学生的评价指标分类依据主要是新课程改革所规定的课程目标。《基础教育课程改革纲要》中要求课程培养目标需要学生能够得到三个维度的发展，那就是知识与技能、

① 李森：《现代教学论》，人民教育出版社 2011 年版，第 494—495 页。

过程与方法、情感态度价值观，也就是人们常说的知、情、行三个方面的发展为评价指标体系。这个评价量表基本涵盖了当下教学评价所应评价的内容，评价体系较为完整，但是在具体的指标和评价方法方面有待进一步修改，首先因为在学习准备和学习过程的评价指标体系中缺少某些方面的具体指标。如在学习准备中缺少对情感态度的准备方面的指标，学生对待要进行的学习采取什么态度，有什么样的情绪情感等都会影响到学生的学习过程和学习效果。在对学习过程进行评价时，情意这一模块的评价指标体系的具体构成同样缺少了学生参与学习和对待学习的态度意识这方面的具体指标。

另外，在评价类型和方法中，该评价量表采用了经典的三类型评价方式，对应学习前、学习中和学习后效果，较为合理。但是从具体的方法中可以看出，该方法体系具有明显的管理主体色彩，即教学评价是为了更好地管理学生的学习。但是现行的教学评价在经历了知识本位、能力本位的教学评价价值观引导下的教学评价阶段后，其教学评价价值观表现为个性为本的价值观。个性为本突出的是教学评价的目的不是为了证明，也不是为了排队和甄选，其目的在于帮助学生形成终身学习的理念和能力过程中促进学生的个性和谐发展。[①] 这是当下教学评价的旨趣所在。第四代评价理论持有者认为，既然评价所追求的是学生的终身学习能力的培养和学生的个性和谐发展，那么教学评价的方法需要多种多样，不应该还是采用具有鲜明管理主义色彩的方法，而应该持有价值多元的理念进行教学评价方法的选用。[②] 在具体教学评价方法中首先遵循他评和自评相结合，因为教学评价不是一个管理和监督的过程，是一个协商、对话和共同建构的过程，目的在于促进评价对象的自我感知、自我发现、自我建构和自我发展。另外，在评价的过程中，不仅要采用测验、作业和考试的方法，更要采用即时评价的方式，即通过对即时的对话、展示、仿作、实作、实践、观察等方式进行评价，以便使得教学评价能够更加全面和真实地

① 李定仁、刘旭东：《教学评价的世纪反思与前瞻》，《教育研究》2001 年第 2 期。
② 卢立涛：《回应、协商、共同建构——"第四代评价理论"述评》，《内蒙古师范大学学报》（教育科学版）2008 年第 8 期。

反映学生的学习和发展。

　　本书尝试通过借鉴相关教学评价体系建构的研究，采用历时研究的方法，对小学卓越教师培养的教学评价进行评价指标体系的建构，所尝试建构的教学评价体系如表7-3所示。

表7-3　　　　　　　　　　　　　教学评价量表

一级标题	二级标题	三级指标	具体表现	评价类型和方法
课前准备	教师准备	教学条件分析；学情分析；教材分析；教学设计	教具、教师设施；学生的年龄特点、知识基础、认知风格、学习态度、自主学习能力、专业认同感	类型：形成性评价、即时评价；方法：文本分析法、访谈法、问卷法
	学生准备	知识准备；态度准备；学习策略和方法准备	知识水平、认知风格、学习策略和方法、专业态度、是否预习、学习兴趣、对教师的认同	类型：诊断性评价、即时评价；方法：访谈法、小测验、问卷调查法
课中展开	教师的教	教学基本功；教学环境的创设；教学时间管理；教学方法的运用；教学媒介的使用；教学的组织；偶发事件处理；对学生的指导	教师的普通话、教学语言、教学风格、教学简笔画、艺术知识与技能；教学设施的利用、教学氛围的创设；教学的速率和步距、教学的时间安排；教学方法的选择和使用；教学媒体的选择和使用；教学组织的形式和种类；对偶发事件的处理时间、方式、对偶发事件的利用；对学生学习方法的指导、学习内容的引领、学习思维的指导和锻炼、学习结果的态度和利用	类型：形成性评价、即时评价法；方法：观察法、访谈法、问卷调查法、听课
	学生的学	学习态度；学习策略与方法；自我管理；课堂参与	对课程学习的兴趣和动力、对课程及其学习的态度、课程学习方法的选择和使用、学习中认知策略的使用、学习中对自我的管理、对学习时间的管理、对学习内容的管理、对师生互动态度与参与度、与学生的合作	类型：形成性评价、即时评价；方法：档案袋法、观察法、访谈法、问卷调查法、听课、作品展示、实作、表演、汇报
	教学目标达成	知识的获取；技能的锻炼；方法的习得；学生的学习态度和情感体验；学生意志力培养；个性的发展	相关课程的知识的了解和运用、专业基本技能的掌握、学习方法的了解和掌握、学习态度的积极性、对学习的正面情绪体验、学习意识的显在性、学习意志的坚强度、与人合作的能力、对专业至于社会的意义认知、对自我至于社会和个人的关系与意义	类型：形成性评价、总结性评价；方法：档案袋法、考试、实践操作、作品展示、表演、报告

续表

一级标题	二级标题	三级指标	具体表现	评价类型和方法
课后延伸	教的拓展	教学反思；课外学习和实践的指导；作业的布置和批阅；学术研究	对教学的收获和不足的总结以及对后续工作的启示；对学生课外学习的态度、热情、指导情况；对学生的课外作业的布置的数量、性质、批阅方式与作业结果的运用；对专业领域的前沿认知、对专业研究的知识与技术的认知与把握、对专业发展的态度与情感	类型：形成性评价、即时评价；方法：档案袋法、文本分析法、访谈法、问卷调查法、作品展示
	学的拓展	课后作业的完成；课外专业实践的参与；课外书籍的阅读；社会实践的参与；学术训练	对课后作业的态度、完成情况、对教师批阅的态度与行动；对课外实践的态度、参与度、参与结果以及对结果的态度、对阅读专业之外书籍的态度、作为；对专业学术的态度、对专业学术前沿的了解、对专业学术的学习与锻炼	类型：形成性评价、即时评价；方法：档案袋法、作业、实践操作、报告、作品展示、表演

如表 7 – 3 所示，本教学评价指标体系是用以评价小学全科教师培养的教学状况，该评价量表对评价内容进行四级指标体系的描述，所以虽不能直接进行教学评价的实施，但是把评价内容以陈述或疑问的方式表述出来，基本上可以使用。因为教学过程是由教师的教和学生的学融合而成，且按照二因素说的观点，教学的基本要素是教师和学生，所以此教学评价量表采用历时态的方式，从三个维度，即课前准备、课中展开和课后延伸展开评价指标的描述。如前文所述，作为对小学全科教师的培养，只有课堂教学是不够的，需要课内和课外相结合，理论学习和实践操作相结合，所以在对教学评价进行指标编写时，要兼顾课内外和校内外。

本书主张对教学评价采用自评、他评、互评相结合的方式，其依据在于教学利益相关者都应该成为教学评价主体。利益相关者在进行教学评价时，会采用严肃认真的态度，且对待评价对象会从相互的关系角度对教学进行考量。他评包括教学场域之外的评价主体所给予的评价，如教育管理者、上级教学管理部门、实践一线的小学等。互评首先指的是教师和学生的互评，这是近年来在高校教学中常用的评价方式；其次指的是学生之间的互评和小组之间的互评。评价方式的多样性，会使得评价结果更趋近真实状况。

在教学评价的类型和方法上，本书坚持发展的目的观，发展包括学生的发展和教师的发展以及学科的发展，其中人的发展是评价的最终目的，因为毕竟物的发展是建立在人的发展基础之上且是为人的发展服务。在评价方法上，不仅有日常的即时评价方法，同时又有阶段性评价方法和终结性评价方法。通过表 7 – 3 可以看出，本书更加关注形成性评价和即时评价。即时评价属于形成性评价，但是又区别于形成性评价。在这里本不应该把即时评价和形成性评价并列，但是本书认为，应该强化形成性评价这种评价方式以及即时评价这种评价方法。如前文所述，形成性评价指的是为了使教学顺利实施，在教学过程中，针对教学行为和教学效果进行的分析和评定。形成性评价不属于具体的评价方法，属于评价类型。即时评价指的是在特定的教学场域中，教师对学生的某种行为表现予以实时的鼓励和价值判断。及时评价是一种评价方法，同时又是一种教学手段，因为它可以在每一节课上随时进行。目前，即时评价越来越成为教师推崇的评价方法之一。

二　教学评价的实施策略

上文通过以小学全科教师培养的教学评价为例，论述了卓越教师培养的教学评价的程序和具体实施过程。本节主要论述教学评价的实施策略和方法。

（一）　以发展作为教学的评价目的

以发展作为卓越教师培养的教学评价的最终目的，指的是教学评价是为了促进教学，而教学的目的是以人的发展为根本同时带动物的发展。关于教学评价的目的观，从历史的角度审视，存在着三种评价目的观。第一种是知识评价观。这种评价观若从历史发展的角度来看，发生在农业时代，这个时代的人们文明程度相对较低，知识相对较为贫乏，人们审视自然和社会的能力较为有限，一般依据过去的经验来认识自然世界，所以对知识极为推崇。这一时期的教学评价关注的是学生对知识的掌握。至今这种观点还在许多人的意识当中存在。

随着社会的进步和科学技术的发展，逐渐迎来了工业社会，工业社会的一个显著特点就是对技术的掌握，而不是对知识的获取，于是教学评价观逐渐产生从关注知识到关注能力的转变，能力评价观就代替了知识评价观存在于人们的教学评价中。能力代替知识成为教学评价的价值观，这是一种历史的极大进步，因为在知识观的视域中，分数说明一切，培养出的人才出现高分低能的现象，即学生掌握了大量的知识，但是在具体的专业实践中难以从事实践工作，导致学校所培养的人才规格和社会对人才规格的需求不相适应，从而造成人才的难就业和社会所需人才的不济，学校教学和社会需求相脱节。随着工业时代对人才的能力需求的增加，培养人才的学校逐渐认识到教学必须以能力作为培养人才的规格，于是能力本位的教学评价观就取代了知识本位评价观。能力本位评价观关注教学对学生各方面能力的培养，知识的掌握也位列其中，但是掌握知识是为了更好地提升能力，即个人的专业能力、人际能力和生活能力。

当时代伴随着科学技术的发展，信息化时代和知识经济时代逐渐崭露端倪并以惊人的速度发展着。当下大数据、云计算、移动终端等逐渐从专业名词转变为耳熟能详的日常概念，可见科技的发展和信息技术的发展，成就了当下这个时代。信息时代信息的丰富性和知识传播的快捷性，使得知识的获取不再是个难题。同时高度发展的物质文化给人们的物质生活以极大的满足。于是，处于这个高度知识化和信息化时代的人们逐渐认识到个体精神生活的重要性以及个体心理健康的重要性。由此，关注人格的发展，关注人的精神风貌的提升成为教学必须关注的重点。于是，关注人的发展成为教学评价的发展趋势。以人为本的教学评价观就成为主流评价观。人的发展成为教学评价关注的焦点和重中之重。关注人的发展，最重要的是关注学生的心理发展，关注学生人格的发展、情感的陶冶以及学生意志力的培养。

把人的发展作为教学评价的目的，不仅指学生的发展，同样也包含教师的发展。教学评价对教师发展的关注包括教师的专业能力的发展和教师个人的发展两个方面。因为教师不仅仅是教师，同时也是社会人。其发展具有双重性，即教师作为个体的发展以及教师作为教师群体一员的职业发展。教师作为个人的发展，其目的是提升教师的个人生活品质，增加教师个人的幸福感。通过教学评价，使得教师不仅能够从自我的角度反思自己，并且能够从评价者的角度审视自己，发现自己的优点和长处，同时也明白自己的不足和短处，在此基础上改进自己、提升自己，从而使得自己向更完美、更幸福的方向趋近。教师作为职业群体一员的职业发展在于通过教学评价，让教师看清自己在教育教学方面的表现和作为，明晰自己在职业生活中的优势与不足，发现自己在教学中的利与弊，并能够冷静地思考自己与自己职业的关系，以及自己通过自己的职业所能够获得的成长和发展，从而使得教师能够发现自我的教育价值、承认自我的教育能力、实现自我的教育抱负，促进教师的自我职业责任感，提升教师的自我职业成就感，从而提高教师的职业幸福感，促进教师的职业生涯的和谐发展与创新提升。

教学评价的最根本的目的是促进职前卓越教师的发展。教学评价通过对教学各方面因素的分析、评估和判断，提炼出教学本身促进学生成长的优势，发现教学中不利于学生成长的不足和短缺之处，从而使得以后的教学能够扬长避短，提升教学的自身发展。得到发展的教学能够更好地充分运用师资和其他教育教学资源对职前卓越教师从事教育教学知识的传授、职业技能的培训、专业能力的锻炼、专业素质的提升和职业道德的培养，从而使得职前卓越教师能够更好地发展。例如，在小学教育专业的日常教育教学中，通过教学评价，对教师的教和职前小学全科教师的学进行优势分析和缺点剖析，结果可能发现，职前小学全科教师的教学技能在简笔画方面于专业实践中的运用表现不理想，没能凸显出它的专业优势。通过挖掘其背后的影响因素，并对产生这种现象的问题进行深层次的探讨，结果发现，教师对学生的简笔画的教学也是认真的，既有理论知识的讲解又有实践的操作，学生对于简笔画这一部分的学习也同样认真，且他们的简笔画基本功也没有问题。经过影响因素的分析和问题产生的原因分析，发现问题出现在教学职前小学全科教师的教师身上，在他们教授职前小学全科教师简笔画这门课的时候，其教学只是就简笔画教学简笔画，而没有把简笔画的教学和学生的专业学习相结合，结果导致学生在专业实践中不会使用简笔画或者是想不到使用简笔画，即做不到学以致用。这种现象就说明教师在教学时缺乏把知识的教学和学生的专业实践相联系，即教师的知识教学和学生的专业实践相脱节。发现了这个问题，通过教师的反思，在以后的教学中，他就会开始思考如何把所教的课程与小学专业的特殊性联系起来，从而使得各门课程的教学和职前卓越教师的专业性和职业性相联系，从而在丰富职前卓越教师的知识的同时，提升他们的专业技能和职业能力，促进职前卓越教师的专业发展。

由上文可见，尽管教学评价的目的有很多，但是其根本目的是促进学生的发展，这是教学评价的根本所在。因为教学是一种文化存在，对它的评价需要以文化价值观作为指导，同时又要凸显时代性。可见，对于教学评价的目的观，随着时代的发展，需要与时俱进，符合时代发展的需求和时代发展的文化价值观，只有这样，才能够充分体现教学评价对卓越教师培养的教学价值。

（二）评价功能的全面性和侧重性相结合

卓越教师培养的教学评价，随着教育教学的发展和教育管理的发展，越来越受到重视，这可以从教学评价的主体发展和评价方法的多样性窥管见豹。教学评价越来越受到教学管理者的重视，还有一个重要原因是教学评价功能的多样性及其对教学的影响作用。

教学评价的功能，在第一节中已经得到阐述，这里主要分析在实施教学评价时，需要评价实施主体明晰一个观念，那就是把教学评价功能的多样性和侧重性相结合，且明白每一次实施评价时，需要满足教学评价的何种功能或哪些功能，以便教学评价的实施能够有的放矢。

首先，不同的教学评价形式具有各自的教学功能。教学评价最经典、最传统的评价类型是以评价所发挥的作用不同为依据进行的评价分类得出的，即诊断性评价、形成性评价、总结性评价。诊断性评价具有预测性的功能特点，它的作用在于在进行教学之前对学生的学习基础做出评估，学生的学习基础主要表现在学生所具有的针对相关学科的知识基础、学习特点、学习态度和认知风格以及学生的专业学科认同感。这些不仅对于要进行专业学习而非基础性学习的接受高等教育的职前卓越教师来说很重要，而且对于教授这些学生的教师来说同样重要。对教师来说，只有明晰学生这些方面的特点之后，才能针对这些学生的共性及其特殊性对教学各要素进行调整和优化配置，有针对性地进行教学设计和教学实施，调控教学过程，使得教学达到最优化，以便促进教学的顺利实施，提升教学的有效性。由此可见，诊断性评价的功能主要在于识别鉴定功能和反馈调控功能。

形成性评价的作用在于在日常的教学中，对学生的学习水平、学习态度、学习方法、学习状态和学习成果等进行鉴别和证明，明确学生在学习过程中针对这些因素他们所存在的长处及不足。针对学生的长处、良好的结果与进步，教师能够及时予以表扬，激励学生再接再厉，取得更好的进步和发展。并且在接下来的教学中，针对学生的这些特点、优势和缺点，教师能够扬长避短，发挥学生在教学中的最大学习积极性和主动性；同时针对学生的学习特点和学习中的优缺点，有针对性地对自己的教学进行调整，以迎合学生的学习，最大限度地满足学生学习的需要。可见形成性评价具有鉴别、调整和激励的功能。

终结性评价具有回溯性特点，通过这种评价，可以对学生以往的学习过程和学习结果进行一个总结、分析和评估，为学生的学习成果进行鉴定、评测。对于获得不同评价结果的学生来说，这种评价可能具有激励的作用，也可能具有消极的阻碍作用。若产生消极作用，需要教师及时调整学生的学习情绪和学习态度，为以后的学习和进步努力。同时，终结性评价和其他评价一样，通过这种方式所获取的信息能够为下一阶段学生的学习和教师的教学提供可供参考的诊断性信息，以便学生及时调整自己的学习方式、方法、态度和情感意志，学生也会根据相关的评价指标调整自己的学习内容和学习方法。通过终结性评价所获取的信息同样也为下一阶段的教师教学提供可资借鉴的信息和依据，为教师及时进行教学内容、教学方法、教学步距、教学目的等方面的调整提供依据。据此，总结性评价具有鉴定、导向、激励和调整的功能。

其次，重点聚焦教学评价的激励和调控功能。无论是诊断性评价、形成性评价抑或总结性评价，都有各自不同的独特功能或相同的一般教学功能，这些功能对教学具有明显的效用，比如，考什么就教什么，教什么就学什么，属于典型的教学评价的导向功能的使用，只不过这种使用窄化了教学评价的功能。鉴于不同的评价所运用的时间和目的不同，在日常教学中的，这三种类型的评价往往是相互配合使用的。例如，开始教学之前，往往对教学进行诊断性评价，以便为新的教学的实施提供有价值的信息，目的在于通过收集的信息和评价结果，发现教学因素本身的特点、优势和不足，为教学的组织和实施提供方法依据。只是随着教学目标从知识目标到人的发展的目标的演进和转变，在日常的教学中，对他们的功能重视开始有所转向。教学评价的功能逐渐从它的导向功能、鉴别功能、甄选功能逐渐向调控功能、激励功能这两大功能趋近和转变。

教学评价功能的转变其实跟其背后的教学价值观有着千丝万缕的联系。众所周知，教学价值观主导着教学活动的各个方面，包括教学评价的实施和运用。当下的社会文化是一种多极化发展中的求同存异，关注社会和谐和世界和平。当这种文化价值观映射到教育教学中，关注的是人的人格的健全和心理的健康。这不是说明在当今时代，知识和能力不重要了，而是因为随着各国社会经济和科学技术的发展以及高等教育大众化的蓬勃开展，人们的文化素质和能力素质水平得到普遍提高的情况下，对知识和能力的渴求已经成为现实。而且，知识获取方式的多样性和便捷性使人们对知识的获取变得简单易行。另外，随着人们对实践型教育教学的关注和重视以及各行各业对职业培训的重视，即使没有接受过良好教育的人在自己的工作中也能够拥有一技之长。在这种情况下，对人的关注成为文化价值观下的教育宗旨，对人的健全心理和高尚人格的关注成为教育教学所追求的旨趣，尤其是将来要从事教书育人工作的卓越教师培养的教学更应该如此。因为祖国未来的一代代人全靠他们进行人格的启蒙和基础性培养。只有这些职前卓越教师自身的人格得以和谐发展，才会在未来的基础教育教学中有能力、有信念为培养和谐人格的学生打下观念基础和行为基础。据此，关注人的和谐发展也应该成为卓越教师培养的教学评价功能的关注点，同时兼顾其他功能。

（三）评价主体的多样性和评价形式的多样性相结合

评价主体的多样性指的是在卓越教师培养的教学评价中，针对教学进行评价的评价主体应该具有多样性。在传统的教学评价中，往往表现为教学评价主体单一，评价形式和手段单一。在以往的教学评价中，通常是学校评价教师，教师评价学生。教师是评价者同时又是被评价者，即教师既是评价主体同时又是评价客体，而学生这一教学的利益相关者却只能是评价客体。评价主体单一性往往会带来评级结果的狭窄化。因为作为评价主体，在进行教学评价的时候，由于所处的立场不同，他们对教学评价所持有的目的观不同。例如，作为学校的管理者在对教学进行评价时，目的在于更好地约束教师和教学，以便统一管理，所以其评价目的在于发现教师及其教学中出现的问题，及时发现问题，及时解决。教师作为教学评价者，其评价的目的是发现学生学习当中的不足，包括知识的获取问题、技能的掌握问题、心理的发展问题、个性成长问题，学习方法与策略问题，等等，然后针对问题，进行教学的调控，为以后的教学进行针对性的改进。可见，作为评价者，其评价目的会有所不同。为了全面发挥教学评价的功能和作用，教学评价的参与者必须是所有教学的利益相关者，包括学校、教师、学生、学生家庭、上级教育主管部分、教学实践一线的小学，等等，只有这样，才能全面发挥教学评价的功能，更好地实现教学的目的。

教学评价形式的多样性指的是，在对卓越教师培养的教学进行评价时，必须采用多样的形式，不拘一格，充分发挥教学评价对卓越教师培养的各种不同作用，甚至是负面作用也要予以发现，以便以后做到惩前毖后。教学评价形式多种多样，按性质可以分为质性评价形式和量化评价形式。对于质性评价形式，最好的方法是访谈法、观察法、田野调查法等，简单的手段有课堂作业的判断、课堂行为的观察、学习成果的展示、研究性学习的报告、实践学习的实际操作，等等。所有这些方法都能对教学带来很好的、全方位的了解和评判。量化评价的方法最常见的是考试、测验，还包括调查问卷等方法和手段。质性评价能够很好地对教学的性质、特点、出现的问题和教学的优劣势等方面进行全面详尽的描述，能够使评价结果更接近教学的事实真相。量化评价，简单易行。比如一张试卷就能包含很多要测量的东西。量化评价的另一个好处在于通过数字的展现，评价结果能够一目了然，对教学的哪些方面存在不足，哪些方面表现较好，都能够通过数字简单明了地展现出来。但是它的缺点就是对于教学来说存在某些无力感，因为教学是一种文化现象，所以很多东西难以用数字进行表现，若是强行使用数字来表现，难以用数字表示的那一部分很容易被遮蔽，从而难以全面发挥教学评价的功能和作用。因此，在教学评价中，对卓越教师培养的教学进行评价时，必须做到教学评价主体的多元性和教学评价形式的多样性相互结合，使得教学评价尽可能全面地反映教学各方面的现实状况，并展现现实状况中的真实面貌和教学问题，以便有则改之，无则加勉。

（四）即时性评价和评价手段的多样性相结合

即时评价既是一种教学策略，又是一种评价方法，属于形成性评价的范畴。说它是一种教学策略，是因为即时评价随时被教师用于课堂教学当中，其作用就如行文主义学习理论中的强化策略。在上课过程中，如果有哪个学生的表现较为优异，及时予以表扬；若是有同学的表现较以往有进步，教师要及时发现，及时表扬和鼓励；无论学生是在作业方面，还是教学中的知识学习、技能锻炼，或者教学实践，抑或在教学互动或者问题发现解决方面，只要学生相对于自己的过去或其他学生有表现良好或突出的，教师就要及时予以表扬和鼓励，对于表现不甚如意的同学，教师要及时发现他们的闪光点，及时进行鼓励；对于学生难以理解和掌握的知识或者教学技能等方面的问题，教师需要及时进行教学策略的调整，以便满足学生的学习需要。由此可见，即时评价似乎更像是一种教学策略。但是即时评价又的确是一种评价方法，只不过这种评价方法不像其他评价形式那样，具有阶段性和评价内容的限制性。即时评价是教师在教学过程中，随时都可以实施的教学评价，对评价的内容也没有限制，只要是和学生学习相关的问题和发展等都可以称为评价内容，且评价的手段也不像其他评价方式那样受到这样那样的诸多限制，只要是合适，任何评价手段都适合使用。比如，可以是考试的形式、小测验的形式，可以是观察的形式，可以是动手操作的形式，可以是表演的方式，也可以是报告的形式，等等。总之，即时评价的手段可以是多种多样，关键是适合性和目的性。可见，即时评价克服了以往教学评价的劣势，并且保留了教学评价不同类型的优势。所以，在教学中，本书主张多多使用即时评价的方法对教学进行评价，并且尽可能多地使用多种评价手段。只有这样，才能充分发挥即时评价对教学的促进作用，也才能发挥即时评价对教学促进学生发展的作用。

及时评价这种评价方法运用的一个理论前提就是，学生的成长和发展时刻在进行，不受时间和空间的限制，教师要有一双善于发现的眼睛，并且有一颗伴随学生成长的慧心。只有这样，教师在教学中才能够随时启用即时评价来促进学生的发展，及时发现学生学习中出现的问题和学生取得的进步，及时对学生进行鼓励和指导。当然，即时评价的使用，需要和档案袋评价相结合。因为即时评价的随机性和档案袋评价的相对永久性具有缺点相互弥合的作用。即时评价具有及时性，但是学生的成就会随着时间的推移被遗留在时间的长河里，而档案袋评价作为保存学生成长的见证方式，能够让学生的成长随着时间的流逝而不流失。这两种方式相结合，能够对学生的成长和发展起到一个见证和促进的作用，使得学生的成长和发展得以在积极的情感体验中存在。

第四节　小学全科教师培养的评价

2018年1月22号，教育部教育司发布的《教育部教师工作司2018年工作要点》中提出，推进卓越教师培养计划等策略，引领高素质教师培养，提升教师教育质量。小学全教师作为一种新的小学卓越教师的培养规格，对其培养进行科学合理的评价是促进教师教育质量的重要路径之一。

一　小学全科教师培养的评价内容

从小学全科教师培养的构成因素来看，对小学全科教师培养的评价包括对培养方案、课程体系、教育教学条件与设施、教育教学管理、教育教学活动、教育教学评价等的评价。其中，对教育教学活动的评价指的是对教师与学生在一定的教育教学时空的互动过程及结果的评价，主要包括对教师的教学、学生的学习等方面的评价。教育教学管理的评价指的是对实施教育教学管理的实施者、实施方式方法、实施标准等的评价。对小学全科教师培养的评价可以说是一项复杂的工程。在现实的高师院校的培养评价实践中出现了一些其他的评价方法。例如，因为职前小学全科教师是培养对象也是培养结果，所以，习惯上，对小学全科教师培养的评价往往以对小学全科教师的学业成就的评价为评价内容，或者以用人单位的意见反馈作为对小学全科教师培养的评价，当然，这是受市场经济中以市场为杠杆的影响，却不失为一种实用的评价方式。另外，随着教师资格证制度的实施，有些地方对小学全科教师培养的评价，以职前小学全科教师的教师资格证的获得率为评价标准。

其实，无论学生的学业成就、用人单位的反馈意见还是教师资格证的获得率等都是培养结果的呈现，这种评价关注的是培养结果。从发展观的角度来看，结果和过程是紧密联系，结果是过程的结果，结果是过程的必然反映，没有过程难以有结果，有什么样的过程基本上就会有什么样的结果。从事物的发展过程来看，对小学全科教师的培养包括培养的起始阶段、过程阶段以及结果阶段。所以，对小学全科教师培养的评价应该包括对培养起始阶段的评价、过程阶段的评价以及培养结果的评价，而不是单单关注对培养结果的评价。

对起始阶段的评价指的是对培养活动的准备工作和准备条件的评价。若要展开小学全科教师的培养，需要人、财、物等方面的准备。所以，对职前小学全科教师培养起始阶段的评价包括对培养对象的来源和素质的评价、对培养方案的评价、对课程体系的评价、对教师队伍的质量评价以及对办学条件的评价。有研究发现，培养质量与生源及其学生的素质有着密切的关系。所以，培养对象的来源及其素质在一定程度上影响培养质量。培养方案是小学全科教师培养的整个蓝图，包括小学全科教师培养规格、培养目的、培养方式、培养课程等对培养进行设定的一揽子计划。这个一揽子规定和规划的科学性、可行性、全面性在很大程度上决定了培养活动的进展质量，所以对它的评价具有重要的价值和意义。对小学全科教师的培养主要通过课程实现，没有课程难以开启培养这一活动，所以课程在整个培养过程起着至关重要的作用。课程体系是否涵盖科学世界、人文世界和生活世界，课程目标是否关涉知识与技能、过程与方法、情感态度价值观等，课程内容是否包含促进学生认知、心理发展、精神成长、职业道德形成等方面的内容，课程体系和培养目标是否具有契合性等，所有这些都影响所培养的学生的质量，所以课程体系必须成为评价内容。教师队伍的结构和质量关系到对学生学习和成长的指导和引导的方式方法、结果以及成效。可见，教师质量是影响学生学习和成长的最重要因素之一。[1] 所以，对教师队伍的评价也是对小学全科教师培养起始阶段评价的一个重要维度。

　　对过程阶段的评价指的是对小学全科教师培养的整个过程的评价，包括对培养过程因素的评价以及学生的学习和发展过程的评价。因为培养过程是通过教育教学过程实现的，所以对这一阶段的评价主要是对教育教学过程的评价。对教学过程的评价包括对教学过程中教师教的评价和学生学的评价。对教师教的评价包括对教师所预设的教育教学目标、教师的教学方法、教师对教学内容的处理、教师对教学环境的创设等的评价；对学生学的评价包括对学生学习态度、学习方法、学习投入时间、学生发展状况等的评价。具体的评价内容可以参见本章对卓越教师培养评价的评价体系。

---

　　① ［美］玛丽莲·科克伦·史密斯、［美］沙伦·费曼－尼姆塞尔：《教师教育研究手册》（第三版），范国睿等译，华东师范大学出版社 2017 年版，第 535 页。

对培养结果的评价指的是对通过培养过程，职前小学全科教师最终在知识、技能、态度、情感、道德、信念、价值观等方面所获得的进步和发展的评价。这一阶段的评价有不同的方式，如通过对学生的学业成就进行评价、通过对学生的教师资格证通过率进行评判、通过用人单位对所培养的小学全科教师的职业表现进行评价等，其目的在于判断所培养的职前小学全科教师的质量是否达到最初所设定的规格。

二　小学全科教师培养的评价方式

确定了小学全科教师培养的评价内容之后，评价方式成为需要解决的又一个问题。随着教育教学评价和测量学的发展以及相关研究的发展，对教师教育的评价方式和方法也在不断地发展变化，评价方式日益多元化。

（一）发展性评价和知识性评价

随着中小学课程与教学改革的推进，基础教育目标从关注学生的知识学习转向注重学生的能力培养，从关心学生的智力发展转向聚焦学生的全面发展。这一转变要求从事小学教育教学的教师必须在教育教学信念和观念方面发生与改革目的相契合的转变。由此，对职前小学全科教师培养的评价方式和评价内容也必须发生改革，从而引领他们向新时代小学教育教学所需求的教师素质转变。

高师院校作为高校，其精英教育的观念并没有随着高等教育大众化而消逝，近年，我国的高等教育中博雅教育的呼声有增高的趋势，但是对学生的培养首先关注专业知识的传授，希望学生通过几年的高校学习，获得相对精深的专业知识，仍然是很多高校教师的追求。另外，高校关注学术的传统也使得对小学教师的培养可能忽视对小学教育教学实际情况的忽视，[1] 从而过度关注对学术知识的教学。高校作为专业人才的培养单位，对学术知识的关注本没有错，但是，学生的

①　冯增俊、陈时见、项贤明：《当代比较教育学》，人民教育出版社 2008 年版，第457 页。

发展不只是对学术知识的学习，小学全科教师的培养更是如此。所以对小学全科教师的培养评价不仅要关注知识评价，同时要关注发展评价。

对小学全科教师培养的知识评价通常采用终结性评价的方式，通过对学生进行学期和学年的考试形式实施评价，考试通常包括考查和考试等方式。考试是对学生知识评价所采用的最常见的方法。学期论文以及传统的论文考试法①也是常用的评价学生知识成就的方式。

发展是一个过程，而不是一个终结性的活动，所以对职前小学全科教师的发展评价不适合采用和评价知识相同的评价方式。职前小学全科教师的发展不仅包括知识的增长、教育教学技能的获取、心智的发展、思维的开发，而且包括职业情感的提升、职业道德的获得、职业信念的建立等。所有这些方面的发展大部分都是隐晦的、抽象的而非显性的、具象的，难以统一采用考试的方式进行明确评价，需要采用其他的方式进行评价。而且，职前小学全科教师所有这些方面的发展是一个持续的、日益发展的过程，对这些方面的评价应该是一个经常性的连续的行为，难以采用终结性评价的方式，宜于采用形式多样的即时评价的方式。即时评价是在日常教育教学过程中对即时的作业完成、问题解决、疑难处理、知识解读、与人交往合作、日常自我表现等情况的评判。另外，日常教育教学活动的教学技能比赛、才艺表演、自我展示等既是对学生发展的点滴记录，也是对学生发展评价的方法。

（二）过程性评价和终结性评价

小学全科教师培养是一个过程，是一个漫长的终身学习的过程，包括职前的培养过程、入职的培训过程和职后的在职培训过程，这一过程是一个没有中断的不断发展和展开的过程。单单职前的培养过程也是一个持续的过程，不仅表现在时间的延续和空间的拓展，而且表现在学生生活世界的不断丰富、科学世界的不断开拓、人文世界的不断澄清。所以，对小学全科教师培养的评价要关注培养过程，既要关

———————————

①　王策三：《教学论稿》，人民教育出版社 2005 年版，第 296 页。

注培养过程中学生的发展变化,同时要关注教师的行为变化,关注教师对职前小学全科教师的引导、指导和自我发展的行为过程变化。所以,对小学全科教师培养的评价要采用和过程评价相关的形成性评价,常用的方法有随堂听课、师生座谈、日常行为观察、课堂观察等。另外,还可以采用聘请校内外的教育教学督导的方法。当然,在发挥教学督导的作用方面,要充分合理地运用督导所反馈的信息。

小学全科教师的培养尽管是一个持续的过程,但是这个过程具有阶段性,它具有职前、入职和在职三个阶段,而且单就职前培训来说,整个培养过程也是由一个个学年和学期组成。所以说,这一过程是一个具有阶段性的持续过程。小学全科教师培养的阶段性特点决定其评价要关注阶段性发展成果,所以显示每一阶段发展成果状况的终结性评价方式成为必不可少的评价方式。往常,这一评价方式经常采用考试的形式,更多关注和评判的是职前小学全科教师在知识的理解、掌握和运用等方面的发展程度,忽视评测他们在情感、态度和信念等方面的发展状况。随着教育教学研究的发展,我们现在知道,学生的发展不仅在知识方面需要定期的评测,其他方面的发展同样需要经常性的测量和评估,以明晰职前小学全科教师在各个方面发展是否均衡,发展是否按照预设的方向,成长是否达成阶段性培养目标。若想获悉这些方面发展和成长的可靠信息,就需要采用合适恰切的评价方法,而不仅仅是考试的形式。这就需要对终结性评价进行方法的探索和创新,以实现其评价内容的多样性和评价结果的全面性,从而达到评价的激励、导向、矫正和指导等的作用。

职前小学全科教师的成长和发展是在培养过程中展开的,所以,对培养过程的评价,不仅要关注其培养结果,同时要关注其培养过程;不仅要评价学生的发展成果,同时要评价学生的成长过程。所有这些都要求对小学全科教师的评价采用多样的评价方法即时地、阶段性地实施。

三　小学全科教师培养的评价聚焦

小学全科教师作为卓越教师的小学规格,其职前培养是一个关键部分，关涉到小学全科教师从事职业活动的专业基础和从事社会活动的社会生活基础。因此，小学全科教师培养的评价从评价主体、评价标准、评价内容到评价方法、评价程序、评价结果的分析和运用等都要受到关注，尤其是在传统评价中受到忽视的因素需要特别聚焦。

（一）评价主体关注一线小学教育实施者

在卓越教师培养的评价策略中，关于评价主体已经得到阐释，但是有必要强调其中的一种评价主体，即一线小学教育教学实施者。

在高校的小学教师培养中，尽管从理论上开始重视一线小学教师对培养活动的参与，包括对培养活动的评价参与，但是，在现实的培养实践中，一线小学教育者往往被排除在评价主体之外，主要原因在于大学和中小学的合作深度不够，导致高校的教育者对小学教育实践者的作用认知不足，从而对他们的理论知识水平和教育教学实践能力产生不太信任甚至怀疑的心理。另外一个原因在于，高校教育管理者认为培养活动是高校的事情，对本校的教育教学活动的评价也是学校内部的事情，无需其他"不相干的人或者单位"参与。

人才的培养，从大的方面说，是给社会培养人才，从小的方面说，是给用人单位培养人才，而人才往往是通过在用人单位的所作所为为社会服务的。因此，高校所培养的小学全科教师主要是为基础教育阶段的小学培养的，也就是说，小学全科教师的用人单位主要是小学。那么，高校所培养的职前小学全科教师的品质到底如何，高校的小学全科教师的培养质量到底怎样，用人单位的小学教育实施者应该最有发言权。所以，在对小学全科教师培养的评价中，一线小学教育实施者应该也必须成为评价主体。

小学一线教育者，也就是小学一线教育实践者，指的是从事一线小学教育的管理者和教师。一线教育管理者从事一线小学教育各方面的管理工作，他们确切知道从哪些维度关注教师的哪些方面和行为，这从一个方面反映了职前小学全科教师应该具有或者应该避免的某些行为。一线小学教师最了解小学教育教学场域的生活，最清楚小学儿童的生活和发展特点，并且掌握一定的小学教育教学经验，所有这些都有利于明确对职前小学全科教师的评价维度和评价内容。

（二）在评价内容上关注职前小学全科教师的职业信念、职业道德和职业情感

在对小学全科教师培养的评价中，评价内容主要包括两个方面，即教学和管理。无论教学还是管理都是为了培养卓越小学教师。所以评价职前小学全科教师的变化状况是对培养过程评价的主要方面。

对职前小学全科教师的评价，传统上关注的是他们的知识水平的高低和能力的大小。职前小学全科教师的发展不仅表现在知识上，而且表现在知识获取中的心理的发展和职业道德、职业情感和职业信念的提升和发展。在他们的各方面的发展评价中，职业道德、职业情感和职业信念应该成为评价的重点。职业信念是教师坚定不移从事教育工作的思想支柱，是教师克服工作困难和阻碍的坚定的内在的力量，是教师坚守教育工作的内驱力。所以对职前小学全科教师培养的评价必须关注其职业信念。关注对职业道德的评价是因为当前严峻的职业道德污点现象。其实，教师职业道德一直是师范院校培养教师的重要内容，从"学高为师，品正为范"可见一斑。但是，当前时常有教师猥亵小学生和幼儿园教师虐童的报道见诸报端或网络，从一个方面暴露了小学教师职业道德培养方面存在薄弱环节。所以，对职前小学全科教师培养的评价必须把职业道德的评价提上日程，从而发现高校在培养小学全科教师方面是否存在在职业道德培养方面的疏漏，以便及时查漏补缺，提升高校对职前小学全科教师的职业道德培养的重视程度。

加强对职前小学全科教师的职业情感的评价是评价小学全科教师培养的又一个重要维度。小学全科教师的职业情感的质量如何，会映射出对职业的态度以及日常教学中的工作情绪。教师在工作中的态度和情绪如果处于积极向上的状态，那么就会给小学生带来积极的心理影响，促进学生的发展；如果教师的工作态度和情绪处于消极和负面的状态，那么会给学生带来消极的情感影响，从而给学生心理的发展带来负面的作用，阻碍学生心理健康。这是由小学生的向师性决定的。心理学的研究表明，情绪影响人的心理健康。如果经常处于消极、不稳定的教师情绪中，小学生的情绪发展会趋向负面，从而阻碍

他们健康成长。所以，作为将来从事小学教育事业的职前小学全科教师，必须在日常的学习中，获得积极、健康、稳定的情绪情感，为以后的教育职业打下良好的情绪基础。

（三）在评价方式方法上强调即时评价和自我评价

小学全科教师培养的评价方式，有不同类型，最常见的就是对教学的评价方式，诊断性评价、形成性评价、总结性评价是最常见的三种评价方式。但是这些评价方式都或多或少具有自身的局限性，尤其是在评价主体、评价程序以及评价时间上的局限性。小学全科教师培养活动的最根本目的是促进学生的全面发展和更快更好的社会化。职前小学全科教师的发展是培养活动的本质功能，而学生的发展是在日常的学习生活过程中发生的，对其成长和发展的评价应该经常性地发生在他们每日的学习生活中。据此，小学全科教师培养的评价除了阶段性实施外，还应该有对学生日常成长和发展过程的评价，这就是即时评价。

即时评价方式是一种产生较早的评价方式，只是近年来才被关注。即时评价的特点就是它的即时性、随机性和便利性。即时性指的是这种评价可以在教学活动过程中对学生随时出现的进步、成长和发展进行及时评价。随机性指的是在教育教学中评价不受时间限制。便利性指的是这种评价从评价主体、评价程序和评价方法等方面都没有其他评价方式所具有的烦琐程序，实施较为方便、简单。另外，即时性评价能够及时给出评价结果，并且及时给出反馈意见，有利于被评价者及时发现学习生活中的不足，及时改正和弥补，从时间方面赢得更多的发展机会，有利于提升学生的学习效率和发展效果。

即时性评价的评价者往往是教师和学生。教师在教学过程中，根据学生的言语和非言语信息，对学生的表现进行发展性价值判断，然后根据评价的结果给予学生信息反馈，从而为学生的即时成长和发展提供可资借鉴的信息。教师同时可以根据学生的言语和非言语行为所提供的信息，判断自己在教学内容的处理、教学方法的选择、教学媒体的采用、教学活动的处理等方面的得当和失当之处，对自己的教学行为和教学表现进行及时自我评价，并根据所分析的信息进行自我反思和自我改进，从而为以后的教育教学提供建设性信息。和他人评价相比较，教师的这种自我评价能够让他们更加及时有效地获悉有关自己的教育教学方面的信息，做到有则改之，无则加勉，从而及时有效地、更有针对性地提升自己的专业发展能力和自我职业成长能力。

即时评价中的学生自我评价包括自我群体评价和自我个体评价。自我群体评价指的是学生个体对学生群体的评价或者学生群体对学生群体的评价。这种评价方式随着课程改革所倡导的合作学习的开展，得到更多的运用。自我个体评价指的是学生个体对学生群体中的个体进行评价或者学生个体对自己的评价。这种评价方式能够提升学生个体的自主学习能力和自我管理能力，学生的自主学习能力和自我管理能力反过来能够提升他们自己的自我评价能力。所有这些都有利于学生的自我发展。

职前小学全科教师的自我评价不仅表现在他们对自己学业方面的评价，即对自己所学的知识和技能以及自我的专业情感和专业信念的评价，而且表现在对自我意识、自我情感和自我发展的评价。这些方面的发展状况对于职前小学全科教师来说非常重要，因为它们是职前小学全科教师应该具有的职业素质，也是他们成长为一个健康的社会人应该具有的个性品质。如果职前小学全科教师能够经常对这些方面进行自我评价，并通过这种自我评价而不断地促进自我发展，或改善自我品质，能够更好地促进他们的专业成长和个体社会化。

职前小学全科教师的自我评价对于大部分学生来说，都是可以实现的，但是实现的前提是学生的自我发展意识和自我管理能力。这就要求作为他们的指导者、引导者的教师要有意识地培养他们这些方面的能力，指导他们学会自我评价。

尽管教育教学活动能够使作为教学主体的教师和学生得到成长和发展，但是职前小学全科教师的积极发展往往更需要主动追求。所以，在培养活动中关注对他们的自我学习成长的评价应成为整个培养评价中的重中之重。正因为如此，关注职前小学全科教师的自我评价显得更有意义。但是在现实的教育评价中，对学生的评价往往都是由他者评价主体实施进行，而忽视学生的自己评价，其实这是教学评价的一个不足，需要通过学生的自我评价进行完善。

（四）在评价结果上关注评价的约束功能

对小学全科教师培养活动所实施的评价，其出发点在于发现培养过程中存在的优势和不足。对于优势继续保持和发扬，对于不足及时调整和改进，以改善培养过程，提高培养质量。

关于评价的功能在卓越教师培养的评价中已经予以阐述，这里主要阐释评价结果的约束功能。约束功能指的是通过对评价获得的数据进行分析，得出反馈信息，然后运用反馈信息对培养活动进行调整，完善培养方案，改进培养过程，促进培养主体的主体活动意识，以达到提升培养质量的目的。评价的约束功能包括正向的激励功能和负向的制约功能。评价的约束功能需要通过相关的约束机制来实现。约束机制包括激励机制和约束机制。激励机制是为了实现激励功能，约束机制是为了实现约束功能。

评价结果的正向激励功能指的是通过对评价结果所反馈的信息，采用多种形式和方法促进评价对象更加积极主动地参与培养活动。用于激励功能的方法很多。如对相关的师生进行表彰、奖励、树立榜样、制定激励制度等。评价结果的负向约束功能指的是以评价结果中获得的反馈信息为依据，采用多种形式和方法对评价对象的一些阻碍培养活动或对培养活动产生负面影响的活动进行阻滞，以约束他们的行为使之趋向增益培养活动。用于制约功能的方式和方法同样有很多，如批评、惩罚、提出负面典型、制定相关的约束制度等。约束功能不是以惩罚为目的，而是以惩罚为手段，目的在于消除相关的不利于小学全科教师培养活动的行为，一旦相关的阻碍行为得到阻止和消除，就要采用相关的激励机制进行表扬和鼓励，以强化其正向的促进性行为，使其正向行为得以巩固和加强，从而提升培养活动的效果和质量。

可见，在运用评价的功能时，要常用激励功能，尽量少用约束功能，以便让相关的师生感受到人文关怀，而不至于对评价产生消极情绪和负面心理。

第八章

在职卓越教师的培养问题研究

卓越教师的培养不仅指职前卓越教学的培养，同样重要的是在职卓越教师的培养，甚至可以说，在职卓越教师的培养任务比职前卓越教师的培养任务更刻不容缓。首先，从教育经济的角度来说，在职卓越教师的培养至少比职前卓越教师的培养投入要少。在职教师顾名思义是正在进行教育教学工作的教师。在职教师的卓越培养之所以要比职前卓越教师的培养投入少，首先是因为在职教师的专业知识不是为零。他们拥有一定的专业知识，只是专业知识不是那么完备，在某些方面有所欠缺，对于他们的理论知识和专业技能的教学和培训可以有针对性地进行，即针对他们的专业不足的部分进行有的放矢地实施专业教育和专业训练。其次是因为在职教师的卓越培养具有明确的意向性。若要把在职教师培养成为在职卓越教师，需要让他们明晰卓越教师的规格和培养要求。在职教师在明确了卓越教师的规格后，可以针对自身的状况，明确自身的优势和不足，优势之处可以保守学习，不足之处可以找准差距，然后在接受培训的时候可以同时进行自主学习和自我训练，以便自己尽可能早地成为一名卓越教师。这是由教师的职业责任感和职业效能感决定的。那么如何进行卓越教师的在职培养呢？这是本章探讨的重点。

第一节　在职卓越教师的培养问题思考

卓越教师的培养是基础教育课程教学改革进一步深化的产物。随着基础教育课程改革的深化，对课程建设和课程实施的要求进一步加强，同时对中小学义务教育的质量也提出了进一步的要求，无论是课程建设和课程实施，还是基础教育质量的提升，都无可避免地牵涉到教师这一课程实施主体和基础教育的关键主体。于是，对教师的培养也提出了相应的更高的要求，追求卓越人才的培养在教师培养上就自然而然提出了卓越教师的培养。卓越教师提出的原因为何？卓越教师该是何种规格？如何实施在职卓越教师的培养就需要进行深入分析和探究。

一　缘何出现卓越教师的需求

若要进行卓越教师培养，首先需要追根溯源，挖掘出缘何出现卓越教师这一术语，又为何会产生对卓越教师的需求。这是问题的根本所在。

培养卓越教师是我国人才计划的一个重要部分。自中华人民共和国成立以来，国家每一代领导人都对人才的培养和人才队伍的建设保持高度重视，自从党的十一届三中全会以来，我国人才培养工作翻开新的乐章。建设人力资源强国的战略目标使得国人开始树立了人才资源是第一资源的理念。2002年中共中央批准印发的《2002—2005年全国人才队伍建设规划纲要》提出了实施人才强国战略。2007年10月，党的十七大第一次将人才强国战略写入党代会报告并载入党章，进一步提升了人才强国战略在党和国家战略布局中的地位。

2010年4月1日，党中央、国务院印发的《国家中长期人才发展规划纲要（2010—2020年）》立足当前、着眼长远，对更好地实施人才强国战略进行了整体谋划。人才规划提出，到2020年我国人才发展总体目标是"培养和造就规模宏大、结构优化、布局合理、素质优良的人才队伍，确立国家人才竞争比较优势，进入世界人才强国行列，为在本世纪中叶基本实现社会主义现代化奠定人才基础"。该计划对教育人才的培养工程的要求是"为建设一支高素质、创新型教育人才队伍，通过研修培训、学术交流、项目资助等方式，每年重点培养和支持2万名各类学校教育教学骨干、'双师型'教师、学术带头人和校长，在中小学校、职业院校、高等学校培养造就一批教育家、教学名师和学科领军人才"①。

　　为了落实《国家中长期人才发展规划纲要（2010—2020 年）》对高素质教育人才的培养工程的实施，国家教育部于 2014 年 9 月颁布实施了《教育部关于实施卓越教师培养计划的意见》（以下简称《卓越教师培养计划》），在该计划中明确提出卓越教师培养计划的目标要求，即"培养一大批师德高尚、专业基础扎实、教育教学能力和自我发展能力突出的高素质专业化中小学教师"②。并且为了促进贫困地区、民族地区和革命老区的教育人才的培养，教育部于 2013 年提出了《贵州省贫困地区、民族地区和革命老区人才支持计划教师专项计划实施方案》，方案中规定"从 2013 年起至 2020 年……每年为'三区'培训 230 名左右幼儿园、中小学和中等职业学校的骨干教师和紧缺专业教师。通过选派支教教师和培训当地教师，加快'三区'教师队伍建设，提高教师素质，为推动'三区'普及学前教育、义务教育均衡发展、普及高中阶段教育、大力发展中等职业教育提供人才支持"③。自此，卓越教师的培养开始成为教师教育的培养目标，卓越教师也同样成为中小学教师队伍建设的目标追求。

　　从以上的分析中可以看出，卓越教师的提出，是时代发展对人才的需求所致，时代的发展到当下这一时期，人才成为各国发展的中坚力量，人才的发展和人才队伍的建设成为国家发展和建设的资源和根本，同时又是社会发展的关键力量。人才的发展和培养有赖于教育，所以科教兴国是我国的另一条发展战略。科教兴国一在科技，二在教育。教育的兴盛在教师。所以，教师队伍的发展成为实现我国的人才战略和科教兴国战略实现的关键和重中之重。教师队伍应该具有什么

---

① 《国家中长期人才发展规划纲要（2010—2020 年）》，360 百科网（https：//baike.so. com/do/64330 18 - 6646695. html）。

② 中华人民共和国教育部：《教育部关于实施卓越教师培养计划的意见》，中华人民共和国教育部网站（http：//www. moe. gov. cn/srcsite/A10/s7011/201408/t20140819_ 174307. html）。

③ 中华人民共和国教育部：《贵州省贫困地区、民族地区和革命老区人才支持计划教师专项计划实施方案》，中华人民共和国教育部网站（http：//www. moe. gov. cn/s78/A09/A09_ ztzl/s7385/201308/ t20130816_ 15583 1. html）。

品质，才能保证人才战略和科教兴国战略的顺利实施呢？卓越教师培养计划给了我们最明确、最具体的答案，那就是具有卓越教师应该具有的品质。至此，卓越教师培养成为我国教师教育的教育目标，也是教师培养和教师培训必须实现的目标。

二　在职教师缺少哪些卓越素质

为了实现人才战略和科教兴国的战略，教育部对我国的教师培养提出了新的培养目标，那就是卓越教师，为什么是卓越教师，而不是其他的诸如优秀教师等之类的规格？或许大家觉得卓越教师只是一种说法，其实这是一个需要我们严肃、认真对待的问题。

（一）来自《卓越教师培养计划》的因素分析

在《卓越教师培养计划》中开篇指出该培养计划产生的背景和原因，即"近年来，我国教师教育体系不断完善，教师教育改革持续推进，教师培养质量和水平得到提高，但也存在着教师培养的适应性和针对性不强、课程教学内容和教学方法相对陈旧、教育实践质量不高、教师教育师资队伍薄弱等突出问题。大力提高教师培养质量成为我国教师教育改革发展最核心、最紧迫的任务"[①]。这个卓越教师培养计划的实施原因，表面看来，陈述的是我国的教师教育出现的问题，即我国的教师教育出现了培养缺乏针对性、课程内容和教学方法陈旧、实践流于形式、高师院校的师资薄弱四个方面的问题，其实仔细分析一下，还从一个侧面映射了我国高师院校所培养的学生在踏入工作岗位之后，难以适应中小学教育教学的需求。下面就这一问题进行分析。

首先，中小学教师缺乏先进的前沿知识和先进的教学方法。"教师培养的适应性和针对性不强"从一个方面说明了高师院校所培养的学生难以满足中小学教学的需要，从另一个方面说明了中小学教师不具有或者至少没有完全具有从事中小学教育教学所需要的素质、知识

[①]　中华人民共和国教育部：《教育部关于实施卓越教师培养计划的意见》，中华人民共和国教育部网站（http://www.moe.gov.cn/srcsite/A10/s7011/201408/t20140819_174307.html）。

和能力。或者准确地说，中小学教师一定缺少某些知识、技能和素质，造成了他们难以胜任中小学教育教学的需求。这些知识、技能和素质是什么呢？让我们看看第二条高师教育的不足，即课程教学内容和教学方法相对陈旧。这里包含着两个方面的不足：其一是课程教材的内容陈旧。知识的陈旧使职前教师所获取的知识难以满足当下从事中小学教育教学的需要，难以满足教师从事中小学教育教学所必需的具有时代性和前沿性的知识。其二是教学方法相对陈旧。教学方法的陈旧，使得教师所学的教学方法难以激发学生的学习兴趣，难以有效开展教育教学，所以就会造成教学效果的低下。这两者可以归纳为教学内容过时，不能反映本学科的发展前沿，学生即使学习了这些知识，也是已经被淘汰的，没有实用性的。可见，中小学教师首先所缺少的就是先进的专业知识和教育教学知识，第二方面的不足是教师教学方法的落后性和陈旧性。学生具有向师性，往往是怎么学的，就会怎么教。据此，中小学教师缺乏先进的教学方法。

其次，中小学教师缺乏教学实践能力。从教师教育的不足中可以看出，"实践流于形式"的意思告诉我们，中小学教师在踏入工作岗位之前，严重缺乏实质性的教学实践锻炼。当然，所有的教师教育都会有实践教学这一环节，可是由于这样那样的原因，中小学教师在职前的学习中，不能说没有参加实践，但是可以说，虽然参加了实践，这个实践对他们来说没有发生作用，结果导致他们在真实的教学实践中难以开展教学，难以胜任教学这一实践活动。而教师的职前教学实践，是中小学教师把在职前教育中所学的理论知识运用到在职教学实践中去的关键，发挥着桥梁和纽带的作用。准确地说，这种理论知识是教育教学技能知识，具有实践性。由于缺乏实质性的教学实践，致使教师的实践知识以理论的形式存在，以至于在面对职后的教学实践时，具有一种理论难以指导实践的无力感。由此可见，中小学教师所缺乏的第三种素质就是教学技能素养。

最后，中小学教师缺乏完备的专业知识和专业技能。"教师教育师资队伍薄弱"从两个方面说明了中小学教师在专业方面有所缺失。其一是由于高师院校教师教育队伍的薄弱，可能导致职前教师的专业学习效果不是太好，导致他们的专业知识和专业技能的学习不足；其二是由于教师教育队伍的薄弱，可能对专业领域发展前沿缺少把握，在教学中导致学生难以系统把握学术前沿和学术知识技能，导致学生的学术能力不尽如人意。

由以上的分析可以看出，由于教师教育队伍的落后，导致在职教师在教学中难以适应教学，原因在于，他们缺乏从事教育教学所必需的专业知识和专业技能，以及自身发展的学术知识和技能，致使在职教师在教学工作中难以做到成功施教和自主发展。

（二）在职教师的素质缺失现状调查

现行中小学教师在自己的日常教学中，到底有哪些方面的缺失和不足导致教师难以适应当下的教学？难以在教学中提升自己的教学有效性和教学质量？针对这些问题，本书对贵州省部分州市的 213 位中小学教师包括教学点的教师进行了访谈，其中有 128 位小学教师和 85 位中学教师，他们中既有农村教师，同时也有城市学校的教师；既有重点学校的教师，同时也有普通学校的教师。针对"你觉得在教学中你最需要提高的是哪方面的知识或技能"这一问题，通过收集数据并认真分析后发现，教师在专业发展和职业行为中所存在的问题主要有以下几个方面：缺乏新的教学方式方法；缺乏学术知识和能力；专业知识不够深广，难以在教学中给予学生学科知识的拓展。在自我发展方面，有许多教师认为，有待增加个人发展时间，因为教学课时太多，导致没有时间进行自我修习和提升；另有教师认为没有什么专业资源供自己进行自我学习和提升。下面就中小学教师在专业教育教学和发展中存在的问题进行具体分析。

首先，教学方法难以适应教学的需要。在教学方法方面获得及时培训和变革的需求在所有需求中占比最大。究其原因，很多老师都认为他们没有新颖的教学方法供自己在教学中使用，教学很多年，就只用原来所学的教学方法来支撑他们的教学。这似乎听起来不容乐观。大多数教师认为他们已经对新课程改革的理念都很了解了，就是难以采用新的教学方法来提升自己教学的新颖性、趣味性和独特性。所以有时候自己都觉得课上得很没有亮点，难以让自己满意，但是又不知该如何改进。对新的教学方法进行补充是大多数被调查教师的要求。在他们看来，教学方法是教学的灵魂，只要有了好的教学方法就能把课上得生动、成功。

若是认真分析，当教师有了这种自我缺失意识的时候，其实是一种进步，这说明教师开始知道反思自己的教学行为和专业发展，但是由于自身各方面条件的欠缺，似乎这种状况又成了一个制约自己发展的瓶颈，也就是心理学上常说的"高原现象"。一旦老师们能够突破这一瓶颈，就会冲破制约他们发展的藩篱，走向自我发展和专业成长的一个新的高度，即他们的发展就会有一个质的飞跃。但是，关键是制约他们发展的瓶颈在哪儿，又该如何突破？这其实是需要教育管理者和教学研究者认真思考的问题。

在老师们看来，他们的教学方法太陈旧了，难以用于当下的教学，而且似乎自己的教学方法又太少了，难以像富足生活中的人们的衣服一样，可以经常替换。首先，教师们可能进入了一个误区，那就是教学方法不管适用与否，都需要经常替换使用。其实，教学方法，从出现教育的那一天起就存在了，经过历史的发展，国内外关于教学方法的种类有很多，难以甄别哪种方法更好，关键在于是否适用。因此才会有"教学有法，教无定法，贵在得法"之说。得法指的是教学方法合宜，而不在于教学方法是否经常替换使用。只是从另一个方面来说，不同的课程其教学有不同的方法，不同的知识性质需要采用不同的教学方法，但是所有这些并不是表明方法需要经常换用。方法的灵活使用也不是代表需要经常替换使用不同的方法，而是方法须适合不同性质的知识和不同特点的课型。因为方法再多也是有限的，不可能每节课都能换用，也不需要每节课都换用不同的方法。

教师之所以觉得自己的教学方法难以满足教学的需要，原因主要有两个：首先是教师的确没有及时得到有关教学法知识的系统培训。在谈到教师所接受的继续教育时，大多数老师觉得所获得的知识不是自己最想学习的知识，最想学习的知识在培训中没有涉猎或涉及较少。许多小学教师认为，他们所学的教学方法在教学中没有实用性，都是过时的。这和高师院校教师教育的课程教材有关。很多小学教育专业的课程内容较为陈旧，难以满足现行的小学教学的需要。其次，缺乏教学法方面的实践学习和培训。教师虽然在教学方法方面获得了理论知识的学习，但是，这些有关教学方法的知识没有以实践的方式进入他们的知识系统中，进入真实教学实践的时候，就会在使用教学法方面，进行僵硬套用，难以灵活使用或者不知如何选用教学方法。教师既然是一种专业技术，那么其技术性就决定了这个专业的学习难以离开实践。但是在我国的高师院校的教师教育的课程教学中，大家似乎把知识看得重于技术，所以总是喜欢对学生进行理论知识的灌输，而忽略或不够重视教学实践。这也是教师难以很好地在教学中选用教学方法的原因。

其次，学术知识和技能的欠缺，导致学术能力低下。学术能力是21世纪初的基础教育课程改革中，对教师发展所做出的新的要求，即教师在拥有足够的教学知识和教学能力的同时，还要拥有从事学术研究的知识和能力。由于长期以来，教学研究都是从事教育理论研究的学者所从事的事业，中小学从事教学实践的教师一直没有从事教学研究的任务。到现在这种教学理论和教学实践相互分离的现象还被许多教师认为是正确的。很多老师还一直没有形成教师作为研究者的观念，甚至包括高校从事教师教育和教师培训的教师也有一部分持有错误的观点，致使很多在职中小学教师严重缺乏学术知识和学术能力。在调研的过程中，当谈到学术的时候，很多小学教师都认为，尽管知道教师作为研究者是从课程改革开始的，学术能力是教师应该具有的专业能力之一，但是总觉得在实践中难以从事学术方面的实践。有的老师感觉做研究是高大上的事情，不应该是小学一线的教师所应该从事的事情。由此可见，一线的中小学教师对学术中存在着一定的误区，他们认为学术很阳春白雪，是他们这些从事小学教学实践的教师难以驾驭的事情。据此，在今后的教师教育和教师培训中，作为从事教师教育和教师培训的高师院校的老师应该重视如何对中小学教师进行学术方面的知识和技能的教学问题，从观念到实践都必须认真对待。

学术知识和能力的缺失使得很多教师觉得自己教学压力很大，难以适应教师这一职业的发展。自新课程改革拉开序幕以来，教师作为研究者就已经成为教师发展的重要一环，同时也是对教师评价的一个方面。但是根据老师访谈所获取的信息材料可以看出，教师尽管需要提升自己的学术能力和学术水平，但是在教师接受在职培训和继续教育的时候，往往培训内容会忽视或规避这一方面的知识与技能的教学，或即使对教师进行相关学术知识和技能的教学，但几乎是采用讲授的方法进行理论知识的灌输，缺失对在职教师在学术方面系统的、有针对性的训练。由于对在职教师的学术培训缺乏系统性和实训性，导致教师即使有了一些学术方面的知识，这些知识因为缺乏完整性和实践性，使得教师在教学中难以在进行教学的同时，以研究者的眼睛看待教学中的问题，从而不仅很多教学问题难以自行解决，也使得教师难以完成教学中的学术研究任务。这也是为什么很多老师难以突破自己发展瓶颈的原因之一。

最后，专业知识不够深广。专业知识的不足是许多在职教师的通病。在与教师的访谈中得知，很多教师觉得自己的知识很难应对现在日益注重理论联系实际的教学内容和考察方式，有的老师说自己所具有的知识有时候难以应对学生的提问。专业知识不够深广表明在职中小学教师在两个维度上都表现为专业知识的不足。一方面是专业知识的深度不够，另一方面是专业知识的广度不够。专业知识的深广性缺乏问题，主要是一些年轻的教师，他们反映很多时候与学科相关的问题难以独自解决，需要查找工具书才能解决。这种情况可能是和他们接受的教育有关，随着高等教育大众化，高校对职前教师的专业知识的教学和检测在实际上都比原来要简单，原因在于现在的高等教育评价方式的综合化，使得许多教师和学生不太看重终结性评价，尽管形成性评价在促进学生发展方面很重要，但是检测学生的专业知识的深度和广度的终结性评价同样非常重要。在和一些高校教师聊天的时候，常谈到这个问题。他们认为，现在学生的生存压力很大，在期末考试时不想为难他们。教师的这种心理导致在对学生进行终结性评价时，检测内容较为简单，缺乏一定的难度，只关注专业知识的简单性和容易性，而忽略对知识的系统性和严密性以及深刻性的检测。

　　对于小学教师来说，其专业知识缺乏深度的一个方面指的是，就他们所修习的专业知识与所教的多门学科或全部学科的专业知识相比较而言，存在专业知识之间的差距。对于很多小学教师来说，他们所学的专业知识从理论上来说，足以教学本专业的小学课程，但是，根据新课程改革的理念和要求，我国的小学课程采用的是综合课程的形式，即一门课程是融合相关的几门课程的知识进行编制的综合课程，例如，艺术课是融合了音乐、绘画和舞蹈等各科的知识，若是学美术的或者学音乐的老师教艺术这门课程的话，就显得知识捉襟见肘，很难驾驭艺术这门课。可见，接受专业学习的小学在职的教师们，所修习的专业课程的知识明显难以满足诸如艺术、科学和综合实践等综合类课程的教学。当然，从其教学知识和教学技能方面来看，已经是难以教授这样的综合类课程，更不用说要教几门课程了。

　　专业知识不够深广的另一个原因在于高校教师进行教学时，习惯上采用教授的方式，使得学生在学习期间获得了丰富的理论知识，但是缺乏把这些知识运用到实践中去这一环节，或者因为这一环节流于形式，导致职前小学教师难以把所学的理论知识与所要处理的学科实践问题联系起来。也就是说，现行的教师教育专业的教学方式使得学生难以把理论知识和教育教学实践联系起来，一旦从事教育教学实践，就显得他们的知识缺乏深度和广度。当然，由于小学和中学在知识方面的深度和广度不同，所以，在专业知识这一方面，许多教师觉得所学的知识够用，但是问题出在他们所学的专业知识难以兼顾实际工作中多门课程的教学。很多小学教师所接受的是专业小学教育，而当下的小学教学是综合学科为主的融合课程教学，所以，专业知识难以满足综合课程教学的需要。另外，由于我国的小学教师相对缺乏，尤其是农村小学和农村教学点的教师特别缺乏，导致许多教师是一个人带好几门课程甚至是所有的课程。在这种情况下在高校接受专业教育的教师更是难以应对当下的教学需要，他们所学的专业课程的学科知识和所教的综合课程或者只是多学科的几门课程相比，其知识的广度就显得严重不足。

　　由以上的调查可以发现，中小学在职教师在学科专业方面，缺乏学科知识和学科技能以及学术知识和学术能力。总的来说，很多中小学在职教师在教学素质和学术素质方面都显得不足。

第二节　在职卓越教师培养的策略探寻

通过上一节的阐释可以发现，中小学在职教师在其职业素养方面，由于新课程改革、师范院校教师培训以及教师个人问题，导致许多教师在专业和学术两方面的知识和技能都显得难以应对实际的教学实践和个人发展。针对这种状况，师范院校和教育主管部门在进行在职教师培训时，该如何计划和动作，才能够把他们的素质提升到卓越教师上来呢？对这个问题进行回答和解决是一件刻不容缓的事情，更是提升中小学教学质量的关键一环。

一　教学内容采用综合课程知识的形式

教学内容采用综合的方式表现在两个方面。

首先，专业课程知识的融合。通过上文的分析可以发现，中小学教师在专业知识和专业技能方面的欠缺之一表现在对各门专业课程知识的整合能力。在高等教育中，由于每门课程由一位老师教授，导致各门课程之间完全处于独立和隔离的状态。其实，既然是同一门专业，各门课程之间一定是围绕着专业的不同维度和要素进行课程的设置以及课程内容的编排。这就好比是同一事物的不同方面和不同维度所展示的关于同一事物的不同方面的内容和特色。尽管有所不同，表述的却是同一事物。如果把不同维度的各方面的内容和特点按照相关性进行整合，那么就会提升人们对于这一事物认识的容易度和深刻度，同时更能让人们提升在这一事物各方面出现问题时的解决能力。各门专业课程的知识和技能也是一样的。只有把各门专业课程联系起来，让不同的课程教授者在上课的时候，都能够把与本课程内容相关的其他课程内容联系起来进行授课，那么教师对本专业的学习就会容易一些，同时还能做到融会贯通，然后在自己的教学中，能够更好地解决综合知识的问题。比如，在培训小学英语专业的教师时，应该把课程论、教学论、教学法、教育学、心理学等相关知识进行整合，以便老师们能够在教学时不仅知道如何进行英语课程的教学，如何确定每次英语课的教学内容、选择教学方法和教学媒体等，而且明晰每次英语课的教学设计背后的理论依据，同时能够运用具有针对性的教育学和心理学等方面的知识解决英语教学中出现的问题。比如，在小学英语教学中如何对待学生出现的错误？这不仅需要教育学、心理学、英语教学理论的知识，同时需要教师具有整合这几门课程的知识进行问题解决的能力。

其次，专业知识和中小学课程的融合。这一课程知识的融合相比较专业知识的融合，显得更加具有挑战性，其原因不在于课程知识的难度，而在于课程知识的广度和可教性。专业知识与中小学课程相融合的一个最主要的原因是，教师教育课程内容和中小学课程内容相脱离，中小学课程内容及其实施已经进行了改革，但是教师教育课程的内容和实施还是没变，造成中小学教师所接受的培训内容难以指导自己从事的教学工作，这也是许多教师抱怨难以获得前沿性知识的原因。这是其一。其二在于，教师教育课程的内容和中小学课程教学的相关度较低。这里的相关度低指的是教师教育课程内容具有较高的抽象性和理论性，而中小学教师的教学具有明显的具体性和实践性。本来具体和抽象、理论和实践是相互照应的两对关系，但是在具体的教师培训中却被生生地剥离了这种照应的关系。因此，才会使得教师在接受了相关教育教学的培训之后，在教学过程中仍然表现为专业知识的缺乏。为了提升培训的效果，使得接受过培训的教师能够表现出培训预设的教学效果，教师教育专业的教师在实施培训的时候，需要把培训课程的理论性和抽象性与教学中的实践性和具体性结合起来，达到培训的目的。例如，在培训小学语文教师的时候，要把相关的诸如小学语文教学论、小学语文新课标解读、小学语文教学法、小学语文教学技能等方面的理论课程的教学与小学语文教材的内容相结合进行教学，便于教师明白培训所讲授的知识对自己的教学有什么作用，他们的关系如何。这样教师才会在培训后，真正做到提升自己的教学能力和专业学术能力。

只有把专业课程知识相互融合并在培训过程中和教师的具体教学课程相结合，才能让在职教师理解所接受培训课程的价值和意义，使得他们真实感受到培训是真正有用的，这样才会增加他们的培训兴趣，并通过培训真正提升他们的教学能力和专业素质。

二　教学实施采取以实践教学为主的教学形式

关于实践教学，我国在中华人民共和国成立之初，曾经采用过一段时间。这里的实践性教学指的是在对中小学教师进行培训的时候，通过实践的教学方式进行不同课程知识和技能的培训，以实践教学的形式代替通常使用的理论教学形式。理论教学指的是从事培训的教师采用讲授法、解释法等方法把课程知识和技能以言语的方式传递给接受培训的教师。教师教育课程既具有理论的性质同时又具有实践的特点，是理论性和实践性兼具的课程，某些课程的理论性更强一些，有些课程的实践型更强一些，但是通常都是以理论知识的方式出现。例如，小学教育学、发展心理学、小学课程与教学论等都明显具有显著的理论性，而教学技能类课程，如小学英语教学技能、小学语文教学技能、音乐、美术舞蹈等课程具有明显的实践性。

实践教学的形式代替理论教学的原因主要在于教师的教学工作主要以实践的形式存在，而不是以思维的方式存在，尽管在教师的每一次课程教学的背后都离不了教师严密的思维，但是毕竟教师的教学是以实践的方式为主要表征。无论教师的理论知识如何深厚和广博，只有在教学实践中得到完全表现，并能得到学生的肯定，才能表明教师的教学能力强，否则的话，很难用其他的什么词语说明教师的教学能力强或者教学水平高。因此，教师只有具有较强的教学实践能力才能真正提升教师的教学能力达到人们所追求的卓越教师的水平。

在职教师如何通过培训提升教学能力呢？其关键在于，培训教师能够很好地甚至是完美地把理论知识运用到培训实践中去，其方法就是让学生通过实践进行相关知识经验的学习，把相关教学的理论知识运用在实践中、通过实践进行学习，只有在实践中，在职教师才能掌握理论知识的实践价值和实践意义，同时明晰理论知识如何在实践中得以展现。因此，从事教学培训的高校教师对在职教师进行培训的时候，需要认真思考，全盘考虑如何把需要教授的理论知识通过实践的教学方式传递给在职教师。目前，最常用的方式就是，高校教师运用自己的教学智慧，选用恰当、合适的案例，把理论知识融入案例中，通过和接受培训的教师一起对案例进行分析、探讨、总结，最后归纳出要教给在职教师的理论知识。通过这种教学方式，在职教师就能很容易掌握要学习的理论知识。比如，在对小学教师进行小学课程论知识的培训时，培训教师就可以采用案例教学的方式，如通过把所使用的教材作为案例，和在职教师一起探讨课程的编制问题，如可以通过对所使用的教材内容进行分析，让在职教师明晰课程内容的来源、课程内容的选择、课程内容的组织和安排等课程论知识。

对于实践性较强的专业知识，培训教师可以直接通过让在职教师运用学作、仿作和实作的方式，进行学习，并且允许在职教师通过自己的实际操作进行相关知识和技能知识的学习。当在职教师在实际操作中出现困难和疑惑时，培训教师予以及时的点拨和指导。通过培训教师对在职教师的操作和实践进行引导和指导，使得在职教师能够学会在实践中思考，在思考中实践，从而把理论知识和具体实践相结合，掌握具有实践性的知识和技能。例如，在对小学教师进行教学方法的培训时，培训教师可以通过先采用案例教学的方法进行相关教学方法的理论知识的讲解，然后通过微格教学的形式，让学生展示对教学方法的使用，然后培训教师和在职教师一起就相关微格教学中教学方法的运用情况进行讨论和分析，让在职教师进一步掌握相关教学方法的理论知识以及在教学实践中的使用方法和使用技巧。

对于学术知识的培训，即教育科学研究方法这门课程知识的培训，同样可以通过实践型的教学方式让在职教师获取所必须掌握的知识、技术和方法。对于学术知识的学习，培训教师可以采用模块的方式，通过案例教学和实践教学来进行培训。例如，对于文献综述的写法，教师可以先采用案例分析的方法，给在职教师讲解如何进行文献综述的叙写，结合案例总结出相关的理论知识，然后通过让在职教师进行实践，来尝试掌握文献综述的写作技巧和写作方法。通过采用此种方法，在职教师基本可以掌握学术知识和学术技能等的相关理论知识。本研究者在对本科生的教学中，通过采用此种方法进行教学，获得良好的效果。

三　培训师资采用整合的教师队伍

培训教师的选择和任用的策略对于中小学在职教师的培训效果具有重要的作用和意义。因为，在职教师之所以需要培训，不仅在于需要补充相关学科的前沿知识和技能，同时需要对以往教学中存在的不足进行弥补和对教学中存在的问题进行解决。无论是知识的补充还是教学中存在问题的解决，都需要培训教师能够给予在职教师以满意的回答，并且能够根据当下课程与教学的特点，进行知识、技能和方法等方面的培训内容的教授。

当下课程的综合性以及教学中合作学习、探究学习和自主学习等的教学形式和方法的运用，需要培训教师在进行教学时能够相互配合，增加培训课程知识的综合性，使得培训知识能够在接受培训的在职教师的认知结构中形成系统、完整的知识体系，以促进在职教师在自己的教学实践中灵活自如地使用。

首先，中小学课程的综合性需要教师具有综合性知识结构。自从21世纪初的新课程改革开始，我国的中小学课程逐渐采用综合课程的形式。综合课程需要教师拥有综合性课程知识，而不是各门学科课程知识的简单相加。在职教师如何适应课程的这一改变，从容施教？其关键在于教师在培训教师的帮助和指导下获取综合性课程知识和从事综合性课程教学的方式方法。由此，培训教师自身必须具有能够指导在职教师获取综合性课程知识的知识和能力，而不是学科课程的知识和能力。这就要求从事教师培训的高校教师必须以相关学科为依据进行培训教师队伍整合，然后进行取舍，挑选出能够从事综合知识培训的教师进行教师培训的参与。这似乎不是一件容易的事情，但却是必要的。

现以小学教师培训为例来论述教师队伍的整合。培训教师队伍的整合首先是对课程知识的整合。若要进行知识的整合，培训教师首先要确定小学课程知识的模块结构。这需要培训教师熟悉小学课程的内容，并能确定小学课程的内容具有哪些模块，这些模块分别又由哪些具体的知识构成，然后确定这些模块的知识对于小学教师来说，应该掌握的广度和深度，才能应用自如地进行教学。简单地说，知识的整合包括对小学课程知识的模块的确定和对小学教师应掌握的这些模块知识的广度和深度的确定。根据这两点来对培训教师进行筛选和整合并加以分工，以便不会出现培训内容重复所带来的培训时间的耗费和培训内容重复的低效性的情况。

对培训教师进行整合的第二方面表现在：通过对培训内容的教学知识和技能的融合来实现对培训教师的整合。在上文我们已经提到对专业知识的融合，而这是对培训教师进行整合的又一理由和依据。教育教学知识的融合，必然不需要从事培训的培训教师采用分离的形式进行这些教育教学知识的教学。若要对这些知识进行教学，首先，培训教师需要熟悉和掌握这些融合过的知识和技能。其次，他们需要明晰这些教育教学知识和技能融合的方式和特点。通过这两种方式，教师可以掌握教育教学知识的融合规律及其性质，然后就是对培训教师的挑选和任务的分配，即对相关教学知识和技能的培训分配。通过实施这两种方式的整合，就会形成一支高效的培训教师队伍。

四　学术培训实施微研究能力培养①

学术这里指的是学术研究，学术能力是当下课程教学改革对教师的教育教学能力的一个非常重要的要求。培养在职教师的学术研究能力是教师培训的一个重要方面，但是好多时候都被忽视了，似乎教师培训往往只关注教师的教育教学能力，而忽视了教师的专业研究能力，其实教师的研究能力才是教师自我发展的动力和自我发展的推力，因为只有有了研究能力，教师才能在教育教学工作中，通过观察教育教学场域中的教育教学实践，发现其中出现的问题，然后利用自己的学术理论知识，针对问题，进行分析、判断、决策，然后找出解

---

① 本部分的内容部分节选自本人的《中小学教师微研究实现路径探析》一文的内容。

决问题的方法，从而把教育教学实践中出现的问题消灭在尽量小的范围之内，并使得教育教学工作得以顺利实施，最终提升教学工作效率和工作质量。

（一）微研究的提出

学术研究对于任何一名教师来说，都是自身专业能力的一个重要组成部分，同时又是自身顺利实施教育教学的重要保障。但是学术研究对于许多中小学教师来说，似乎有点太遥远，因为大家好像都认为研究是高校教师和研究机构的事情，而中小学教师的任务就是教学工作。这和我国的教师教育的传统教育理念有关系，因为在大家的观念里面，教师就是教书的，从事研究似乎有些不合规矩、有些不务正业。其实，教师的研究是为教师的教学保驾护航的，对于教师来说，学术研究为教师的教育教学提供了某些理论依据和实践保障，对教学过程顺利实施具有保障的作用。

自 21 世纪初的新课程改革，斯腾豪斯所提出"教师作为研究者"成为我国基础教育的一个新的理念，随着新课改的深化和推进，"教师作为研究者"不再只是一句口号，这可从做课题、写论文是中小学教师评职称和晋级的硬性规定的条件可见一斑。当下，"教师作为研究者"已经是一个不争的事实，许多教师已经或正在主持或参与各种国家级、省级或市级、校级的课题研究，教师不再仅仅是教书匠，教师也是自己的教育事业的批判者和反思者，他们在自身工作的过程中对自己所从事的事业进行着认真的审思和深入的研究。"教师作为研究者"既是保障课堂教学顺利实施和提升教学质量的条件，也是促进教师自身专业发展的保证。随着教师作为研究者身份的日益巩固，人们越来越意识到中小学教师的研究视野需要聚焦，应该关注自己的教育教学生活，毕竟教师的研究目的主要是为了提升自己的工作质量和工作效率，这种聚焦教师自身工作的研究就是微研究。

（二）微研究的含义

对于中小学教师来说，微研究能力是其学术能力的最好体现。关于微研究，目前没有较为明确、统一的界定。有研究者认为，"微研究并不是一种具体的研究方法，而是指视角微、形式微的研究，是析微察异、造微入妙的研究"。有研究者认为微研究"是以一线初中教师为研究主体，以改进初中教育教学实践、促进师生成长为价值取向，以与初中教育教学密切相关的各类教育教学问题为研究对象，通过选择合适的研究方法，制订合理的研究计划，从而解决问题，提高教育教学质量，实现师生的协同发展的一种研究范式"。由此可见，微研究不是一种研究方法，而是一种研究层次。

通常情况下，大家习惯性认为教育研究从事的是对具有普遍意义的现象、具有概括性的问题以及具有普适性的规律进行的分析、探讨工作。微研究针对的是具体教育教学情景中的现象和问题进行的研究。首先，相对于一般的教育研究微研究具有微观性，是对微观教育教学世界的研究。其次，微研究是小规模的、具体化的研究。一般研究通常是以教育教学中的普遍现象为研究视角，探究教育教学中普遍存在的问题，以找寻指导教育教学的普遍规律。微研究是老师在特定的教育教学场域中，针对特定的教育教学实践中的具体现象和特殊问题所进行的探究，从而发现针对特定问题的解决方案和方式方法，目的是促进特定教育教学的顺利实施，提升学生和教师的学校生活品质，促进师生的成长与发展。

据此，本书认为在教育领域中，微研究是教师在具体的教育场域中，针对特定的教育教学事件所展开的精微研究。从修辞学的角度来看，"微"有细小、精妙之意，那么，微研究大致指的是小型的、精细的研究。这种小而精的研究有两层含义。

第一层含义指的是微研究研究的对象是教学场域中的构成教学生活的一个个微小的教育教学事件，关注的是教育教学境遇中的具体现象和问题。教学作为一个系统，其构成元素有教学主体、教学内容、教学环境、教学方法、教学手段和教学媒体等。而每一个教学元素又都有自身的构成因素，每个构成因素又都有其自身的内容和特点，微研究的研究对象即是这些构成因素在具体的教学情境中的内容、特点、问题及其规律。这些具体的构成因素在不同的教学场景中的内容、特点和问题呈现出不同的表象和特征，具有其自身不同的规律和实践特点。对于这些微小教育教学事件的研究，可以解决具体教育教学情景中的问题，提升特定教育教学场域中的教学生活质量。

第二层含义指的是微研究的研究成果用以指导特定教育教学场域中的教育教学。微研究关注的是特定教育教学场域中的教育教学实践，这种教育教学实践关涉的是特定教育场域中的教师和学生，准确地说，是特定教育教学场域中的教师和学生的教育教学生活，这种教育教学生活有其特定的校园文化构成的生活环境，特定生活环境中的教师和学生的具体教育教学生活，以及这种生活所带来的直接和间接效用。这种效用直接指向学生和教师的学校生活的改变，提升特定生活场域中学生和教师的生活品质，改善特定学生和教师的学校生活环境，从而促进学校教育内在价值和外在价值的共同实现。

（三）微研究的素养构成

教育微研究作为立于教育教学实践第一线的教师们的研究，具有研究规模小、时间短、人员少、即时性等特点。研究规模小通常指的是研究的范围小，该研究范围通常是一个学校、一个年级甚至一个班级或个别学生的教育现象或教育问题；研究时间短指的是每一个微研究的耗时较少，不像通常其他的研究那样少则耗时一年多则几年，微研究通常耗时相对较少，可以是一年或几个月甚至是几个星期；人员少指的是进行微研究的人员较少，可能是一个学校的相关教师、一个班级的教师甚至是一个老师；即时性指的是微研究的效果通常能起到立竿见影的作用，对即时出现的问题进行即时研究，研究结果能够及时指导教育教学现场，对教育教学面临的问题进行及时解决。微研究的这些特点，致使微研究的实施不同于寻求普遍规律的一般意义上的教育研究。

微研究的实施和开展需要教师具备某些从事研究所必备的知识和技能，这也是从事一般研究的研究者所必须具备的条件之一。从事研究所必备的知识和技能表现在三个方面：一是教育理论知识；二是研究技能；三是研究方案和研究计划的制订能力。一言以蔽之，教师要从事微研究必须具有教育理论知识和学术素养。教师若要从事微研究，就不能单单是个"唯手熟尔"的教书匠，必须具有相关的教育教学理论知识。教育教学理论是指导教师教学的依据，亦是教师从事研究的理论基础。教育理论知识是教师对教育问题和教育矛盾进行深刻认识和准确批判的依据和基础。若教师的教育理论知识较为薄弱的话，便难以对自己的教育教学行为进行反思，难以对日常的教学现象进行清晰地观察，难以发现潜藏在教育表象背后的问题，难以洞察教育现象背后的规律，更重要的是，难以发现日常教育活动中存在的具有研究价值的现象和问题。因此，教师要想从事微研究，必须具备一定的教育理论知识。

学术素养指的是微研究的开展要求教师要具有一定的研究知识和研究技能。研究者首先具备的研究知识和技能是对文献的查阅、综合和评述，也就是研究中的文献综述，这一技能在研究中起着至关重要的作用。对文献的查阅和分析能使研究者明晰本研究领域的成就水平如何，还存在着哪些不足，还有哪些是该研究领域的空白，从而找到自己研究的切入点。另外，已有的文献可以为研究者的研究提供一定的帮助。其次是对研究方法的把握和使用。任何事情的处理都需采用某种方式方法，方法的得当与否关涉事情办理的结果、行动的后果，所谓事倍功半或事半功倍便道出了方法重要性的真谛。微研究所采用的方法和一般研究方法有相同之处，但是微研究更多采用田野研究法、调查法和观察法。这是因为微研究关注的是教师的教学现场，是教师在自己的教育教学活动中即时采用的研究方法，调查法和观察法更有利于教师获取第一手的、真实的研究资料和数据，从而保证研究结果的真实性。再次是对研究数据的收集、整理与分析的能力。研究结果来自对研究数据的整理和分析，只有具有一定收集、整理和分析数据的能力，才能准确地对通过不同的研究方法所获取的数据进行整理和分析，从而保证研究结果的正确性和真实性。研究者要在研究数据的基础上，具有对研究结果进行整合和总结，对研究问题进行发掘和讨论的能力，等等。最后是教师撰写研究计划或研究方案的能力。研究计划或研究方案是教师进行研究的蓝图和规划，体现了教师从事研究的总体框架。从研究方案中可以看出教师研究的总体过程，包括前期的选题、中期的研究路线和研究步骤、后期的研究结果，囊括研究目的、研究意义、研究思路、研究方法和研究步骤，等等，便于微研究的操作与实施。

　　总之，教育教学理论属于对教师进行专业知识培训的范畴，所以没必要进行二次培训。因此，若要对中小学教师进行微研究的培训，必须首先对他们进行研究者的学术素养的培训，然后在培训的过程中进行微研究能力培养的实训，以便教师能够扎实掌握微研究的实施方法和实施过程。对中小学教师进行微研究能力的培训时，也应该采用案例教学法和具体的实践法。案例教学法可以让教师明晰微研究每一部分如何实施和展开，实践法是在让受训教师了解微研究的展开技术的基础之上，进一步通过自己的亲身实践切实掌握微研究的实施技术和实施程序。

结　　语

　　"百年大计，教育为本；教育大计，教师为本。"① 为了使人们享受公平的有质量的教育，为了提升我国基础教育教学质量，促进我国小康社会的全面建设，相关部门多次对我国的教师队伍建设提出多项政策，从"教师资核证制度"到"国培计划"，从"特岗计划"到"卓越教师培养计划"，再到最近颁布的《中国中央国务院关于全面深化新时代教师队伍建设改革的意见》，无一不显示出党和国家领导人对我国基础教育的关心和重视。

　　随着"卓越教师培养计划"的出台，我国的许多高师院校和综合性大学都在研究和实践中小学卓越教师培养，其中小学全科教师成为卓越小学教师的培养标准。目前卓越教师的培养在我国如火如荼地展开，但是关于卓越教师规格、卓越教师培养的理论理路和实践逻辑仍然处于探讨中。

　　本书尝试对卓越教师的培养规格和培养路径进行探究。在书中，研究者以小学全科教师为例，对卓越教师的培养规格、培养路径、在职培养策略等予以尝试性探讨。卓越教师的培养是我国教师教育的一个具有历史性的转折点，卓越教师的培养同时又是一个复杂的问题。所以，尽管本书竭力对这一问题进行探讨，但是仍然不够深入系统，还需要进一步的研究。

　　首先，卓越教师培养的课程问题。课程体系不仅蕴含着卓越教师

---

① 中共中央国务院：《中共中央国务院关于全面深化新时代教师队伍建设改革的意见》，中国日报网（http://china. china － daily. com. cn/2018 － 02/01/content ＿ 35625023. htm）。

培养所需的课程设置问题，同时表明卓越教师的知识量问题。如小学卓越教师所要从事的小学教育阶段课程的综合性质决定了他们自身的知识不仅具有专业性，同时要具有综合性和广博性。"若给学生一碗水，教师必须要有一桶水；若要给学生一桶水，教师必须要有一缸水"。卓越教师培养的课程如何进行变革，才能保证他们在获取系统知识的同时，保证这种系统知识兼具一定深度和一定广度。而且这个"一定"的程度如何？如在培养小学全科教师方面，如何保证职前小学全科教师在获取小学各科的学科教学知识的同时，获取丰富的通识知识和学科知识以满足他们的自身发展需要和专业发展需求？也就是说，如何保证职前卓越教师获取足够的学科知识、专业知识达到"一桶水"或"一缸水"的量？再如，中小学卓越教师获取怎样的质和量的通识性知识才能保证他们能够内化为自身的情感素养、道德素养、人文素养以及信念素养？究其深层次因素，关键在于对卓越教师的培养课程进行综合性的编制、选择和设置。那么如何编制、选择和设置课程以达到他们获取足够的保证其提升个人社会生活品质和提供个人专业活动质量所需的知识量？这些问题是研究者需要深入探究的问题。

其次，卓越教师培养的教育教学方式问题。卓越教师培养的关键问题是教育教学问题。因为教育教学是实现卓越教师培养的根本途径。从诸多研究者的调查和研究发现，我国教师教育的教学方式难以满足职前教师发展的需要，原因在于教学方式的单一性以及与知识特点的不相契合性。无论是理论知识还是实践知识，教师都喜欢采用呈示型教学方式，忽视学生的动手操作。现在很多的现实教学问题使得理论研究者和教学实践者都明白，教育教学是一种专业技术，它需要教学实践者具有教学实践技能，对教育教学知识的教学必须采用理论和实践相结合的方式实施。一直以来，教师培养中都没有忽视实践教学，但是对知识的关注在很大程度上使得教育教学见习和实习流于形式。既然教育教学实践成为教师教育必不可少的重要的教学形式，那么如何在培养过程中使职前教师能够在最大程度上进行教学实践，通过实践进行教学技能和技术知识的掌握，同时又要保证他们获取足够的、必需的理论知识，即如何进行理论和实践相结合的教学方式需要进一步深入探索。

再次，卓越教师保持"卓越"的问题。卓越教师的培养与其说是一项宏大工程，不如说是一个没有终止的延续性创新活动；它不是一个具有终结性质的动作和行为，而是一个具有连续性的事件。因此，卓越教师的职前培养不是一项具有完结性的职前培养工程，而是需要后续的持续性培养和培训。因为只有持续性学习，才能保证卓越教师的卓越品质具有持久性和向上性。教师的品质，无论是不合格、合格、优秀或者卓越，都具有不稳定性和流变性，所以高校所培养的职前卓越教师的卓越性同样具有可变性和变化性，而不具有永久性和固着性。既如此，如何保证所培养的卓越教师的卓越性保持持续性就成了一个至关重要的问题。这一问题牵涉到培养课程的历时性选择和共时性实施、培养内容的经典性继承和前沿性创新、培养形式的持续性选择和多样性执行、培养主体的密切性跟踪和实时性反思、被培养者的反思性学习和创新性实践等等。所有这一切需要教师教育研究者和实践者的全方位研究和持续性探索，才能使之趋于完美。

最后，卓越教师的时代特征问题。自从人类历史长河的开启，对人才的培养就从不曾间断，只是不同的历史时期、不同的国家对人才的规格要求有所变化和不同，对教师规格的要求亦是如此。不同时代对教师规格要求的差异性都和当时的社会发展、时代要求有着密切的关系，毕竟教师是为培养推动社会发展的人才服务的。在教育的历史长河中，对教师的规格要求一直处于发展变化中。教师的最初规格是僧侣和长者；漫长的封建时代，西方国家的教师是神职人员，而我国则是以官吏为师，当然也有隐士讲学；随着社会的发展，西方国家出现义务教育，真正的从事教师职业的教师开始出现，教师职业开始制度化。在我国，从清末民初开始，对教师规格的要求也同样步入正规化的轨道，这从不同时期对教师的学历层次要求的不同可以窥管见豹。从教师规格的发展轨迹可以看出，对教师的要求具有明显的时代烙印。当教师教育进入当今时代，教师规格应该具有当下的时代特点。当今时代是一个"知识爆炸"的、开放的、人才竞争而又合作共赢的新时代，这些时代特点决定了教师不仅要具有专业性和职业性，同时还要具有同理心、积极的情绪情感、开阔的国际视野以及跨文化意识和能力等。

同理心是与学生交往的过程中所必需的，因为教师职业从一个角度来说，实际上是为学生服务的，是为学生的成长和发展服务的。教师只有具有同理心，课内才能从学生的角度来思考学生能够达到的教育教学目的、能够接受和学习的内容、感兴趣的教育教学方式方法等，而不是仅仅从自身的角度思考教师能实现什么教学目标、能够驾驭什么内容、能够采用什么教学方式方法等，如此才能助推学生的知识学习和发展成长；课外才能从学生的角度思考学生的特点和心性，思考学生校内外的生活和成长特点及规律。积极的情绪情感是学生成长最重要的表征之一，但却是我们的教师培养过程中所容易忽视的。心理学的研究法发现，积极的情绪能够提升人的活动能力。对于学生来说，积极的情绪能够驱使他们积极地学习和生活，更好地推动他们与外界交流与互动，从而提升交往效率和交往能力。开阔的国际视野是新时代的人们应该具有的人格特质，它能促使个体以宽广的胸怀接纳差异和异己，以开阔的视界审视主体行为及其境遇。若教师拥有开阔的国际视野，在日常的教育教学中，会以开放的胸怀和外放的心态对待自己的学生，接纳不同学生的差异发展，同时也会有意识地培养学生的国际视野，使所培养的学生能够拥有立于国际舞台的意识。跨文化意识和能力是人际交往和国际交往所必需的一个条件。无论是人际交往还是国际交往，实际上都是一种跨文化交往。只有拥有跨文化意识和能力，教师在培养学生的过程中，才能有意识地从文化差异的角度来考量和决策与学生的教育性交往，才能有意识地培养学生的国际交往意识和能力。时代的发展决定了卓越教师的培养应充分考虑时代特征，那么在我们的教师教育过程中，如何在进行职业能力和学术能力培养的同时，关注对他们这些时代特征的培养是当下应该解决的问题。

2018 年 1 月 20 日出台的《中共中央国务院关于全面深化新时代教师队伍建设改革的意见》中提出，经过五年左右的努力实现教师培养培训体系基本健全，教师队伍规模、结构、素质能力基本满足各级各类教育发展的需要。此文件又进一步提出，到 2035 年培养造就数以百万计的骨干教师、数以十万计的卓越教师、数以万计的教育家型教师。这是一个振奋人心的好消息，但若想实现，还需要教师教育理论研究者和实践者同心同德，苦心上下求索。

参考文献

一 专著及论文集

[1] [苏] 巴班斯基：《教学教育过程最优化》，赵维贤译，人民教育出版社 1986 年版。

[2] [美] 巴格莱：《教育与新人》，袁桂林译，人民教育出版社 1996 年版。

[3] 布卢姆等：《教育评价》，邱渊等译，华东师范大学出版社 1987 年版。

[4] 蔡进雄：《转型领导与学校效能》，太北师大书苑有限公司 2000 年版。

[5] 常华锋：《生本教学论》，首都师范大学出版社 2012 年版。

[6] 陈信泰：《师范教育的发展与改革》，山东教育出版社 1986 年版。

[7] 陈旭远：《课程与教学论》，东北师范大学出版社 2002 年版。

[8] 成都师范学院教育科学学院：《教师教育改革与应用型教育人才培养》，西南交通大学出版 2015 年版。

[9] 成有信：《十国师范教育和教师》，人民教育出版社 1990 年版。

[10] 丛立新、章燕：《澳大利亚课程标准》，人民教育出版社 2005 年版。

[11] [美] 戴森·H·乔纳森：《学习环境的理论基础》，正太年等译，华东师范大学出版社 2002 年版。

［12］董远骞：《教学论》，浙江教育出版社 1984 年版。

［13］杜尚荣：《感悟教学论》，福建教育出版社 2016 年版。

［14］［美］杜威：《民主主义与教育》，王承绪译，人民教育出版社 2001 年版。

［15］杜岩岩：《21 世纪俄罗斯师范教育现代化的价值取向及制度安排研究》，中央编译出版社 2016 年版。

［16］［德］恩斯特·卡西尔：《人论》，甘阳译，上海译文出版社 2004 年版。

［17］［加］范梅南：《教育机智：教育智慧的意蕴》，李树英译，教育科学出版社 1992 年版。

［18］冯增俊、陈时见、项贤明：《当代比较教育学》，人民教育出版社 2008 年版。

［19］邰锦强：《高等师范教育论稿》，安徽大学出版社 2004 年版。

［20］国家教育委员会师范教育司：《师范教育工作经验汇编》，东北师范大学出版社 1997 年版。

［21］郭元祥：《综合实践活动课程设计与实施》，首都师范大学出版社 2001 年版。

［22］郝双才：《人文教育教学论》，甘肃人民出版社 2011 年版。

［23］何齐宗、胡青、胡平凡：《高师教育改革与教师发展》，中国社会科学出版社 2006 年版。

［24］何增光：《浙江高等师范教育史》，杭州出版社 2008 年版。

［25］胡艳：《当代教师教育问题研究》，大象出版社 2010 年版。

［26］黄甫全：《课程与教学论》，高等教育出版社 2002 年版。

［27］［美］JEROME S. BRUNER：《教学论》，姚美林、郭安译，中国轻工业出版社 2008 年版。

［28］金长泽：《师范教育改革与师资队伍建设》，东北师范大学出版社 1998 年版。

［29］金长泽、张贵新：《师范教育史》，海南出版社 2002 年版。

［30］鞠玉翠：《论争与建构：西方教师教育变革关键词及启

示》，山东教育出版社 2011 年版。

[31] 雷晓春：《澳大利亚师范教育》，广东高等教育出版社 1991 年版。

[32] 李秉德：《教学论》，人民教育出版社 1991 年版。

[33] 李超英：《中国师范教育论》，商务印书馆 1939 年版。

[34] 李纯：《教师发展与教学改革 一种多元文化的视角》，北京师范大学出版社 2017 年版。

[35] 李方：《课程与教学论》，南京大学出版社 2016 年版。

[36] 李森：《教学动力论》，西南师范大学出版社 1998 年版。

[37] 李森：《现代教学论》，人民教育出版社 2011 年版。

[38] 李森：《有效对话教学：理论、策略及案例》，福建教育出版社 2012 年版。

[39] 李友芝：《中外师范教育辞典》，中国广播电视出版社 1994 年版。

[40] 林本、方炎明：《各国师范教育》，中国台湾：台湾书店，1972 年版。

[41] 林永喜：《师范教育》，文景出版社 1986 年版。

[42] 刘克兰：《教学论》，西南师范大学出版社 1988 年版。

[43] 刘问岫：《当代中国师范教育》，教育科学出版社 1993 年版。

[44] 龙宝新：《小学语文教学论》，西北大学出版社 2014 年版。

[45] 鲁洁：《教育社会学》，人民教育出版社 1990 年版。

[46] [英] 洛克：《教育漫话》（全译·注释本），杨汉麟译，人民教育出版社 2006 年版。

[47] [德] 马克斯·霍克海默、特奥多·威·阿多尔诺：《启蒙辩证法》，渠敬东 、曹卫东译，重庆出版社 1990 年版。

[48] [加] 马克斯·范梅南：《生活体验研究——人文科学视野中的教育学》，宋广文等译，教育科学出版社 2003 年版。

[49] [美] 玛丽莲·科克伦·史密斯、[美] 沙伦·费曼－尼姆塞尔：《教师教育研究手册》，范国睿等译，华东师范大学出版社

2017 年版。

　　［50］［美］马斯洛：《自我实现的人》，许金声译，三联书店 1986 年版。

　　［51］马啸风：《中国师范教育史：1897—2000》，首都师范大学出版社 2003 年版。

　　［52］［加］迈克·富兰：《变革的力量：透视教育改革》，中央教育科学研究所、加拿大多伦多国际学院译，教育科学出版社 2000 年版。

　　［53］［英］麦克·扬：《未来的课程》，谢维和等译，华东师范大学出版社 2003 年版。

　　［54］［法］莫兰：《方法：天然之天性》，吴泓渺等译，北京大学出版社 2002 年版。

　　［55］［美］莫里斯·C·比格：《学习的基本理论与教学实践》，张敷荣等译，人民教育出版社 1991 年版。

　　［56］裴娣娜主：《教学论》，教育科学出版社 2007 年版。

　　［57］［瑞士］皮亚杰：《发生认识论》，范祖珠译，商务印书馆 1990 年版。

　　［58］［美］乔伊斯·B，E·卡尔康：《教学模式》，荆建华等译，中国轻工业出版社 2002 年版。

　　［59］［美］塞缪尔·亨廷顿：《文化的重要作用》，程克雄译，新华出版社，2002 年版。

　　［60］宋洁、王峥：《英语教师教育研究论集》，首都师范大学出版社 2014 年版。

　　［61］［苏］苏霍姆林斯基：《教育的艺术》，肖勇译，湖南教育出版社 1983 年版。

　　［62］施良方：《学习论》，人民教育出版社 1994 年版。

　　［63］石忠英：《知识转型与教育改革》，教育科学出版社 2000 年版。

　　［64］［美］泰勒：《课程与教学的基本原理》，施良方译，人民教育出版社 1994 年版。

［65］唐世纲：《案例教学论》，西南交通大学出版社 2016 年版。

［66］田慧生、李如密：《教学论》，河北教育出版社 1996 年版。

［67］王策三：《教学论稿》，人民教育出版社 2005 年版。

［68］王承绪、赵祥麟编译：《西方现代教育论著选》，人民教育出版社 2001 年版。

［69］王维新、陈金林、戴建国：《中国百年师范教育图志》，上海辞书出版社 2009 年版。

［70］王晓宇：《英国师范教育机构的转型：历史视野与个案研究》，上海社会科学院出版社 2008 年版。

［71］汪文贤：《教师教育概论》，浙江大学出版社 2008 年版。

［72］王耘：《复杂性生态哲学》，社会科学文献出版社 2008 年版。

［73］王泽普：《中国师范教育改革与发展研究》，广西师范大学出版社 2001 年版。

［74］吴定初：《中国师范教育简论》，四川教育出版社 1990 年版。

［75］吴永军：《课程社会学》，南京师范大学出版社 1999 年版。

［76］肖甦：《转型与提升：教师教育的改革与发展》，山东教育出版社 2015 年版。

［77］谢安邦：《高等师范教育研究：教师教育理论与实践》，中国海洋大学出版社 2009 年版。

［78］谢维和：《教育活动的社会学分析——一种教育社会学的研究》，教育科学出版 2000 年版。

［79］徐继存：《教学理论反思与建设》，甘肃教育出版社 2000 年版。

［80］杨小微、张天宝：《教学论》，人民教育出版社 2014 年版。

［81］杨之岭：《中国师范教育》，北京师范大学出版社 1989 年版。

［82］姚利民：《有效教学论：理论与策略》，湖南大学出版社 2005 年版。

［83］［美］伊雷姆·拉卡托斯、艾兰·马斯格雷夫编著：《批判与知识的增长》，周寄中译，华夏出版社 1987 年版。

［84］于亚中、霍宗治、张熙峰：《高等师范教育实习指导》，长春出版社 1990 年版。

［85］余文森：《课程与教学论》，福建教育出版社 2015 年版。

［86］于忠海：《教师教育的机理——与学生共生》，电子科技大学出版社 2014 年版。

［87］张达善：《师范教育的理论与实际》，商务印书馆 1947 年版。

［88］苏林、张贵新：《中国师范教育十五年》，东北师范大学出版社 1996 年版。

［89］张兆芹：《现代师范教育管理》，安徽大学出版社 1999 年版。

［90］郑红苹、吴文：《双语教学论》，广东教育出版社 2014 年版。

［91］中国比较教育学会：《世界师范教育改革动向》，幼狮文化事业公司 1981 年版。

［92］钟启泉、崔允漷、张华：《为了中华民族的复兴，为了每位学生的发展——〈基础教育课程改革纲要（试行）〉解读》，华东师范大学版 2001 年版。

［93］钟启泉、王静：《课程与教学论》，华东师范大学出版社 2008 年版。

［94］周玉衡：《传统文化与教师教育》，复旦大学出版社 2013 年版。

［95］朱慕菊：《走进新课程——与课程实施者对话》，北京师范大学出版社 2002 年版。

二　期刊报纸论文

［1］陈小娅：《教师教育改革的几点思考》，《人民教育》2006 第 15—16 期。

［2］丁锦宏：《关于当前我国小学教育本科专业人才培养策略的思考》，《教师教育研究》2007 年第 2 期。

［3］董泽芳、陈文娇：《一个值得高度关注的教育话题———新政策背景下的师范生专业技能培养》，《教育研究与实验》2008 年第 2 期。

［4］葛操、田峥：《中小学卓越教师的培养机制及实践探索》，《河南科技学院学报》2014 年第 8 期。

［5］顾明远：《我国教师教育改革的反思》，《教师教育研究》2006 年第 6 期。

［6］顾明远：《谈谈我国教师教育的改革和走向》，《求是》2008 第 7 期。

［7］管培俊：《我国教师教育改革开放三十年的历程、成就与基本经验》，《中国高教研究》2009 年第 2 期

［8］胡建华：《中国大学课程体系改革分析》，《南京师大学报》（社会科学版）2007 年第 3 期。

［9］黄俊官：《论农村小学全科教师的培养》，《教育评论》2014 年第 7 期。

［10］黄正平：《"5 + 2"：培养本科学历小学教师的有效模式》，《教师教育研究》2008 第 1 期。

［11］孔令兵：《论职前教师教育中高等师范院校与中小学协同培养机制》，《黑龙江高教研究》2015 年第 2 期。

［12］李森：《试论教学动力的生成机制》，《西南师范大学学报》（社会科学版）1998 年 3 期。

［13］李铁绳、袁芳：《基于卓越教师培养的职前教育实践模式构建》，《当代教师教育》2016 年第 1 期。

［14］李沂：《列昂捷夫的活动理论》，《心理学报》1979 年第 2 期。

［15］李莹：《对话教学—教学范式的转向》，《现代教育科学》2010 年第 2 期。

［16］李益众：《高师毕业生为何站不稳三尺讲台》，《中国教育

报》2007 年 5 月 21 日。

［17］李玉华、林崇德：《从教师专业化视角看我国小学教师教育发展》，《教师教育研究》2006 第 3 期。

［18］廖其发：《论我国教育改革与研究的价值取向》，《西南大学学报》（人文社会科学版）2011 年第 1 期。

［19］刘建银：《转型后卓越中小学教师职前培养模式改革的政策思考》，《黑龙江高教研究》2013 年 5 期。

［20］刘湘溶：《高师院校卓越教师培养模式创新的探索与实践》，《湛江师范学院学报》2012 年第 1 期。

［21］王智秋：《小学教育专业人培养模式的研究与探索》，《教育研究》2007 年第 5 期。

［22］王娟：《师范教育研究 30 年———从师范教育到教师教育》，《当代教育与文化》2009 年第 5 期。

［23］王淑莲、金建生：《教师协同学习共同体：教师专业发展新范式》，《中国高教研究》2017 年第 1 期。

［24］石洛祥、赵彬、王文博：《基于卓越教师培养的教育实习模式构建与实践》，《中国大学教学》2015 年第 5 期。

［25］陶青、卢俊勇：《美国密歇根州立大学小学全科教师培养——实习指导教师的责任、角色与功能》，《比较教育研究》2015 年第 7 期。

［26］田振华：《小学全科教师的内涵、价值及培养路径 》，《教育评论》2015 年第 4 期。

［27］席梅红：《论乡村教师专业发展的政策支持——基于关心关系的伦理学视域》，《中国教育学刊》2018 年第 4 期。

［28］肖其勇：《农村小学全科教师培养特质与发展模式》，《中国教育学刊》2014 年第 3 期。

［29］肖其勇：《农村小学全科教师协同培养机制探索》，《中国教育学刊》2015 年第 5 期。

［30］谢维和：《我国教师培养模式的制度改革》，《中国教育报》2002 年 3 月 2 日第 3 版。

［31］辛继湘：《论学科教学的人文化改造》，《教育评论》1997年第 3 期。

［32］杨启光：《多维协同推进我国卓越教师培养的全面改革》，《教育科学研究》2015 年第 12 期。

［33］杨晓、崔德坤：《"卓越教师"研究的现状与趋势》，《教学与管理》2016 年第 9 期。

［34］杨跃：《独立建制教师教育专业学院的发展困境及其破解——基于组织合法性视角的分析》，《教师教育研究》2017 年第 11 期。

［35］詹小平等：《教师专业化视角中的小学教师培养》，《当代教育论坛》2004 年第 2 期。

［36］张卫东：《我国教师角色现状与教师教育改革》，《山东省青年管理干部学院学报》2003 年第 11 期。

［37］张忠华、况文娟：《论高校教师专业发展的缺失与对策》，《高校教育管理》2016 年第 12 期。

［38］周逸先：《普通中学青年教师专业发展绩效研究——基于对北京市部分青年教师的问卷调查》，《教师教育研究》2018 年第 1 期。

［39］朱文辉：《理论知识是可有可无的赘物吗？——对"实践优先"教师专业发展路径的质疑与反思》，《课程·教材·教法》2018年第 1 期。

［40］朱小蔓：《认识小学儿童，认识小学教育》，《中国教育学刊》2003 年第 8 期。

三　硕博士论文

［1］陈克现：《地方高师院校教师教育模式的转型研究——基于教师教育学科的视角》，硕士学位论文，中南民族大学，2010 年。

［2］程茹：《教师教育伙伴合作模式研究——基于我国教师教育伙伴合作的改革案例》，博士学位论文，华中科技大学，2016 年。

［3］丁洁：《新任小学教师专业成长的影响因素和对策研究访谈——基于十位小学教师的访谈》，硕士学位论文，江南大学，2012 年。

　　[4] 房敏:《基于校园网的校本教师教育资源库的设计开发研究——以西南大学教师教育资源库为基础的探索》,硕士学位论文,西南大学,2013年。

　　[5] 郭艳梅:《高校教师教育者胜任特征及其生成路径研究》,硕士学位论文,山东师范大学,2015年。

　　[6] 郝敏宁:《影响教师专业发展的因素分析——兼论促进教师专业发展的策略》,硕士学位论文,陕西师范大学,2007年。

　　[7] 侯秀云:《美国大学职前教师教育项目研究——以斯坦福教师教育项目(STEP)为例》,硕士学位论文,西南大学,2014年。

　　[8] 姜蕴:《美国能力本位教师教育运动研究》,博士学位论文,福建师范大学,2015年。

　　[9] 孔德娥:《从"师范教育"到"教师教育"——美国中小学教师教育的历史研究》,硕士学位论文,西北师范大学,2013年。

　　[10] 雷励华:《技术扩散背景下教师专业发展生态研究》,博士学位论文,华中师范大学,2017年。

　　[11] 黎智慧:《英国卓越教师培养研究——聚焦"卓越教师计划"和"培养下一代卓越教师:实施计划"》,硕士学位论文,广西师范大学,2017年。

　　[12] 刘国飞:《基于教师专业发展的教师评价研究——以天津市三所中学为例》,硕士学位论文,天津师范大学,2017年。

　　[13] 刘天娥:《高校本科学前教师教育课程设置的研究》,博士学位论文,华中师范大学,2015年。

　　[14] 孟靖岳:《新加坡教师教育质量保障体系研究》,硕士学位论文,福建师范大学,2013年。

　　[15] 苗学杰:《融合的教师教育——教师职前教育中理论与实践关系研究》,博士学位论文,东北师范大学,2012年。

　　[16] 覃丽君:《德国教师教育研究》,博士学位论文,西南大学,2014年。

　　[17] 王美君:《20世纪50年代至90年代美国教师教育课程改革——教师教育理念的分析视角》,硕士学位论文,天津师范大学,

2012 年。

　　［18］吴俊英：《中美职前教师教育实习比较研究》，硕士学位论文，河北大学，2015 年。

　　［19］肖杰：《小学教师职业幸福感的调查与思考——以大庆小学教师为例》，硕士学位论文，华东师范大学，2004 年。

　　［20］熊彩霞：《加拿大职前教师教育实践课程设置研究——以多伦多大学安大略教育研究院为例》，硕士学位论文，西南大学，2015 年。

　　［21］徐尹倩：《香港教师教育质量保障体系研究》，硕士学位论文，浙江师范大学，2015 年。

　　［22］颜晓娟：《21 世纪澳大利亚教师教育改革研究——基于政策的分析》，硕士学位论文，河南大学，2014 年。

　　［23］杨国英：《农村小学教师自我效能感研究——基于 TS 市农村小学教师的调查》，硕士学位论文，南京师范大学，2013 年。

　　［24］尹国杰：《基于职业生涯发展的教师教育课程设置研究——以英语学科为例》，博士学位论文，西南大学，2014 年。

　　［25］张慧敏：《农村小学教师职业角色认同危机与出路——以某某农村小学教师为例》，硕士学位论文，苏州大学，2015 年。

　　［26］张启：《美国教师教育认证机构的历史演变》，硕士学位论文，东北师范大学，2015 年。

　　［27］赵会媛：《农村小学教师胜任力现状研究——以聊城市小学教师为例》，硕士学位论文，聊城大学，2017 年。

　　［28］郑丹丹：《教师教育者及其专业标准的国际比较研究》，博士学位论文，华东师范大学，2013 年。

　　［29］周莹：《基于教师教育一体化视野的职前教师教育课程改革研究——以 E 大学职前教师教育课程改革为个案》，硕士学位论文，华东师范大学，2009 年。

　　［30］朱晓烨：《我国中小学教师专业发展的阶段性特征研究——基于"教师专业发展状况调查"数据库的探索性分析》，硕士学位论文，华东师范大学，2013 年。

四　英文文献

[1] College of Education, *Mentoring Practices*, M I: Michigan State University, 2014.

[2] Cory Callahan, John Saye and Thomas Brush, "Interactive and Collaborative Professional Development for In – Service History Teachers. " *The Social Studies*, Vol. 107, No. 6, 2016.

[3] D. F. Walker and J. F. Soltis, *Curriculum and Aims*, New York: Teacher College Press, 1986.

[4] D. Lawton, *Curriculum, Culture and National Curriculum*, London: Hodder and Stoughton, 1989.

[5] M. Fullan, *The New Meaning of Educational Change* (3nd ed.), New York: Teachers College Press, 2001.

[6] Susan L. Groenke, J. Amos Hatch, Critical Pedagogy and Teacher Education in Neoliberal Era, New York: Spinger, 2009.

[7] T. J. Sergiovanni, *The Lifeworld of Leadership: Creating Culture, Community and Personal Meaning in Our School*, San Francisco: Jorry – Bass Publishers, 2000.

[8] Anita M. Schuchardt, Miray Tekkumru – Kisa, Christian D. Schunn, Mary Kay Stein and Birdy Reynolds, "How Much Professional Development is Needed with Educative Curriculum Materials? It Depends upon the Intended Student Learning Outcomes. " *Science Education*, Vol. 101, NO. 6, 2017.

[9] Barbara L. Tymizs – Wolf, "The vocationalism and Teacher Education. " *Journal of Teacher Education*, Vol. 35, 1984.

[10] Beatrice Avalos, "Teacher professional development in Teaching and Teacher Education over ten years. " *Teacher and Teacher Education*, No. 27, 2011.

[11] Bronwen Maxwill, "In – Service Initial Teacher Education in the Learning and Skills Sector in England: Integrating Course and Workplace

Learning. " *Vocations and Learning*, No. 3, 2010.

[12] Brooke A. Whitworth and Jennifer L. Chiu, "Professional Development and Teacher Change: The Missing Leadership Link. " *Journal of Science Teacher Education*, Vol. 26, No. 2, 2015.

[13] C. A. Toll, "Critical and Postmodern Perspectives on School Change. " *Journal of Curriculum and Supervision*, Vol. 16, No. 4, 2001.

[14] Christine R. Lotter and Cory Miller, "Improving Inquiry Teaching through Reflection on Practice. " *Research in Science Education*, VOL. 47, No. 4, 2017.

[15] Cynthia Greenleaf, Cindy Litman and Stacy Marple, "The Impact of Inquiry – based Professional Development on Teachers' Capacity to Integrate Literacy Instruction in Secondary Subject Areas. " *Teaching and Teacher Education*, Vol. 71, 2018.

[16] D. Brizkycki, and K. Dudt, "Overcoming Barriers to Technology Use in Teacher Preparation Programs. " *Journal of Technology and Teacher Education*, Vol. 13, No. 4, 2005.

[17] D. Cheungand H. W. Wong, "Measuring Teacher Beliefs about Alternative Curriculum Designs. " *The Curriculum Journal*, Vol. 13, No. 2, 2002.

[18] Eric Berson, Hilda Borko, Susan Million, et al. , "Practice What You Teach: A Video – Based Practicum Model of Professional Development for Elementary Science Teachers. " *Orbis Scholae*, Vol. 9, No. 2, 2018.

[19] Heather C. Hill, Mary Beisiegel and Robin Jacob, "Professional Development Research. " *Educational Researcher*, Vol. 42, No. 9, 2013.

[20] Hui Jin, HyoJeong Shin, Michele E Johnson, JinHo Kim and Charles W. Anderson, "Developing learning progression – based teacher knowledge measures. " *Journal of Research in Science Teaching*, Vol. 52, No. 9, 2015.

［21］ Joan I. Heller, Kirsten R. Daehler, et al. , "Differential effects of three professional development models on teacher knowledge and student achievement in elementary science. " *Journal of Research in Science Teaching*, Vol. 49, No. 3, 2012.

［22］ Joel D. Donna and Sarah R. Hick, "Developing Elementary Preservice Teacher Subject Matter Knowledge Through the Use of Educative Science Curriculum Materials. " *Journal of Science Teacher Education*, Vol. 28, No. 1, 2017.

［23］ Keith Morrison. "The Deputy Headteacher: As the Leader of the Curriculum in Primary School. " *School Organization*, Vol. 15, No. 1, 1995.

［24］ Linor L. Hadar and David L. Brody, "Talk about Student Learning: Promoting Professional Growth among Teacher Educators. " *Teaching and Teacher Education*, Vol. 59, 2016.

［25］ Mary Beisiegel, Rebecca Mitchell and Heather C. Hill, "The Design of Video – Based Professional Development: An Exploratory Experiment Intended to Identify Effective Features. " *Journal of Teacher Education*, Vol. 69, No. 1, 2018.

［26］ Mary M. Kennedy, "How Does Professional Development Improve Teaching?" *Review of Educational Research*, Vol. 86, No. 4, 2016.

［27］ Meilan Zhang et al, "Understanding Affordances and Challenges of Three Types of Video for Teacher Professional Education. " *Teaching and Teacher Ecucation*, Vol. 27, 2011.

［28］ Meredith W. Kier and Tammy D. Lee, "Exploring the Role of Identity in Elementary Preservice Teachers Who Plan to Specialize in Science Teaching. " *Teaching and Teacher Education*, Vol. 61, 2017.

［29］ Miray Tekkumru – Kisa, Mary Kay Stein and Ryan Coker, "Teachers' Learning to Facilitate High – Level Student Thinking: Impact of a Video – Based Professional Development. " *Journal of Research in Science*

Teaching, Vol. 55, No. 4, 2017.

[30] Onno De Jong, "Empowering Teachers for Innovations: The Case of Online Teacher Learning Communities." *Creative Education*, Vol. 3, No. 8, 2012.

[31] Punya Mishra and Matthew J. Koehler, "Technological Pedagogical Content Knowledge: A Framework for Teacher Knowledge." *Teachers College Record*, Vol. 108, No. 6, 2006.

[32] Samade Noormohammadi, "The Reflection and its Relation to Teacher Efficacy and Autonomy." *Procedia – Social and Behavior Science*, Vol. 98, 2014.

[33] Stefan Sorge, Jochen Kröger, Stefan Petersen and Knut Neumann, "Structure and Development of Pre – service Physics Teachers' Professional Knowledge." *International Journal of Science Education*, No. 1, 2017.

[34] T. M. Wildman, J. A. Niles and S. G. Magliaro, McLaughlin R. A., "Teaching and Learning to Teach: The Two Roles of Beginning Teachers." *The Elemental School Journal*, Vol. 89, No. 4, 1989.

[35] Vandana Thadani, Kathleen J. Roth, Helen E. Garnier, Melanie C. Seyarto, Jennifer L. Thompson and Nicole M. Froidevaux, "What Can a Cognitive Coding Framework Reveal About the Effects of Professional Development on Classroom Teaching and Learning?" *Journal of the Learning Sciences*, No. 1, 2017.

[36] Zahid Kisa and Richard Correnti, "Examining Implementation Fidelity in America's Choice Schools." *Educational Evaluation and Policy Analysis*, Vol. 37, No. 4, 2015.

后　　记

对于教师教育和教师培养的关注大致说来，一直是我"耿耿于怀"的事情。我是一名从基础教育走过来的教师，刚踏入工作岗位那会儿，凭借着一腔教育热情和年轻的拼劲儿，立足三尺讲台，教出了一些自认为很优秀的学生，觉得自己是一名好老师，而且也获得了一些荣誉，心里有时会不免得意。但是，几年之后，慢慢地我却发现自己教不好了：有时在一些事情的处理上我觉得是为学生好，却遭到他们的排斥，感觉人心不古；有时我牺牲节假日为她们补课，却遭到他们的反对，觉得困惑又迷茫；有时想改变一下教学方式方法，却无从下手，感觉力不从心。经过一段时间的苦闷与反思，我得出一个结论：所学的知识难以应付时下的教学现场，必须进修提升自己的教学力。就这样，读了本科读硕士，读了硕士读博士，直到今天。走过这些年，经历过这些教育，我始终坚守初心，那就是成为一名优秀的人民教师并且为培养卓越教师献出自己的绵薄之力。

教师的一生不仅是教书育人的一生，同时也是不断学习、不断进步、提升自我的一生，无论是职前还是入职和在职。但职前教育和培养却是一名教师成为优秀教师、卓越教师抑或专家教师的基础，这个基础打得牢靠与否，在很大程度上会影响教师个体的入职信心度和在职发展度。当然，在职发展对教师来说非常重要，否则就不会有"国培计划"、"地陪计划"、"继续教育"等教师在职发展项目和活动。我要表达的是，由于要提升在职教师队伍质量，在职培训成为教师发展的重头戏，而职前培养却在无意识当中受到了冷落。但是，若基础打得不牢靠、不坚实，走上工作岗位的教师无论在日常的教育教学还是自我的成长和发展中都会受到限制和阻碍。因此，职前教师培养就自然成为我关注的一个焦点。

在我国，基础教育一直是大家关注的焦点，也是各界人士诟病的重点。教育的质量在教学，教学的质量在教师。为了满足广大人民对有质量的基础教育的需求，我国从 2014 年开始实施"卓越教师培养计划"，旨在培养"师德高尚、专业基础扎实、教育教学能力和自我发展能力突出的高素质专业化中小学教师"，也就是卓越中小学教师。2014 年 9 月，习近平总书记考察北京师范大学时提出要培养有理想信念、有道德情操、有扎实学识、有仁爱之心的新时代"四有"好老师。2018 年 1 月 20 日，中共中央国务院出台的《关于全面深化新时代教师队伍建设改革的意见》中提出，到 2035 年培养造就数以百万计的骨干教师、数以十万计的卓越教师、数以万计的教育家型教师。所有这些都说明，培养能力突出的高素质教师是新时代的教师教育义不容辞的任务。

由此，卓越教师培养就成为我聚焦教师培养的一个着力点。关于卓越教师培养的这部书稿历时两年有余。在这期间，为了获得一手资料、提升研究的实践性、实用性和研究深度，我不仅翻阅了大量的相关书籍，调研了很多中小学和高师院校，同时参与了贵州一所高师院校从事卓越小学教师培养的实践活动。本书的写作花费了我大量的精力和心血，经过不懈努力和苦心研究，终于要完成。当然，本书定有许多不足之处，敬请各位同仁批评指正。

在本书即将完成付梓之际，我要特别感谢给了我极大鼓舞和帮助的老师和家人。李森教授是我的博士导师。在我的求学和其后的工作生涯中，李老师不仅以他的博学多识令我折服，以他的学术理性促我奋进，更以他的仁爱宽容催生我的自信。师恩难忘，唯有不忘初心才能报答一二！在本书写作过程中，我的家人给了我莫大的关心和支持。我的丈夫芮武装和女儿芮博文每每看到我的写作有所进展，就会给我以祝贺和鼓励，在我疲乏的时候，他们会给我按摩颈部或陪我散步。我的八十多岁的慈爱的老母亲总是安慰我不要想家，不要牵挂她，作为一名老党员的妈妈总是叮嘱我要以事业为重。我的家人是我前进的不懈动力。

在本书编辑和出版的过程中，中国社会科学出版社的徐沐熙老师和宫京蕾老师付出了艰辛的劳动和辛勤的汗水，在此表示由衷的感谢！

刘桂影

2018 年 7 月 31 日